Der friedvolle Krieger und das
Geheimnis der verborgenen Schrift

DAN MILLMAN

Der friedvolle Krieger
und das Geheimnis der verborgenen Schrift

Aus dem amerikanischen Englisch übersetzt
von Kristof Kurz

Ansata

Die Originalausgabe erschien 2017 unter dem Titel
»The Hidden School. Return of the Peaceful Warrior«
bei North Star Way, einem Imprint von Simon & Schuster Inc.,
New York, USA.

Sollte diese Publikation Links auf Webseiten Dritter enthalten, so übernehmen wir für deren Inhalte keine Haftung, da wir uns diese nicht zu eigen machen, sondern lediglich auf deren Stand zum Zeitpunkt der Erstveröffentlichung verweisen.

Verlagsgruppe Random House FSC® N001967

Erste Auflage 2017
German translation copyright © der deutschsprachigen Ausgabe 2017 by Ansata Verlag, München, in der Verlagsgruppe Random House GmbH, Neumarkter Straße 28, 81673 München
»The Hidden School«: Copyright © 2017 by Dan Millman
All Rights Reserved. Published by arrangement with the original publisher, North Star Way, a division of Simon & Schuster Inc.
Alle Rechte sind vorbehalten. Printed in Germany.
Umschlaggestaltung: Guter Punkt, München, unter Verwendung eines Motivs von © Jukka Risikko/shutterstock
Satz: Satzwerk Huber, Germering
Druck und Bindung: GGP Media GmbH, Pößneck
ISBN 978-3-7787-7531-8

www.ansata-verlag.de
www.facebook.com/Integral.Lotos.Ansata

All jenen gewidmet, die danach streben,
mit einem friedvollen Herzen
und dem Geist eines Kriegers zu leben.

* * *

Keine zwei Menschen
lesen jemals dasselbe Buch.

Edmund Wilson

Inhalt

Vorwort 9

Erster Teil: Ein Buch in der Wüste 11

Zweiter Teil: Meister vom Taishan-Wald 125

Dritter Teil: Steine, Wurzeln, Wasser 257

Epilog 295

Dank 299

Vorwort

*Dinge müssen nicht geschehen sein, um wahr zu sein.
Geschichten und Träume sind Schatten-Wahrheiten,
die andauern, wenn bloße Fakten zu Staub und Asche
geworden und längst vergessen sind.*

Neil Gaiman

Im Jahr 1966 – ich ging noch aufs College – lernte ich einen geheimnisvollen Tankwart kennen, den ich Socrates nannte und in *Der Pfad des friedvollen Kriegers* beschrieb. Er erzählte mir auch von einer Schamanin auf Hawaii, deren Schüler er vor vielen Jahren gewesen war. Außerdem berichtete er mir von einem Buch, das er in der Wüste verloren hatte, und von einer spirituellen Schule, die irgendwo in Asien verborgen war, doch leider gingen die dazugehörigen Details in der übergroßen Fülle meiner Erinnerungen an unsere gemeinsame Zeit wieder verloren.

Mit den Worten »Schluss mit den Lektionen, Junior. Es wird Zeit, dass du aus deinen eigenen Erfahrungen lernst«, schickte mich mein alter Lehrmeister in die Welt hinaus. Meine akademischen Studien hatte ich abgeschlossen, sodass ich als Dozent der Sportwissenschaften mit Schwerpunkt Kunstturnen und Bewegungskunst an der Stanford

University in Kalifornien sowie am Oberlin College, Ohio, lehren konnte. Auch mein Privatleben entwickelte sich: Ich heiratete und wurde Vater einer Tochter.

Acht Jahre waren ins Land gegangen, seit ich zum ersten Mal Socs rund um die Uhr geöffnete Tankstelle betreten hatte. Auf den ersten Blick erschien mein Leben so perfekt wie damals als Collegestudent und Spitzensportler. Gleichwohl nagte ständig das Gefühl an mir, dass ich etwas verpasste – dass ich das *wahre* Leben verpasste, während ich darum rang, mich äußeren Erwartungen zu beugen. Zu diesem Zeitpunkt war ich bereits wieder geschieden.

Dann verlieh mir das College ein Forschungsstipendium, das mir Fernreisen ermöglichte, ja sie notwendig machte. Es ging um Geschichte und Hintergründe von Kampfkunsttraditionen und zugehörigen körperlich-geistigen Disziplinen. Sofort wurde meine Erinnerung daran wachgerufen, was Socrates seinerzeit erwähnt hatte. Es schien mir die ideale Gelegenheit zu sein, um meinen beruflichen Auftrag mit meiner ganz persönlichen Suche zu verbinden.

Dieses Buch erzählt die Geschichte einer weiten Reise auf verschlungenen Wegen, die kurz nach meinem Abenteuer auf Hawaii (nachzulesen in *Die Rückkehr des friedvollen Kriegers*) ihren Anfang nahm und unmittelbar vor dem dramatischen Finale in *Der Pfad des friedvollen Kriegers* ihr Ende fand.

Die erste Etappe, mein Aufenthalt auf Hawaii, hatte ich soeben hinter mich gebracht. Nun richtete ich den Blick auf Japan. Aber eine zufällige Entdeckung sollte dafür sorgen, dass es zunächst ganz anders kam. Wie heißt es doch so schön: »Wenn man etwas tun will, muss man zuvor etwas anderes tun.«

Alles begann an einem regnerischen Septembermorgen …

Erster Teil

EIN BUCH IN DER WÜSTE

*Wir kämpfen gewaltfrei für eine bessere Welt.
Wir dürfen nicht erwarten, dass es einfach wird.
Wir werden nicht auf Rosen gehen …
Als Pilger der Gerechtigkeit und des Friedens
müssen wir die Wüste erwarten.*

Dom Hélder Câmara

Eins

Im Morgengrauen betrachtete ich das wirbelnde Laub vor dem regennassen Fenster meines Hotelzimmers auf Oahu. Die dunklen Wolken passten prima zu meiner trüben Stimmung. Ich hing zwischen Himmel und Erde, trieb wurzellos, ziellos durchs Nirgendwo. Der Sommer mit Mama Chia auf der Insel Molokai war wie im Flug vergangen. Mein Stipendium war auf neun Monate angelegt, dann würde ich mich wieder meiner Lehrtätigkeit widmen müssen.

Ich schlich in Unterwäsche über den weichen Teppichboden, blieb vor dem Badezimmerspiegel stehen und betrachtete mich von oben bis unten. *Habe ich mich verändert?*, geht man da fragend in sich. Meine muskulöse Gestalt – geformt durch das Leistungsturnen auf dem College und die körperlichen Anstrengungen auf Molokai – sah aber aus wie immer. Ebenso das gebräunte Gesicht, das markante Kinn sowie mein Haar, das ich üblicherweise kurz trug und mir erst tags zuvor hatte schneiden lassen. Nur die Augen, die mir aus meinem eigenen Spiegelbild entgegenblickten, sie schienen verändert. *Ob ich wohl eines Tages meinem alten Lehrer Socrates ähnlich sehe?*

Als ich vor einigen Tagen auf Oahu angekommen war, hatte ich umgehend meine sieben Jahre alte Tochter angerufen. »Daddy, ich gehe auch weit weg, genau wie du!«, hatte sie aufgeregt berichtet. Sie und ihre Mutter waren im Begriff, nach Texas zu reisen, um dort mehrere Monate, wenn nicht länger, bei Verwandten zu bleiben. Nun wählte ich erneut die Nummer, die sie mir genannt hatte, doch niemand nahm ab. Also schrieb ich ihr eine Postkarte und versah sie mit spielerischen Verzierungen am Rand – wohl wissend, dass alle Postkartengrüße und -küsse einen abwesenden Vater nicht ersetzen konnten. Ich vermisste meine Tochter. Die Entscheidung, eine mehrmonatige Reise anzutreten, war mir nicht leichtgefallen. Ich steckte die Postkarte in ein ledergebundenes Notizbuch, das ich mir vor Kurzem gekauft hatte, um es als Reisetagebuch zu benutzen. Die Karte wollte ich später am Flughafen einwerfen.

Nun war es also wieder Zeit zu packen. Ich holte meinen Rucksack aus dem Schrank, der mir auf vielen Reisen gute Dienste geleistet hatte, und breitete meine Habseligkeiten auf dem Bett aus: zwei Hosen, zwei T-Shirts, Unterwäsche, Socken, eine dünne Jacke und ein Polohemd für besondere Anlässe. Laufschuhe komplettierten meine minimalistische Garderobe.

Zum Schluss nahm ich die etwa fünfundzwanzig Zentimeter große Samuraifigur zur Hand, die ich in einer Meereshöhle vor Molokai gefunden hatte – für mich ein Zeichen dafür, dass Japan mein nächstes Ziel sein sollte. Schon lange wünschte ich mir, vor Ort einen direkten Einblick in Zen-Praxis und *bushido* – den »Weg des Kriegers« – zu erhalten. Ja, und womöglich war ja in Japan die verborgene Schule zu finden, von der Socrates gesprochen hatte. Mein Flug war für den morgigen Tag gebucht. Während ich also den alten Rucksack packte, stieg ein kaum wahrnehmbarer, aber wohlbekannter Geruch daraus auf. So duftete der fruchtbare rote Boden des hawaiianischen Regenwaldes.

Ein paar Minuten später fiel mir ein, dass ich die Postkarte wohl vergessen würde, wenn ich sie nicht aus dem Buch nahm. Ich öffnete den Rucksack erneut und versuchte, es herauszuziehen, ohne die halbwegs säuberlich gefaltete Kleidung wieder in Unordnung zu bringen. Aber es bewegte sich keinen Millimeter. Verärgert zerrte ich daran. Offenbar hatte sich seine Metallschließe im Innenfutter verfangen. Ich hörte und spürte, wie der Stoff riss, während ich ungeduldig zog. Als ich hineingriff, berührte ich eine leichte Ausbuchtung an der Stelle, wo sich das Futter gelöst hatte. Meine Hand ertastete dort etwas, und ich zog es heraus. Zu meiner Überraschung stellte es sich als Briefumschlag heraus. Darauf befand sich eine Notiz in Mama Chias Handschrift:

Socrates hat mich gebeten, dir diesen Brief zu geben, wenn du bereit dafür bist.

Bereit wofür?, fragte ich mich verwirrt. Vor meinem geistigen Auge erschien meine hawaiianische Lehrerin mit dem silbernen Haar und dem offenen Lächeln, ihren fülligen Leib in einen Muumuu mit Blumenmuster gehüllt. Ganz aufgeregt vor Neugier, öffnete ich den Umschlag und las Socrates' Brief.

Dan, das einzige Heilmittel für die Jugend sind Zeit und wachsender Durchblick. Als wir uns zum ersten Mal begegneten, flogen meine Worte an dir vorbei wie Laub im Wind. Du wolltest sie verstehen, aber du warst noch nicht bereit, sie zu hören. Ich spürte, dass es nicht einfach für dich werden würde – umso mehr, da du der Überzeugung warst, weiser als deine Altersgenossen zu sein.

Da dir Chia diesen Brief überreicht hat, suchst du nun wohl im Osten nach Antworten. Aber wer als Suchender im Osten um milde Gaben der Einsicht bettelt, wird nur ein paar winzige Krümel empfangen. Geh nur, wenn du selbst etwas von Wert auf den Tisch der Weisheit legen kannst. Das ist kein leerer Spruch. Zuvor musst du ein Buch finden, das ich vor Jahrzehnten in der Wüste verloren habe.

Wieder einer von Socs typischen Scherzen, fiel mir dazu nur ein. Ich konnte sein Pokerface und sein Augenzwinkern förmlich vor mir sehen! *Ich soll nicht nach Japan fliegen, sondern ein Buch in der Wüste suchen? In welcher Wüste überhaupt?* Der Stoßseufzer blieb mir jedoch im Halse stecken, während ich weiterlas.

Ich glaube, was ich damals in diesem Buch, meinem Tagebuch, notiert habe, könnte eine Brücke zwischen Tod und Wiedergeburt schlagen, vielleicht ist es sogar das Tor zur Unsterblichkeit. Diese Einsichten wirst du gut gebrauchen können, bevor all dies vorüber ist. Aber das sind nur Vermutungen, da ich leider vergessen habe, was genau in dem Buch steht und wo es zu finden ist.

Die Geschichte des Buches ist eng mit meiner eigenen verknüpft: Ich wurde vor beinahe hundert Jahren in Russland geboren und als Kind auf eine Kadettenanstalt geschickt. Viel später, als ich mich bereits auf dem Pfad des Kriegers befand, begegnete ich im zentralasiatischen Pamirgebirge einer Gruppe verwirklichter Meister: einem Zen-Rōshi, einem Sufi, einem Kabbalisten und einer christlichen Nonne. Sie lehrten mich vieles, doch das meiste davon vermochte ich erst viele Jahre später in mein Leben zu integrieren. Gegen Ende des Ersten Weltkriegs, ich war etwa Mitte vierzig, wanderte ich in die Vereinigten Staaten aus. Ich besuchte die Abendschule und lernte unter großen Mühen, Englisch zu schreiben und zu sprechen wie ein Amerikaner. Anschließend arbeitete ich erst auf dem Bau und dann als Automechaniker, wofür ich eine gewisse Begabung hatte. Ich zog nach Oklahoma, wo meine Tochter als Lehrerin arbeitete. Zehn Jahre später kehrte ich nach New York zurück.

In meinem sechsundsiebzigsten Lebensjahr spazierte ich eines Abends durch das Viertel, das heute als Greenwich Village weltberühmt ist. Unter der Markise eines bestimmten Antiquariats blieb ich immer gern stehen, um die Bücher im Schaufenster zu betrachten. Heute schob mich eine plötzliche Windbö förmlich in den Laden hinein. Eine Klingel kündigte meine Ankunft an und verstummte sofort wieder, als hätte man eine Decke darüber geworfen. Der muffige Geruch

Tausender alter Bücher erfüllte die Luft. Ich schlenderte durch die engen Gänge zwischen den Regalen und schlug ein paar Bände auf. Sie knarzten beim Öffnen wie arthritische Gelenke. Normalerweise würde ich mich an solche Details weder erinnern noch sie erzählen, doch was an jenem Abend geschah, hat sich tief in mein Gedächtnis eingebrannt.

Mein Blick fiel auf die wohl älteste Frau, die ich je gesehen hatte. Sie saß an einem kleinen Tisch. Während ich sie musterte, legte sie die Linke auf ein Büchlein mit ledernem Verschlussband und Schnappschloss. Es sah mir nach Tagebuch beziehungsweise persönlichem Notizbuch aus. Mit der Rechten blätterte sie beiläufig in einem der anderen Bücher auf dem Tisch und griff dann nach einem Stift, als wollte sie etwas notieren. Doch stattdessen wandte sie sich um und sah mich an.

Die Haut ihres faltigen Gesichts ähnelte dem Ledereinband des Buchs vor ihr, aber unter den buschigen Augenbrauen funkelten überraschend junge Augen. Schwer zu sagen, ob sie lateinamerikanische, indianische oder asiatische Wurzeln hatte. Ihr Antlitz schien sich ständig zu verändern, je nachdem, wie das Licht darauf fiel. Ich nickte ihr noch kurz zu und wollte schon wieder gehen, als sie mich zu sich rief. Zu meiner Überraschung sprach sie mich mit einem Spitznamen aus meiner Jugend an – demselben Namen, bei dem auch du mich riefst.

»Socrates.«

»Anscheinend kennen Sie mich, aber ich weiß nicht, wer Sie …«

»Nada«, sagte sie. »Mein Name ist Nada.«

»Sie heißen ›Nichts‹?«, fragte ich erstaunt.

Sie lächelte und entblößte ihre wenigen verbliebenen, gelben Zähne.

Ich versuchte fieberhaft, mich daran zu erinnern, wann und wo wir uns begegnet sein konnten. Um Zeit zu schinden, erkundigte ich mich danach, was sie da schrieb.

»Unsere Zeit ist kostbar«, lautete die unerwartete Auskunft. Sie sprach mit spanischem Akzent und legte eine Hand auf meinen Arm. »Meine Arbeit ist beinahe vollbracht.« Sie schrieb etwas auf einen Zettel und gab ihn mir. »Komm morgen zu dieser Adresse. Du wirst wissen, was zu tun ist.« Sie richtete sich langsam auf. »Komm nicht zu spät. Die Tür ist offen.«

Am nächsten Morgen fand ich mich kurz nach Sonnenaufgang bei dem Mietshaus ein, dessen Adresse sie mir aufgeschrieben hatte. Ich ging in den ersten Stock und klopfte leise an eine Tür am Ende eines dunklen Flurs. Keine Antwort. »Die Tür ist offen«, hatte sie gesagt. Ich drückte die Klinke herunter und trat ein.

Zuerst dachte ich, die kleine Wohnung wäre verlassen, da sie bis auf einen alten Teppich und ein paar Kissen völlig leer war. Wie die Klause eines Zen-Mönchs oder einer katholischen Nonne. Dann hörte ich Musik. Sie war so leise, dass ich mich fragte, ob sie aus dem angrenzenden Raum kam oder meiner Erinnerung entstammte. Ich bemerkte den Schein einer Lampe und ging darauf zu. Als ich an einem Fenster vorbeikam, spürte ich eine kalte Brise. Ich fand die Alte über dem Schreibtisch zusammengesackt, ihr Kopf ruhte auf den Armen, darunter das Buch, welches ich schon kannte. Daneben lag der offenbar zum Schnappschloss gehörige Schlüssel. Ein Stift war ihr aus den altersschwachen Fingern gefallen. Ich tastete nach ihrem Arm – er fühlte sich so kalt und trocken wie Pergament an. Nur eine leere Hülle bleibt irgendwann von einem Menschen.

Ich strich sanft über ihr dünnes Haar. Die Morgensonne tauchte ihr Gesicht in einen ätherischen Glanz. Da wusste ich wieder, wer sie war!

Ich zählte fünfunddreißig Jahre, als ich Nada kennenlernte. Sie war eine christliche Mystikerin aus Spanien, die zur Gruppe meiner Lehrmeister im Pamir gehörte. Nur nannte sie sich damals Maria. Fast vierzig Jahre später, im Antiquariat, hatte sie mich wiedererkannt. Ich dagegen vermochte mich ihrer nicht zu erinnern. Wohl deshalb hatte sie sich als »Nada« bezeichnet.

Sie hatte ihr Ende nahen gefühlt. Auf dem Tisch lag noch ein Umschlag, auf den sie eine Telefonnummer und drei Worte gekritzelt hatte: »Feuerbestattung. Keine Hinterbliebenen.« Ich öffnete ihn und fand darin eine Summe Geldes, wohl genug für ein Begräbnis. Ich steckte das

Büchlein in meinen Rucksack und den Schlüssel in die Hosentasche. Nachdem ich sie noch eine Weile betrachtet und mich stumm von ihr verabschiedet hatte, ging ich, ohne die Tür hinter mir zu schließen.

Sobald ich in meiner eigenen Wohnung war, kam es mir vor, als wäre ich soeben aus einem Traum erwacht, obwohl mir das Gewicht des Buchs in meinem Rucksack das Gegenteil bewies. Nachdem ich vom Flurtelefon aus das Bestattungsunternehmen angerufen hatte, setzte ich mich und nahm das Buch zur Hand. Doch öffnete ich es nicht. Noch nicht. Ich wusste nicht, was die alte Nonne hineingeschrieben haben mochte, doch es war mit Sicherheit kein Unterhaltungsroman. Was immer es sein mochte, ich würde es mit gebührendem Respekt behandeln. Und zuvor sollten ihre sterblichen Überreste auf angemessene Weise bestattet sein.

Ein paar Tage später erhielt ich die Urne mit der Asche Nadas, die früher Maria geheißen hatte.

Frühmorgens darauf betrat ich den Central Park von Süden her, ließ Umpire Rock hinter mir und schlug die Richtung zum Conservatory Garden ein. Als ich die Gartenanlage erreichte, fand ich sie noch abgeschlossen vor. Ich kletterte über den Zaun und wählte ein friedvolles Plätzchen im überwucherten Kakteengarten für meinen Zweck. Sobald die Strahlen der aufgehenden Sonne die Wüstenpflanzen berührten, verstreute ich die Asche unter ihnen.

Nach einer Minute stillen Gedenkens nahm ich das Buch heraus und öffnete das Schloss. Dann schlug ich auf gut Glück eine Seite auf. Sie war leer. Ich blätterte zur nächsten Seite. Wieder nichts. Ich blätterte weiter. Nur leere Seiten!

Meine anfängliche Enttäuschung verwandelte sich schnell in Belustigung. Nun fiel mir auch wieder ein, welcher ganz besondere Sinn für Humor jener Maria, die ich Jahrzehnte zuvor erleben durfte, zu eigen gewesen war. Ein leeres Buch als letzte Geste an die Welt, das war Zen pur, und es hätte ihr wohl ein feines Lächeln entlockt, mich hier und jetzt so düpiert dastehen zu sehen.

Als sie »Du wirst wissen, was zu tun ist« gesagt hatte, war ich davon ausgegangen, dass sie damit die Feuerbestattung und das Verstreuen der Asche gemeint hatte. Genauso wie ich gedacht hatte, dass sich der Hinweis, ihre Arbeit sei beinahe vollbracht, auf ihr erfülltes und sich nun dem Ende zuneigendes Leben bezog.

Ich wollte das Buch gerade wieder schließen, als mein Blick endlich auf die allererste Seite fiel. Darauf befand sich unter einem Datumseintrag – 11. März 1946, ihr Todestag – ein Eintrag, mit zittriger Hand geschrieben. Zwei Botschaften hatte sie mir noch hinterlassen können, während sie ihre letzten Atemzüge tat. Die erste war eine Geschichte, die ich zwar schon kannte, nun aber mit vertiefter Aufmerksamkeit las:

Ein Kaufmann aus Bagdad schickte seinen Diener zum Markt. Der Diener kehrte vor Angst schlotternd zurück. »Herr, ich wurde auf dem Markt angerempelt. Als ich mich umdrehte, sah ich den Tod. Er machte eine drohende Geste, und ich rannte davon. Bitte entlasst mich und stellt mir ein Pferd zur Verfügung. Ich will nach Samarra reiten und mich dort verstecken.«

Sein Herr lieh ihm ein Pferd, und der Diener floh.

Später erblickte der Kaufmann den Tod in der Menge. »Warum hast du meinem Diener gedroht?«, wollte er wissen.

»Ich habe deinem Diener nicht gedroht«, antwortete der Tod. »Ich war nur überrascht, ihn hier in Bagdad zu sehen, da ich doch heute Abend mit ihm in Samarra verabredet bin.«

Angesichts ihres hohen Alters und des nahenden Endes war es nur zu verständlich, dass Nada eine Geschichte über die Unausweichlichkeit des Todes niederschrieb. Aber warum hatte sie diese in ihren letzten Minuten ausgerechnet mit mir teilen wollen? Die Antwort steckte in den beiden letzten Zeilen am Ende der Seite:

Mein Lieber: Nur der Tod ist ein Ratgeber, der dich ins Leben zurückholen kann. Fülle die leeren Seiten mit deines eigenen Herzens Weish...

Das letzte Wort hatte sie nicht mehr ausbuchstabieren können. Jetzt erst begriff ich die Bedeutung des Satzes »Du wirst wissen, was zu tun ist«. Ihr letzter Wille und Testament waren gleichzeitig Segen und Bürde für mich.

Als ich das Buch schloss und in meinen beiden Händen barg, war es, als hielte ich sie selbst darin, als wäre ihre Seele aus ihrem Körper und zwischen die Seiten geflogen.

Zwei

Socrates konnte doch nicht ernsthaft wollen, dass ich in der Wüste nach einem leeren Buch suchte! *Schließlich habe ich schon eins,* fand ich und warf einen Blick auf mein eigenes zukünftiges Tagebuch, dem ich die Entdeckung des Briefs zu verdanken hatte. Es besaß ebenfalls Schnappschloss mit Schlüssel und ledernem Halteband – wie das Buch, das Socrates beschrieben hatte. Und sah bereits so mitgenommen aus, wie auch ich mich fühlte. Ich holte tief Luft und tauchte wieder in seine Geschichte ein:

Von der »Weisheit meines Herzens« hatte sie geschrieben. Aber was wusste mein Herz denn schon? Was hatte ich gelernt, das weiterzugeben sich lohnte? Indem sie mir auftrug, die leeren Seiten eines schmalen Buchs zu füllen, wurde mir eine Aufgabe erteilt, die weit über das alltägliche Leben hinauswies. Allerdings war ich kaum in der Lage, sie zu erfüllen. War ich dazu fähig, etwas von Bedeutung zu schreiben? Ich bezweifelte es.

Wie ich da so mit dem Buch auf dem Schoß im Kakteengarten saß, mochte ich mir nicht einmal vorstellen, überhaupt irgendetwas hineinzuschreiben. Stattdessen beschloss ich, es sei Zeit für eine Veränderung. Ich fasste den Plan, quer durchs Land und durch die Wüste im Südwesten zu reisen und anschließend meinen Lebensabend an der Westküste der Vereinigten Staaten zu verbringen. Sobald ich mich in Kalifornien oder vielleicht auch Oregon häuslich niedergelassen hätte, könnte ich immer noch daran denken, zum Stift zu greifen.

In den nächsten Tagen räumte ich meine Wohnung, stattete dem Antiquariat noch einen Besuch ab und schlenderte ein letztes Mal durch die Stadt – doch die Sehenswürdigkeiten, die ich besichtigte, waren rein geistiger Natur. Ich blätterte in meinen Erinnerungen wie in einem Buch.

Dabei musste ich an dich denken, Dan. Zweifellos warst auch du mit Schwierigkeiten und Zweifeln konfrontiert, als du versuchtest, das, was ich dir offenbarte, zu verarbeiten und danach zu leben. Immer noch stellt sich mir die Frage, wie viel ein einzelner Mensch überhaupt tun kann, um das Leben seiner Mitmenschen zu verbessern oder zu erleuchten. Ich weiß aus eigener Erfahrung, dass Wissen allein nichts von den Schwierigkeiten des Lebens wegnimmt. Doch ein tieferes Verständnis und ein erweiterter Horizont können uns dabei helfen, allen Widrigkeiten standhaft und mit und offenem Herzen zu begegnen. Hiermit stelle ich dir die Aufgabe, mein verlorenes Tagebuch zu finden. Dabei wird sich *zeigen, was du aus unserer gemeinsam verbrachten Zeit gezogen hast.*

Ja, dieser Brief stammte zweifellos von Soc. Und ja, höchstwahrscheinlich hatte er ihn erst vor ein paar Jahren geschrieben. Was darin stand und wie er dafür gesorgt hatte, dass er schließlich an mich gelangte, all das bewies klar und deutlich, dass er zu diesem Zeitpunkt im Vollbesitz seiner geistigen Kräfte war. Zum ersten Mal hatte er mir gestattet, einen Blick in seine persönliche Vergangenheit zu werfen. *Was hatte ihn dazu gebracht, sein Innenleben so freimütig zu offenbaren?*, fragte ich mich. *Vielleicht vermisst mich der alte Knacker so sehr wie ich ihn.*
Mit diesen Gedanken im Hinterkopf las ich weiter.

Lass mich mit meiner Geschichte fortfahren, damit du verstehst, was mein Tagebuch zu bieten hat und wie ich es verloren habe: Ein paar Tage nachdem ich New York verlassen hatte, kam ich in Denver an. Von dort waren es nur ein paar Zwischenstopps bis zu den Sangre de Cristo Mountains und weiter nach Santa Fe in New Mexico. Dort blieb ich ein paar Tage und zog dann nach Albuquerque weiter, von wo aus ich auf der Route 66 per Anhalter nach Westen wollte.

Der Fahrer, der mich mitgenommen hatte, hielt etwa eine Stunde westlich von Albuquerque bei einem indianischen Pueblo an. Er sagte, in der Nähe sei so etwas wie eine Schule, und machte eine unbestimmte Handbewegung, wie um mir den Weg anzuzeigen. Klar war jedenfalls, ich sollte aussteigen.

Als sich der Staub des davonfahrenden Lastwagens gelegt hatte, erkannte ich am Horizont, grob in der Richtung wie vom Trucker bezeichnet, mehrere verstreute Erhebungen. Dabei hätte es sich aber wohl genauso gut um eine Geisterstadt oder eine Fata Morgana handeln können. Ich hielt nichtsdestotrotz darauf zu, denn bevor ich weiterzog, wollte ich zumindest meine Feldflasche auffüllen.

Wenige Minuten später kam ich an einem großen Granitbrocken und mehreren Kakteen mit purpurfarbenen Blüten vorbei – schon komisch, woran man sich so alles erinnert – und erreichte schließlich ein aus Lehmziegeln erbautes Gebäude. Es schien tatsächlich eine Art Schule zu sein, denn im staubigen Hof neben einem gepflegten Garten spielte eine Schar Kinder.

Während ich meine Feldflasche mit einer Handpumpe aus einem Brunnen auffüllte, kam ein kleines Mädchen zu mir herüber und stellte sich vor. Mit großer Selbstsicherheit verkündete sie, dass sie später an dieser Schule Lehrerin sein würde. Dieses Mädchen erwähne ich deshalb, weil sie wichtig sein könnte, denn ich traf sie später nochmals. Emma war wohl ihr Name. Ja, das könnte sein.

Auf dem Highway hielt ich wieder den Daumen raus und wurde bald mitgenommen. Wir fuhren einen Tag, eine Nacht und bis zum nächsten

Abend. Mein Nachtlager schlug ich etwa fünfzig Meter von der Straße entfernt auf, irgendwo in der Mojave-Wüste Arizonas oder womöglich bereits im Süden Nevadas. Beim Einschlafen dachte ich an die Bestattung von Nadas Asche im Kakteengarten.

Ich erwachte in der stillen Wüstennacht und fühlte mich wie in einer anderen Wirklichkeit – als hätte ich Peyote oder eine andere psychotrope Substanz zu mir genommen. Eine wahre Flut der Inspiration brach über mich herein. Ich schnappte mir das Buch und schrieb im Mondlicht einfach drauflos.

Gleichzeitig stieg meine Körpertemperatur. Ich geriet in einen Fieberzustand, der mir erlaubte, meinen bewussten Verstand auszublenden und auf den von mir beschriebenen Seiten die Früchte eines tieferen Verständnisses zu versammeln. Mein Verstand konnte mit der Flut der Gedanken schier nicht mithalten, ich wusste weder, ob ich ganze Sätze aufs Papier brachte, noch, ob diese überhaupt einen Sinn ergaben. Ich schrieb und schrieb, übermannt vom Fieber, ohne mir in irgendeiner Weise der eigenen Worte oder meiner Umgebung bewusst zu sein. In meinem Kopf hämmerte es, mir schwindelte, ich war verwirrt. Die Wüste hatte mich im Griff, erst mit sengender Hitze, dann mit durchdringender Kälte. Samarra, dachte ich. Das ist Samarra.

Von dem, was als Nächstes geschah, sind mir nur traumähnliche Eindrücke geblieben: Ich zog den Highway entlang ... schrieb ... schlief in einem ausgetrockneten Flussbett ... schrieb ... taumelte und fiel ... schrieb weiter ... Tag und Nacht ... ein Tag verging, womöglich auch zwei oder drei, sie zogen vorbei wie die Seiten in einem Buch, in dem Buch der alten Nonne. Ich weiß noch, wie ich aus einem Lastwagen ausstieg und dabei den Rucksack mit meinen Aufzeichnungen fest umklammert hielt. Vielleicht habe ich mit einem Fremden gesprochen, vielleicht mit mehreren. Über das, was ich niedergeschrieben hatte – über die Unsterblichkeit.

Irgendwann bekam ich Angst, dass mir jemand das Buch wegnehmen oder dass ich es in der Wüste verlieren könnte. So muss ich es an einen sicheren Ort gebracht haben. Ja, ich versteckte es, um es später zu holen. Aber wo? Vielleicht bin ich auf einen Hügel gestiegen. Eindrücke von Licht und Dunkel. Ein Tunnel. Ein hochgelegener Ort, das weiß ich noch. Danach nichts mehr – an mehr kann ich mich nicht erinnern.

Das Fieber stieg und fiel. Manchmal überkamen mich die Schatten der Finsternis, dann wieder erlebte ich Momente äußerster Klarheit, unsagbar schöne Lichtspiele. Irgendwann, als ich eine Wüstenstraße entlangstolperte, kam ich wieder zu mir. Könnte sein, dass es noch oder wieder in der Mojave geschah, ob nun in Arizona oder Nevada, wahrscheinlich aber irgendwo im dortigen Grenzgebiet. Sicher weiß ich es nicht. Wieder nahm mich einer mit, dann noch einer und so weiter. Endlich begriff ich, dass ich unwissentlich die Straßenseite gewechselt haben musste. Es ging wieder nach Südosten, zurück nach Albuquerque!

Ich war immer noch so fiebrig, dass ich nur noch wusste, woher ich kam, aber nicht, wohin ich wollte. Mehr als einmal ertappte ich mich dabei, wie ich abwesend vor mich hinmurmelte, wie ich in der glühenden Landschaft mit den Insekten und anderen Tieren – wirklich oder eingebildet – sprach. Wie aus dem Nichts tauchte irgendwann ein Einheimischer in meinem Wachtraum auf. Ein Latino, glaube ich. Er goss Wasser über meinen Kopf.

Meine nächste Erinnerung ist, dass ich ein kühles Tuch auf meiner Stirn spürte und eine weiße Zimmerdecke über mir erblickte. Ich lag in einem sauberen Bett. Ein junger Arzt eröffnete mir, dass ich fast gestorben wäre und in einem Krankenhaus westlich von Albuquerque liege. Ich denke, es könnte sich in der Nähe der Schule, vor der ich meine Feldflasche füllte, befunden haben.

Noch war ich sehr schwach und verlor immer wieder das Bewusstsein. Mein verschmutzter Rucksack mit meinen Habseligkeiten lag auf einem Stuhl neben dem Bett. Erst später fiel mir auf, dass das Buch nicht mehr da war. Ich erinnerte mich nur noch vage daran, es versteckt zu haben, geschweige denn, wo genau.

Nach meiner Entlassung aus dem Krankenhaus wollte ich es unbedingt wiederfinden und lesen, was ich geschrieben hatte. Umgehend fuhr ich erneut per Anhalter nach Westen. Unverwandt durch Auto- und Lastwagenfenster starrend, zermarterte ich mir das Hirn: Wodurch nur konnte ich mich an das Versteck erinnern? Verzweifelt hielt ich nach Orientierungspunkten Ausschau, die mir vertraut vorkamen. Gespannt lauschte ich nach innen, wartete auf ein Zeichen. Aber alles vergeblich.

Doch ich mochte die Hoffnung nicht aufgeben. Noch als ich mich längst in Berkeley niedergelassen hatte, erwartete ich geduldig das Auftauchen irgendeiner Erinnerung. Weder Zeit noch Ort aber waren ins Bewusstsein zu heben. Es sollte mir wohl nicht vergönnt sein. Dieser Brief ist übrigens das Längste, was ich seither jemals wieder zu Papier gebracht habe. Jetzt, beim Schreiben, erstehen immer und immer wieder die gleichen schemenhaften Bilder vor meinem inneren Auge: ein dunkler Ort, ein Tunnel, die sonnengebräunte Haut eines Einheimischen, weiße Vorhänge, die Stimme eines Kindes …

Ich weiß, damit wirst du nicht viel anfangen können. Doch Dan, denk immer daran: Wo immer du hingehst, da wird sich auch ein Pfad auftun.

»Ein Pfad wird sich auftun?«, begehrte ich auf. »O bitte, Soc, das kann doch nicht alles gewesen sein!« War es aber, sonst hätte er sich daran erinnert und es mit mir geteilt.

Ich dachte an unsere gemeinsame Zeit zurück. Socrates schien wahrlich nur sehr selten abgelenkt oder in Gedanken versunken. Und wenn es ausnahmsweise der Fall war, hatte er dann über die Eintragungen in seinem Tagebuch nachgegrübelt? Hatte er versucht, sich ihrer zu erinnern?

Und was für eine Rolle spiele ich in dieser Geschichte?, so lautete die bohrende Frage. Schon sah ich wieder einmal ein ganz bestimmtes Ereignis aus meinem eigenen Leben vor mir: als mein Motorrad und ich urplötzlich von einem Straßenkreuzer in voller Fahrt aus dem Weg geräumt wurden, sodass ich in hohem Bogen mit zerschmettertem Bein auf dem Asphalt landete. Ich weiß noch sehr genau, was mir just in diesem für mich so folgenreichen Moment durch den Kopf ging: *Das kann unmöglich gerade passieren.* Eben das dachte ich jetzt auch. Das alles ergab doch keinen Sinn! Socrates hatte keine Ahnung, wo er das Buch versteckt hatte, aber er wollte, dass ich es suchte … Ich nahm mir den Schluss des Briefes vor:

Vielleicht könnte etwas, das ich in das Buch geschrieben habe, nützlich für dich sein. Vielleicht sind es aber auch nur Fieberfantasien. Der Weg ist das Ziel, Dan. Vielleicht ist dieser Schatz die Suche wert. Lass dich von deinem inneren Licht leiten.

Gute Reise!
Socrates

Ich faltete den Brief zusammen und steckte ihn wieder in den Umschlag. Dabei dachte ich daran, wie ich Socrates das letzte Mal leibhaftig gesehen hatte: in einem Krankenhausbett in Berkeley. Er hatte sich aufgesetzt und sah einigermaßen gesund, wenn auch etwas blass aus. Kein Wunder, immerhin war er dem Tod knapp von der Schippe gesprungen. Er musste den Brief irgendwann in den folgenden Wochen oder Monaten geschrieben und anschließend Mama Chia zur sicheren Aufbewahrung geschickt haben.

Die Sonne Hawaiis ging auf und verwandelte die Blätter der Bäume in leuchtende Smaragde, doch ihr Anblick war für mich getrübt von drängenden Fragen: *Warum hat Socrates mir diese Aufgabe gestellt? Ist das eine Initiation, eine Prüfung – seine Art und Weise, das Zepter weiterzureichen? Oder hatte er sich schlicht zu alt gefühlt, um selbst danach zu suchen?* Als wir uns kennenlernten, behauptete er, sechsundneunzig Jahre alt zu sein. Seither waren acht Jahre ins Land gegangen, aber immer noch spürte ich seine Gegenwart, sah ihn deutlich vor mir. Ganz so, wie er sich die ölverschmierten Hände mit einem Lappen abwischte oder Gemüse für eine Suppe, einen Salat oder eine andere Mahlzeit schnitt, die er spät in der Nacht im Büro jener alten Tankstelle für uns zuzubereiten pflegte.

Zunächst musste ich also diese Schule und das Krankenhaus in der Nähe von Albuquerque finden. Dummerweise erstreckt sich die Mojave-Wüste von Südkalifornien über ganz Arizona bis nach Nevada. »Dann muss ich ja nur mehrere Tausend Quadratmeilen absuchen«, murmelte ich sarkastisch, ganz wie früher, als mein Lehrer noch neben mir saß. »Ich fliege einfach nach Albuquerque, fahre auf deinen Spuren nach Westen in die Mojave und fange halt an zu graben.«

Oder ich halte mich an den ursprünglichen Plan und fliege nach Japan. Das Ticket hatte ich bereits. Ich war doch schon mehr oder weniger auf dem Weg dorthin. Die Wüste im Südwesten der USA dagegen lag dreitausend Meilen weit entfernt in der entgegengesetzten Richtung!

Ich konnte ja schlecht jedes kleine Krankenhaus in New Mexico abklappern und dort in jahrzehntealten Patientenunterlagen wühlen. *Ich habe schon früher schwierige Dinge gemeistert, aber die Aufgabe, die Soc mir hier gestellt hat, ist nicht einfach nur schwierig. Sie ist unmöglich!* Wieder tigerte ich durchs Hotelzimmer und führte Selbstgespräche: »Tut mir leid, Soc, diesmal nicht! Ich werde nicht monatelang den Don Quijote der Mojave spielen und jeden Stein im Südwesten umdrehen. Das kann ich nicht und das werde ich auch nicht!«

Andererseits konnte ich nicht beiseiteschieben, was er mir für den Fall angekündigt hatte, dass ich mit leeren Händen, ohne das Buch, nach Japan kommen würde: als »Suchender, der um milde Gaben der Einsicht bittet«. Außerdem hatte ich Socrates noch nie etwas abgeschlagen. In diesem Augenblick fiel mir eines meiner Lieblingsbücher ein: *Der Herr der Ringe*, wo erzählt wird, wie dem kleinen Frodo wider jede Vernunft und Wahrscheinlichkeit das Unmögliche gelingt. *Aber das ist doch nur eine Geschichte,* ermahnte ich mich. *Nicht das wahre Leben!*

»Wenn die Gelegenheit an die Tür klopft, dann sollten deine Koffer gepackt sein« – auch das hatte Socrates einmal gesagt. Meine Koffer *waren* gepackt – für die Japanreise! Alles war arrangiert. Was, wenn ich diesen Brief gar nicht gefunden hätte? Was, wenn er noch im Innenfutter meines Rucksacks schlummern würde? Aber ich *hatte* den Brief gefunden. Oder er mich. Mit einem tiefen Seufzer schob ich ihn in mein leeres Notizbuch und steckte beides in den Rucksack zurück.

Ich fühlte mich wie hin und her gerissen. Ich wollte doch nach Japan – und nicht obskure Schriften in der Wüste suchen! »Es ist besser, das zu tun, was du tun musst, als es aus gutem Grund nicht zu tun«, lautete demgegenüber ein weiterer dieser typischen Ratschläge meines Lehrers. *Musste* ich dieses Buch finden?

Ich beschloss, erst einmal eine Nacht drüber zu schlafen. Zuvor erinnerte ich mich ein weiteres Mal daran, die Postkarte an meine Tochter aufzugeben, sobald ich am Honolulu Airport ankam – ein Ort der Abreise, ein Ort der Entscheidungen.

Drei

Irgendwann in dieser Nacht muss der wirbelnde Derwisch in meinem Kopf zur Ruhe gekommen sein. Als ich aufwachte, wusste ich jedenfalls sofort, dass ich mich auf die Suche machen musste – das war ich meinem alten Lehrer schuldig. Gewiss, sein Brief würde nicht nur meine aktuellen Pläne, sondern möglicherweise mein ganzes Leben ändern – ob nun zum Guten oder zum Schlechten. Aber immerhin erlaubte mir das Forschungsstipendium, den Flug nach Japan in einen nach Albuquerque umzubuchen.

Sobald ich dort ankam, lieh ich mir bei einer kleinen Autovermietung einen alten Ford Pick-up zu sehr spartanischen Konditionen: Kaution in bar, kein Pannenservice – na, dann gute Fahrt. In einem Ausrüstungsgeschäft kaufte ich mir Wanderstiefel, gegen die ich meine ausgetretenen Turnschuhe austauschte, einen großen Seesack, eine Feldflasche, einen Hut mit breiter Krempe, einen Kompass, ein Taschenmesser, eine Stablampe, einen dünnen Schlafsack, eine Spitzhacke und einen Klappspaten, Sonnenmilch und ein Buch über das Überleben in der Wüste, dessen Lektüre mir nicht gerade Mut machte. Ich stopfte alles in den Seesack und warf ihn auf den Beifahrersitz. Dann floh ich vor der drückenden Hitze des späten Nachmittags in ein Motel.

Und so kam es, dass ich Anfang September 1974 – in meinem achtundzwanzigsten Lebensjahr – im prallen Sonnenschein durch die Old Town von Albuquerque wandelte. Zunächst löcherte ich die Einheimischen mit der komischen Frage, ob und wenn ja wo es vor dreißig Jahren im Einzugsgebiet der Stadt schon irgendwelche Krankenhäuser gegeben hatte. Außerdem ging ich Socs Brief noch einmal gründlich durch, was mich bewog, parallel die Suche nach dem kleinen Mädchen anzutreten, das er auf so merkwürdige Art und Weise erwähnte. Wo beginnen? Bioläden und alternative Buchhandlungen schienen keine schlechte Wahl, in der Annahme, dass jemand, der sich einst als kleines Kind zu Socrates hingezogen fühlte, in seinem späteren Leben solche Orte aufsuchen würde. Also nervte ich die Leute dort mit Erkundigungen nach einer Frau, die Mitte dreißig sein musste, möglicherweise Emma hieß und als Lehrerin arbeitete – vielleicht. Ganz direkt erkundigte ich mich nach einem Mann namens Socrates, der hier einmal auf der Durchreise war – vor Jahrzehnten, um genau zu sein. Welchen Spuren hätte ich sonst nachgehen sollen?

Die Ladenbesitzer kannten weder eine hiesige Lehrerin namens Emma noch einen Socrates (natürlich abgesehen von dem griechischen Philosophen, sofern sie Buchhändler waren). Sackgasse auf Sackgasse, eine leere Seite nach der anderen. Im Geiste rief ich diese geheimnisvolle Emma herbei, gab mir alle Mühe, durch Raum und Zeit hindurch zu ihr in jener Sphäre vorzudringen, wo wir alle miteinander verbunden sind: *Wo bist du?*

Der Tag ging schon zur Neige, als in dem kleinen Plattenladen, wo ich gerade meine Fragen abspulte, eine fesch gekleidete ältere Dame mein Gespräch mit dem Inhaber mitbekam. »Verzeihung, aber sind Sie sicher, dass sie Emma heißt? Ich kenne eine Ama, die als Grundschullehrerin in einem Vorort arbeitet«, mischte sie sich ein.

Also gut. Wenig später stand ich vor einer Schule am westlichen Stadtrand. Ein Schild mit der Aufschrift: WEGEN SOMMERFERIEN GESCHLOSSEN prangte höhnisch an der Tür. Da ich nun aber schon einmal hier war, klopfte ich nichtsdestotrotz, allerdings ohne mir große Hoffnungen zu machen. Und siehe da, es erschien eine Angestellte. »Ja, eine Ama hat hier mal ein Jahr lang unterrichtet. Ich glaube, sie wechselte in eine der Pueblo-Schulen an der Route 66, westlich von hier.«

Ich bedankte mich, und im Hinausgehen bemerkte ich aus dem Augenwinkel, dass sie sofort nach dem Telefon auf ihrem Schreibtisch griff. *Die Gute ist ja ziemlich beschäftigt*, dachte ich noch.

Ich nahm die Spur auf, auch wenn sie mir nicht besonders heiß vorkam, und muss sie zwischendurch noch verloren haben, da ich nicht wie geplant die Schule erreichte, sondern mich irgendwann vor einer Lehmziegelhütte wiederfand, an der ich bereits vorbeigekommen war. Neben dem Eingang sah ich ein mit der Hand beschriebenes Schild: SOUVENIRS. Unter einem behelfsmäßigen Sonnendach hingen Indianerdecken, darunter stapelten sich verschiedene Töpferwaren und andere Mitbringsel aus dieser schönen Gegend. In einem Eimer lagen Bernsteinbrocken, mit Skorpionen und anderen darin eingeschlossenen kleinen Wüstenbewohnern. Mit Schaudern erkannte ich eine Tarantel, eine Wolfspinne und die ebenso scheue wie tödliche Braune Einsiedlerspinne. Etiketten an den Steinen verrieten die Namen weiterer Getiers: Rindenskorpion, Geißelskorpion, Tausendfüßler. Auf einem Regal daneben hielt eine ausgestopfte Gila-Krustenechse Wache, und in dem Glaskasten darunter schlummerten in trauter Nachbarschaft Texas-, Seitenwinder- und Mojave-Klapperschlange – allesamt extrem giftig, aber dankenswerterweise verblichen und im Übrigen exzellent präpariert. Im Gegensatz zu mir musste der Ladeninhaber mit diesen freundlichen Bewohnern der Wüste, die uns umgab, auf vertrautem Fuße stehen. Wieder einmal fragte ich mich, was ich hier überhaupt zu suchen hatte.

Eine Stimme hinter mir ließ mich zusammenfahren. »*Buenos días.* Wie kann ich behilflich sein?« Es schien Socs Stimme zu sein! Doch als ich mich umdrehte, erblickte ich einen ganz anders aussehenden alten Mann mit vermutlich indianischen oder mexikanischen Wurzeln. Ich hatte ihn bisher gar nicht wahrgenommen, weil er wie angegossen ganz still zwischen seinen Schätzen saß, den Blick in ein und dieselbe Richtung, irgendwo draußen in der staubigen Luft haltend, während seine Hände beiläufig Perlen an den Saum einer bunten Decke knüpften. Seine bronzefarbene Haut wirkte so trocken wie die Wüste selbst. Unwillkürlich musste ich an die uralte Nonne denken, die Socrates in seinem Brief beschrieben hatte.

»Äh, ja ... ich suche nach einer Frau namens Ama. Sie ist Lehrerin, glaube ich.«

Der alte Mann zeigte keinerlei Reaktion auf meine Worte, sondern nahm seelenruhig eine Perle nach der nächsten mit langsamen, anmutigen Bewegungen in die Hand.

Ich versuchte mich an das wenige Spanisch zu erinnern, das ich in der Schule gelernt hatte. »*¿Señor, sabe usted ... äh, dónde está ... una escuela pequeña ... y una señora, ähm ... con nombre Ama?*«

Seine Augen hellten sich auf, und er drückte den Rücken durch. »*Ah, la señora Ama. Sí, una mujer muy fuerte, muy guapa.*«

Natürlich kennt er sie, dachte ich kopfschüttelnd. Was für ein merkwürdiger Zufall das doch war! Immerhin aber ein Hoffnungsschimmer. »*¿Dónde está …?*«, radebrechte ich mühsam.

»*Mi hermano*«, unterbrach er mich. »Du sprichst ungefähr so gut Spanisch wie mein Onkel Brigante schwimmen konnte, und der ist vor vielen Jahren in einem Fluss ertrunken. Also versuchen wir das Ganze lieber auf Englisch.«

»Äh, ja«, gab ich grinsend zurück. »Das ist vielleicht einfacher.« Ich hielt ihm die Hand hin und stellte mich vor.

Er machte jedoch keine Anstalten, meine Hand zu schütteln. »Ich habe dich erst für einen Griechen gehalten«, äußerte er stattdessen, überraschenderweise.

»Warum das?«

»Sobald du den Mund aufgemacht hast, ist mir ein griechischer Name eingefallen.«

»Welcher Name?«

Er machte eine lange Pause, bevor er antwortete. »Magst du Rätsel? Ich schon, sehr sogar. Ich habe viele Rätsel gestellt und viele gelöst, daher gebe ich die Frage zurück. Nenne mir den ersten Griechen, der dir einfällt. Dann weißt du auch, an welchen Griechen ich denke.«

Ich spähte in die Hütte. Hinter einem Fenster auf der Rückseite war in ein paar Hundert Metern Entfernung der Stadtrand von Albuquerque zu erkennen. War ich plötzlich ins Wunderland geraten? »Nun, Platon zum Beispiel ist ein schöner griechischer Name.«

»Ein verdienstvoller Lehrer«, bestätigte er, schien uninteressiert aber wieder nur in die hitzeflirrende Wüste hinausblicken zu wollen. »Doch um einen Lehrer zu verstehen, muss man den Lehrer des Lehrers kennen.«

Der alte Indio, der trotz einer ganzen Reihe fehlender Zähne eine perfekte Aussprache des Englischen bewerkstelligte, wollte mich zum Narren halten. Natürlich wusste er ganz genau, wer Platons Lehrer gewesen war, und er wusste auch, dass ich es wusste. »Platons Lehrer hieß Socrates«, sagte ich mehr höflichkeitshalber.

»Ich bin hier als Papa Joe bekannt, aber da du das Rätsel des Griechen gelöst hast, darfst du mich *abuelo* nennen. Und ich werde *nieto* zu dir sagen – Enkelsohn.« Immer noch ohne mich anzusehen, streckte er mir jetzt die Hand hin.

Bevor ich sie ergriff, wedelte ich mit meiner eigenen vor seinen Augen herum und löste damit ein weiteres Rätsel, denn er reagierte wieder nicht. »Ach ja«, begann er und fuhr auf Spanisch fort: »*Ciego como un murciélago, listo como un zorro.*« Dann übersetzte er sich selbst: »Blind wie eine Fledermaus, schlau wie ein Fuchs.« Mit einem seiner blinden Augen zwinkerte er mir zu. »Viele, die mit den Augen sehen, sind für andere Dinge blind. Ich bin blind, und doch sehe ich vieles.«

»Was siehst du?«, wollte ich wissen.

»Den Ort, an dem die Rätsel ihren Ursprung haben.«

»Und was gibt es dort?«

»Dieses Rätsel musst du selbst lösen. Nur so viel sei gesagt: Ich verlor als Kind mein Augenlicht. Es wandte sich nach innen und wurde immer schärfer. Wie gut kannst *du* sehen, *nieto*? Sind deine Augen scharf genug, um zu finden, was du suchst?«

Allmählich fand ich das Ganze selbst für meinen besonderen Geschmack ziemlich merkwürdig. Wir kannten uns doch überhaupt nicht! Ich hatte ihn nur nach dieser Frau gefragt.

»Okay, Papa Joe – *abuelo*. Wieso legen wir nicht einfach die Karten auf den Tisch?«

»Du spielst wohl gerne Poker?«, fragte er verschmitzt.

»Hier geht es nicht um Poker, sondern um das Leben.«

»Ist das nicht dasselbe?« Dabei imitierte er die Stimme des alten Meisters Po aus der TV-Serie *Kung Fu*.

»Du hast Socrates gekannt, nicht wahr?«, fragte ich ganz unverblümt, weil mir allmählich die Geduld ausging. »Weißt du jetzt, wo ich Ama finden kann oder nicht?

»*¿Por qué?* Warum willst du sie finden?«, fragte er zurück. Seine Finger widmeten sich wieder den Perlen.

»Ich glaube, das weißt du bereits.«

Er schwieg. »Sie hat womöglich meinen Freund und Lehrer getroffen«, fuhr ich fort. »Ich hatte gehofft, sie könnte mir dabei helfen … etwas zu finden.«

»Ah, du suchst *etwas*. Das dürfte nicht einfach werden«, versetzte er mit vielwissender Miene. »Die Wüste ist voller *Etwasse*.«

»Woher weißt du, dass sich etwas, das ich suche, in der Wüste befindet?«, bohrte ich nach.

»Ich kann nicht sehen, und doch sehe ich, siehst du?«

»Du bist wirklich ein großer Rätselfreund, nicht wahr?«

»Nicht wahr?«, gab er mit einem zahnlückigen Grinsen zurück.

»Bitte, *abuelo*. Du findest das vielleicht lustig, aber ich muss unbedingt mit dieser Ama sprechen und dann …«

»Ich schätze deinen Eifer«, fiel er mir ins Wort. »Deinen Sinn für Pflichterfüllung. Ich aber habe nur Sinn für Humor. Was kümmern mich nach neun Lebensjahrzehnten die Probleme der Jugend? Was die anderen über einen denken, wie man die wahre Liebe findet, wie man erfolgreich wird: All das interessiert mich nicht mehr. Mir geht es nur noch um meinen Spaß. Und um das Wenige, das ich über die … *Etwasse* weiß.« Er fädelte die letzte Perle auf und knotete den Faden zusammen.

»Vielleicht kann ich dir etwas über *la mujer* erzählen«, erbot sich Papa Joe dann doch, als er fertig war. »Über Ama.«

»Das wäre sehr hilfreich …«

»Aber zunächst will ich dir ein Rätsel stellen.«

»Das ist nicht der passende Zeitpunkt für Spielchen, *abuelo*.«

»Das ganze Leben ist ein Spiel«, wies er mich zurecht. »Und der passende Zeitpunkt ist immer jetzt. Wenn du keine Zeit für Spielchen hast, hast du auch keine Zeit fürs Leben. Ein Rätsel musst du sowieso schon lösen, ob du willst oder nicht. Also tu einem alten Mann einen Gefallen und löse ein weiteres. Wenn dir das gelingt, helfe ich dir vielleicht, diese Frau zu finden.« Während er sprach, löste er den Knoten und zog die Perlen von der Schnur.

»Und wenn ich dir *verspreche*, sofort zurückzukommen, nachdem ich mit ihr geredet habe?«

»Ach, aber wir wissen doch gar nicht, was du dort findest oder ob du überhaupt von dort zurückkehrst oder ob meine Seele nicht in der Zwischenzeit das Weite sucht.«

»Ich verstehe. Aber verstehst du auch, dass ich mich auf gewisse Weise unter Druck gesetzt fühle?«

»Freut mich zu hören, dass du Gefühle hast, *nieto*. So weißt du, dass du am Leben bist und dir gewisse Dinge wichtig sind. Aber Gefühle dürfen weder dein noch mein Leben bestimmen. Ich interessiere mich nicht länger für die Dramen dieser Welt. Davon habe ich mehr als genug erlebt. Jetzt warte ich auf den Tod, damit ich wieder sehen kann wie in meinen Träumen.«

»Glaubst du das wirklich?«

»Nicht unbedingt, aber *¿quién sabe?* Und währenddessen hat man mit jedem neuen Tag die Gelegenheit, mehr zu lernen und anderen eine kleine Hilfe zu sein. Vielleicht kann ich dir ja helfen.«

Ich betrachtete die neben dem Faden verstreuten Perlen.

»Na schön.« Ich fügte mich. »Wie lautet das Rätsel?«

»Das Rätsel geht so«, hob er an und beugte sich vor. »Was ist größer als Gott und schlimmer als der Teufel? Die Reichen brauchen es, die Armen haben es, und wenn man es isst, stirbt man?«

»Wie bitte?«, fragte ich verblüfft.

Papa Joe wiederholte das Rätsel.

»Ich … ich weiß es nicht«, musste ich kleinlaut zugeben.

»Klar weißt du es nicht. Sonst wäre es ja kein Rätsel«, lachte er.

Ich strengte mich an. Größer als Gott. Aber auch schlimmer als der Teufel. War das ein Wortspiel? »Wasser!«, entfuhr es mir. »Lautet die Antwort Wasser, *abuelo*? Gandhi soll mal gesagt haben, für einen Verhungernden ist Gott Brot. Und jemandem in der Wüste muss Wasser größer als Gott erscheinen. Doch wenn jemand ertrinkt, ist das Wasser für ihn schlimmer als der Teufel.«

»Netter Versuch«, räumte er ein. »Aber leider falsch.« Er widmete sich wieder seinen Perlen.

»Na ja, dann ist es vermutlich …«

»Nicht vermuten!«, befahl er. »Warte, bis du es weißt.«

Reine Zeitverschwendung! Ich war zunehmend frustriert. Doch ließ ich nicht locker. Wieder und wieder ließ ich mir das Rätsel durch den Kopf gehen. Ich konzentrierte mich, was in der sengenden Hitze überhaupt nicht einfach war, betrachtete es aus verschiedensten Blickwinkeln. Unterdessen nahm Papa Joe erneut eine Perle nach der anderen auf, bis der Faden wieder vollständig geknüpft war. Schließlich resignierte ich.

»Ich geb's auf. »Außerdem fehlt mir die Zeit, um …«

»Bis deine Zeit abgelaufen ist, hast du alle Zeit der Welt«, unterbrach er mich sofort.

»Alles schön und gut«, bemühte ich mich darum, das hier zum Abschluss zu bringen. »Ich habe darüber nachgedacht, gebrütet, gegrübelt und sinniert. Und was ist dabei herausgekommen? Nichts.«

»Na also!«, bekräftigte er und nahm die Hand vom eben geknüpften Knoten. »Du bist schlauer, als du aussiehst«, fügte er nicht ohne Ironie hinzu. »Nichts – *nada* – ist die richtige Antwort.«

Es dauerte eine Weile, dann fiel endlich der Groschen. »Natürlich! Nichts ist größer als Gott; nichts ist schlimmer als der Teufel; die Reichen brauchen nichts, die Armen haben nichts; und wenn man nichts isst, stirbt man.«

Papa Joe war tatsächlich so schlau wie ein Fuchs – hatte das Rätsel also vielleicht noch eine zweite Ebene? »*Abuelo*, hast du jemals eine Frau namens Nada kennengelernt?«

Er legte den Kopf schief, als höre er etwas aus seiner Vergangenheit. Dann lächelte er. »Ich kannte viele Frauen mit vielen Namen.«

Ich wartete. Nach einer Pause, in der er vermutlich in Erinnerungen an diese Frauen schwelgte, ließ er sich endlich zu einer ausführlichen Wegbeschreibung herbei.

Vier

Eine geschlagene Stunde folgte ich in dieser Irrsinnshitze der Route, die Papa Joe mir beschrieben hatte, nur um doch wieder vor seinem Souvenirladen zu landen.

»Das verstehe ich nicht«, maulte ich vorwurfsvoll und wischte mir den Schweiß von der Stirn. »Jetzt bin ich exakt deinen Anweisungen gefolgt und wieder an dem Punkt gelandet, von wo ich losgegangen bin.«

»Na klar«, meinte er mit allergrößter Selbstverständlichkeit. Immerhin wandte er mir diesmal das Gesicht zu. »Ich wollte sichergehen, dass dein Orientierungssinn etwas taugt, bevor ich meine Zeit mit einer genauen Beschreibung verschwende.« Sprach's und brach in so schallendes Gelächter aus, dass er fast vom Stuhl fiel. »Wie gesagt, *nieto*«, keuchte er, nachdem er sich wieder eingekriegt hatte, »für mich zählt nur noch der Spaß im Leben.«

Ich musste erst mal tief Luft holen. »Würdest du mir jetzt, nachdem ich mich als tüchtiger Navigator erwiesen habe, bitte sagen, wo es zu der Schule geht, an der Ama eventuell unterrichtet?«

»Natürlich«, versprach er und deutete grob nach Westen. »Immer der Straße nach, bis du zum Acoma Pueblo kommst. Such nach lachenden und spielenden Kindern, und dort wirst du auch Ama finden.«

»Danke«, sagte ich und beruhigte mich wieder. »Spielende Kinder sind ein schöner Anblick. Ich habe selbst eines – eine kleine Tochter.«

Als er das hörte, strahlte er übers ganze Gesicht. »¡*Un momento!*« Er stand auf, ging in den Laden und kam mit einer in Leder gewandeten, rot und grün bemalten Kachina-Puppe zurück. »Für *su hija*«, sagte er. »Ich nenne sie die Stehende Frau. Gib gut auf sie acht. In Notfällen können solche Kachinas eine große Hilfe sein.«

»Nochmals vielen Dank, *abuelo*.« Mit diesen Worten steckte ich die Puppe in ein Seitenfach meines Rucksacks.

Er ließ sich wieder auf seinem Stuhl nieder und quittierte meinen Dank mit einem Wedeln der Hand und dem obligatorischen »*De nada.*«

»Vielleicht sehen wir uns ja mal wieder.«

»Möglich, obwohl es kaum wahrscheinlich ist, dass ich dich sehe«, gab er zurück und amüsierte sich ein letztes Mal königlich, ob nun über mich, über die Situation oder einfach über sich selbst.

Erst als Papa Joes Laden im Rückspiegel immer kleiner wurde und schließlich ganz daraus verschwand, wurde mir bewusst, dass er mir gar nicht verraten hatte, ob er die alte Nonne namens Nada tatsächlich gekannt hatte. Aber immerhin wusste ich jetzt, wo Ama zu finden war.

Der Pick-up holperte über eine löchrige Nebenstraße. Ich nahm mir vor, meiner Tochter eine weitere Postkarte zu schicken. Doch wie sollte ich ihr erklären, dass ich mich im Südwesten der Vereinigten Staaten befand? Das konnte ich mir ja selbst nicht einmal schlüssig erklären.

Einige Minuten später erblickte ich ein handgemaltes Schild: ACOMA PUEBLO. Darunter stand in kleineren Buchstaben: GRUNDSCHULE.

Ich hielt an einer Ecke des Schulhofs, über den die Staubfahnen tanzten, näherte mich dem Gebäude und trat durch die Tür in das einzige Klassenzimmer dieser Bildungsstätte. Mein überraschendes Erscheinen erregte Aufmerksamkeit. Großes Getuschel unter den Kindern war die Folge. »Augen nach vorn!«, befahl ihre Lehrerin mit strenger Stimme. Sie hielt neben einem alten Schreibtisch mit einem handgemachten Namensschild die Stellung. Darauf stand »Ama Chávez«. Die Frau trug eine Brille und wirkte deutlich jünger, als ich erwartet hatte. Sie nickte mir nur kurz zu, drehte sich gleich wieder zur Tafel um und schrieb an dem weiter, was sie zuvor begonnen hatte. Die Kreide quietschte durchdringend. Mehrere Kinder – erste und zweite Klasse, schätzungsweise – nutzten die Gelegenheit und setzten ihre Inspektion meiner Person mit großen, staunenden Augen und breitem Grinsen fort und suchten mich als Komplizen ihrer Vorwitzigkeit zu rekrutieren.

Kurz darauf war der Unterricht vorüber. Schon lief ein kleines Mädchen auf mich zu, noch bevor ich Gelegenheit hatte, mit der Lehrerin zu sprechen. Sie war etwa sieben Jahre alt – also im Alter meiner Tochter. Ihr Pferdeschwanz wurde von einem hellgelben Schleifchen zusammengehalten. Das erinnerte mich an eine peinliche Episode, als ich einmal Socrates hinterherspioniert hatte. Dabei schlief ich dummerweise ein, und als ich erwachte, bemerkte ich zu meiner großen Verlegenheit, dass er mir ein ganz ähnliches Schleifchen ins Haar gebunden hatte.

Die helle Stimme des Mädchens holte mich in die Gegenwart zurück. »Ich bin Bonita, das heißt hübsch auf Spanisch, und ich bin auch hübsch, findest du nicht?«, plapperte sie in einem Rutsch. Dann musste sie aber erst einmal tief Luft holen, um weiterreden zu können. »In der Hopi-Sprache heißt Bonita gar nichts, aber das ist nicht so schlimm, weil ich ja keine richtige Hopi bin, nur zur Hälfte und zur anderen Hälfte Mexikanerin. Samatri ist meine beste Freundin, aber heute bin ich sauer auf sie, weil sie sagt, dass ich nur zur Hälfte hübsch bin, weil ich nur zur Hälfte Hopi bin, auch wenn ich Bonita heiße. Und wie heißt du?« Sie streckte mir damenhaft die Hand entgegen.

»Ich heiße Dan, und du bist wirklich sehr *bonita*«, antwortete ich und ergriff vorsichtig ihre Hand. Dann musste ich ebenfalls vorerst tief Luft holen. Das brachte sie zum Kichern, woraufhin sie die Hand zurückzog und verlegen auf den Mund legte.

»Sagt ihr Ama oder Señora Chávez zu eurer Lehrerin?«, fragte ich und machte eine leichte Kopfbewegung in Richtung Tafel.

»Die hier ist bloß Aushilfslehrerin«, flüsterte Bonita, wobei sie meinen Tonfall nachahmte und eine gleichartige Kopfbewegung machte. Nun kam die Lehrerin auf uns zu, nachdem sie inzwischen die Tafel abgewischt hatte. Bonita flüsterte mir noch schnell in verschwörerischem Ton zu, was sie wohl als hochwichtig ansah: »Señora Chávez ist gerade nicht hier, weil sie was besorgen muss, aber sie kommt bald wieder. Ich glaube, es soll eine Überraschungsparty geben, aber das ist überhaupt keine Überraschung mehr.« Wieder schnappte sie nach Luft. »Weißt du, heute haben ich und Blanca am selben Tag Geburtstag.«

»Nein, das wusste ich nicht. Aber ich weiß vieles nicht.«

»Dann wirst du Señora Chávez bestimmt gut leiden können. Sie weiß alles«, verkündete Bonita stolz.

Eine Stunde später gewahrte ich, wie eine auf dem Kopf stehende Frau mit zwei Einkaufstüten in den Händen den Raum betrat. Selbst aus meiner aktuellen Perspektive – ich machte gerade zum Vergnügen der Jugend einen Handstand auf dem Lehrerpult – war nicht zu übersehen, wie attraktiv sie war. Und, noch wichtiger: Sie war real – und hier, direkt vor mir! Schwungvoll sprang ich auf die Beine und kam mir dabei wie ein Schüler vor, der bei einem groben Unfug ertappt wurde. Ich stellte mich vor und setzte zu einer Erklärung an.

Sie winkte ab. »Bonita hat mir gesagt, dass Sie nach mir suchen. Erklären Sie sich bitte, während ich für die Party dekoriere.«

»Offenbar gibt es zwei Geburtstage zu feiern.«

»Bonita hat's drauf. Sie wird bestimmt mal Fernsehstar. Oder First Lady.« Sie lächelte vielsagend.

»Das ist sie schon«, neckte ich sie und wollte hilfreich nach einer Tüte greifen. Sie zögerte. Ihre Körpersprache sagte ganz deutlich: *Hände weg, Fremder.* Dann überlegte sie es sich jedoch anders, überließ mir eine Tüte und ging ans andere Ende der Räumlichkeit zu einer Nische mit einem kleinen Waschbecken.

Ich stellte die Tüte auf eine Arbeitsfläche. »Ms. Chávez, ich bin in der Hoffnung hier, dass Sie mir bei der Suche nach etwas behilflich sein können.«

»Da müssen Sie schon genauer werden.«

»Soll ich's Ihnen buchstabieren?«

Ich glaubte ein feines Lächeln zu erkennen, bevor sie sich abwendete, um einen Kuchen und Partydekoration aus der Tüte zu nehmen. »Tut mir leid, Mr. Millman«, entschuldigte sie sich. »Ich bin schon so lange Lehrerin, dass ich gar nicht mehr weiß, wie man Überraschungsgäste behandelt, die einem bei den Partyvorbereitungen helfen.«

Ein Punkt für sie. Also kam auch ich gleich auf den Punkt. »Ich habe einen Lehrer, den ich nach einem alten Griechen benannt habe …«, legte ich los, während ich blau-oranges Krepppapier an die Wand klebte.

Ich spürte ihren Blick im Rücken. Treffer! Nun hatte ich ihre volle Aufmerksamkeit und erzählte ihr von dem Brief sowie davon, dass ich Nachforschungen in Albuquerque angestellt und schließlich Papa Joe getroffen hatte. »Er sagte, ich solle ihn *abuelo* nennen, weil er …«

»… ein alter Knochen ist«, vollendete sie meinen Satz. »Ich kenne ihn. Und vielleicht bin ich sogar irgendwann mal Ihrem Lehrer begegnet.« Sie sah mir direkt ins Gesicht. Erst jetzt bemerkte ich, dass sie ein blaues und ein braunes Auge hatte, was ihrer Attraktivität jedoch keinen Abbruch tat. Freimütig trug sie ihren Wunsch vor:

»Diesen Brief würde ich gern mal sehen. Diesen Brief von Socrates.«

Fünf

Ama bemerkte sofort mein Zögern. »Keine Sorge, ich will ihn nicht lesen«, fügte sie bereitwillig hinzu. »Nur mal sehen.«

Ich langte in meinen Rucksack, zog den Brief heraus, faltete ihn behutsam auseinander und zeigte ihr die erste und die letzte Seite. Sie seufzte. Ein zugegebenermaßen sehr reizendes Seufzen. »Wohnen Sie und Ihr Mann in der Nähe?« Die Frage konnte ich mir einfach nicht verkneifen.

Ihre Antwort fiel sachlich aus, begleitet von einem Blick, der verriet, dass sie mich durchschaute. »Ich bin nicht verheiratet, aber ich habe einen Freund. Joe Stalking Wolf.«

»Sie haben einen Freund namens Joe Stalking Wolf?«

»Ein guter Freund, ja. Er ist bei der Reservatspolizei.«

So viel zu meinen Wunschträumen. Joe Stalking Wolf... Umgehend lenkte ich meine Gedanken wieder auf meine Aufgabe.

»In diesem Brief beschreibt Socrates sehr detailliert ein aufgewecktes kleines Mädchen, dem er vor einer Schule begegnet.«

»Ich war jedenfalls ein lebhaftes Kind«, bestätigte sie bescheiden mit einem Lächeln. »Zumindest hat das mein Vater immer gesagt. Und ich bin Socrates nicht nur vor der Schule begegnet, sondern auch in einem hiesigen kleinen Krankenhaus. Er erholte sich dort von einem schweren Fieber.«

»Und weshalb waren Sie dort?«

»Mein Vater war der Chefarzt. Er war Sanitätsoffizier bei der Army und arbeitete anschließend in verschiedenen Kliniken. Erst in Santa Fe und dann in besagtem Krankenhaus. Es liegt nur wenige Meilen von hier. Wie dem auch sei – Papa Joe hat Socrates gefunden und dort hingebracht.«

»Das hat er mir gar nicht erzählt … wieso können Sie sich überhaupt so gut daran erinnern?«

»Socrates war ein sehr beeindruckender Mann, selbst für ein sechsjähriges Mädchen. Er hielt meine Hand und sagte mir, dass er eine bestimmte Energie in mir spüre. Die Gabe zu heilen – so nannte er es.« Nach einer kleinen Pause fuhr sie fort: »Er hatte so einen alten, verschlissenen Rucksack, wie ein Landstreicher. Ich habe ihn auf einem Stuhl im Krankenhaus liegen sehen, und Socrates redete im Schlaf davon. Und von einem Buch, einem Tagebuch. Mein Vater hielt das für Fieberfantasien. Ich bin jeden Tag nach der Schule ins Krankenhaus gegangen, um bei Socrates zu sitzen. Ist doch komisch«, fand sie. »Daran habe ich schon lange nicht mehr gedacht. Bis Sie aufgetaucht sind.«

»Hat Papa Joe Socrates im Krankenhaus besucht?«

»Ich glaube, mich dunkel daran zu erinnern, die beiden zusammen gesehen zu haben. Vielleicht wollte Papa Joe sich nach dem Mann erkundigen, den er gerettet hatte. Jedenfalls schienen sie sich ziemlich gut zu verstehen. Mehr weiß ich nicht.«

Wir schwiegen, und ich ging weiter meinen Dekorationsaufgaben nach, während Ama den Kuchen auf dem Tisch platzierte und Servietten dazulegte. »Wollen Sie nicht unser Partyüberraschungsgast sein?«, überraschte sie mich, und diesmal meinte sie es ernst. »Möchten Sie die Kinder hereinrufen?«

Als ich aus der Tür trat, bemerkte ich mehrere Jungen, die auf den niedrigen Ästen einer großen Eiche zu einem Baumhaus hinaufkletterten. Andere Kinder vergnügten sich auf ein paar alten Schaukeln. Bonita und zwei andere Mädchen sahen einem Jungen zu, der Radschlagen übte. Ich ging zu ihm hinüber und zeigte ihm, wie es richtig geht. Sofort war ich von allen Kindern umringt, und ich musste ihnen in der immer noch sehr heißen Spätnachmittagssonne auf dem schmalen Rasenstreifen neben der Eiche das Radschlagen beibringen.

Wenige Minuten darauf ertönte Amas Stimme. »Alle mal herhören!«, rief sie. »Es gibt Kuchen und Eis …« Die Kinder rannten auf der Stelle von mir weg und auf ihre Lehrerin zu.

»Tja, dagegen kommen Sie nicht an«, neckte sie mich, als ich der Rasselbande ins Klassenzimmer folgte.

Nach der Party gingen alle Kinder nach Hause. Ich fand mich zusammen mit Ama auf einer altehrwürdigen, an einem dicken Ast befestigten Hollywoodschaukel wieder.

Ich deutete auf das Astwerk über uns. »Mehrzweckeiche«, versuchte ich mich an einer entspannten Unterhaltung.

»In der Tat, das hier ist unser zweites Klassenzimmer, und Joe hat mitgeholfen, alles zu bauen«, erklärte sie sachlich, um dann in lockeren Plauderton zu wechseln. »Im Schuletat sind Baumhäuser und improvisierte Hollywoodschaukeln leider nicht vorgesehen.« Sie lachte. »Das war wirklich sehr nett von Ihnen, dass Sie den Kindern Radschlagen beigebracht haben. Die werden Sie so schnell nicht vergessen.« *Damit haben Sie sich sehr beliebt bei mir gemacht,* hörte ich aus ihrer sanften Stimme heraus, *und ich hätte nichts dagegen, wenn Sie mich jetzt küssen.* (Zumindest redete mir das meine überaus lebhafte Fantasie ein.)

»Wo treibt sich Joe Stalking Wolf denn gerade …«

»Wie konnten Sie Socrates als Lehrer gewinnen?«, fragte sie gleichzeitig.

Leicht widerwillig und mit einem Schulterzucken ging ich auf den Themenwechsel ein. »Eine glückliche Fügung des Schicksals, nehme ich an. Es freut mich außerordentlich, dass Sie ihn ebenfalls kennengelernt haben. Und das Jahre vor mir.«

»Wir haben nur ein paar Worte miteinander gewechselt«, korrigierte sie mich. »Und die meiste Zeit war er sowieso nicht bei Sinnen.«

»Dann hat er sich ja kaum verändert«, kasperte ich, um erneute Auflockerung bemüht.

Sie ignorierte den Versuch. »Wissen Sie, schon durch das Wenige, was er von sich gab, habe ich eine andere Sicht auf die Welt gewonnen. Ich würde gerne mehr über ihn erfahren.«

Sanft schickte uns die alte Schaukel in der kühlen Abendbrise hinauf und hinunter, vor und zurück. Ich ließ es mir nicht nehmen, die eine oder andere launige Anekdote aus meiner Anfangszeit mit Socrates zum Besten zu geben. Es war die mir nun überhaupt nicht mehr unangenehme Neugier dieser jungen Frau, die mir das zarte Pflänzchen einer ganz neuen Idee in den Kopf setzte: Ja, eines Tages würde ich alles aufschreiben, was ich mit Socrates erlebt und was ich von ihm gelernt hatte – vorausgesetzt, ich verstünde jemals, was genau er mich lehrte. *Wo denn* überhaupt *nur anfangen?*

Ich stand auf, nahm Socs Brief an mich, kehrte zur Schaukel zurück und hielt ihn ihr hin. »Nur zu, lesen Sie ihn. Ich glaube, er hätte nichts dagegen.«

Während Ama die Seiten durchflog, überließ ich mich ganz dem Rhythmus der Schaukel. Zum ersten Mal seit meiner Abreise aus Hawaii fühlte ich mich wirklich entspannt.

Gerade als Ama fertiggelesen hatte, erschien ein einzelner Stern am nördlichen Himmel. Sie sah mit großen Augen zu ihm auf. »Bis heute war ich mir nicht sicher, ob dieses Tagebuch tatsächlich existiert. Er hat darüber gesprochen, aber es klang so wie etwas aus einem Traum.«

»Hat Socrates irgendetwas darüber geäußert, wo er es versteckt hat? Oder was er hineingeschrieben hat?«

Sie fixierte den sich verdunkelnden Horizont, als stünde dort die Antwort geschrieben. Etwas plötzlich stand sie auf und richtete einige ernste Worte an mich: »Tut mir leid, Dan! Ich wünschte, ich könnte Ihnen weiterhelfen. Jedenfalls habe ich Ihren Besuch sehr genossen. Ich habe nur wenige Freunde, mit denen ich über solche Dinge reden kann.«

»Abgesehen von Stalking Wolf«, stichelte ich.

Sie lächelte es souverän weg. »Ja, mit Joe kann ich über so etwas reden.«

Die Nacht brach herein. Schule aus. Nur noch ein Händeschütteln, das dann doch in eine kurze, ungelenke Umarmung mündete. »Also …«, sagte sie gedehnt, »ich muss noch den Unterricht für morgen vorbereiten …«

Na, und ich hatte ebenfalls etwas zu erledigen – nämlich die Hausaufgaben, die mir mein eigener Lehrer aufgegeben hatte.

Sechs

Es wurde dunkel, und mir war danach, in die Wüste zu gehen. In Amas Klassenzimmer brannte noch das Licht, es war so schwach, dass es die Strenge der verdorrten Landschaft nur erahnen ließ. Je dunkler es wurde, umso mehr goss der halbe Mond seinen fahlen Schimmer darüber. Der Ruf einer Eule in der maßlosen Weite. Das Rascheln einer krabbelnden Eidechse ganz in der Nähe. Grelles Zirpen zahlloser Grillen ringsum. Nicht ein Lüftchen regte sich. So ganz allein hier draußen spürte ich, wie sich mit zunehmender Dämmerung nagende Zweifel über mich gesenkt hatten. Und plötzlich stellten sich meine Nackenhaare auf! Ich fuhr herum und erblickte eine Gestalt, die sich aus den Schatten schälte.

»*Abuelo!*«, rief ich, ganz erstaunt beim Anblick eines zahnlückigen Grinsens, und musste selbst lächeln. »Was machst du denn …«

»*¡Silencio!*«, wisperte er und legte einen Finger an die Lippen. »Willst du die Wüste aufwecken?«

»Die ist schon wach.«

»Ja wenn du so herumtrampelst! Ich dachte schon, eine Räuberbande treibt hier ihr Unwesen«. Feixend warf er sich in eine übertriebene Karatepose. Aber sofort wurde er wieder ernst und legte erneut einen Finger auf den Mund. »Hier gibt es gewisse Kreaturen, deren Aufmerksamkeit du bestimmt nicht erregen willst.«

Ich hakte die Warnung schon als Beweis seiner Neigung zur Dramatisierung ab – da fügte er fast unhörbar und so beiläufig, dass es umso mehr auffiel, hinzu: »Was, wenn hier noch ein weiterer Mann nach *etwas* sucht?«

Noch war die nächtliche Kälte nicht da, aber schon lief es mir eiskalt den Rücken hinunter. Instinktiv unterzog ich die Umgebung einer sofortigen Prüfung, soweit das in der zunehmenden Dunkelheit möglich war. Na, außer Wüstenbeifuß unmittelbar vor mir und dem tiefschwarzen Horizont in der Ferne nichts zu erkennen. *Ist das ein weiteres Rätsel? Was verschweigt er mir?*

»Ist dieser Mann, falls es ihn denn gibt, womöglich wahnsinnig oder gefährlich?«

»Vielleicht«, ließ Papa Joe es offen. »Ich jedenfalls habe schon lange keine Angst mehr vor dem Tod, *nieto* – ich warte sogar darauf. Der Tod folgt uns allen, und er ist sehr geduldig …«

Ich hörte nicht mehr richtig zu, da mir sofort wieder die Samarra-Geschichte durch den Kopf ging.

»Wie dem auch sei, ich habe mein Ende gesehen, und es kommt nicht durch die Hände eines solchen Mannes. Falls es ihn denn gibt«, betätigte sich der Alte wieder als Orakel.

Einigermaßen verwirrt und leicht verärgert lehnte ich mich gegen die Wand. *Wer außer mir sollte denn nach all den Jahren noch auf der Suche nach diesem Tagebuch sein?*, so lautete doch die Frage. *Es sei denn, meine Nachforschungen in Albuquerque …*

»Wie hast du mich gefunden?«, flüsterte ich.

»Nicht so wichtig. Dass ich hier bin, ist wichtig.«

»Aber weshalb? Kannst du mir mehr über Socrates erzählen?«
»Vielleicht ja, vielleicht nein. Das kommt auf dich an.«
Ich seufzte resigniert, wissend um das, was jetzt kommen würde. »Also gut. Dann her mit dem Rätsel.«
»Informationen können so wertvoll sein wie seltene Edelsteine. Aber entsprechen diese Informationen auch der Wahrheit? Ist der Stein echt? Wie kann man das wissen? Angenommen, du hast drei Säcke mit jeweils zwanzig identischen Edelsteinen. Aber in einem Sack sind sie nicht echt. Du weißt lediglich, dass die echten Steine genau eine Unze pro Stück wiegen, die falschen dagegen eine Zehntelunze mehr. Und du hast eine Waage, aber keine mit zwei Schalen – das wäre zu einfach. Deine Waage hat nur eine Schale, und du darfst nur *einmal* wiegen. Wie kannst du herausfinden, in welchem Sack die falschen Steine sind?«
»Moment – das ist kein Rätsel, sondern eine Matheaufgabe!« (Ich protestierte vehement, denn Mathe war nie meine starke Seite.)
Papa Joe schwieg.
Ich schloss die Augen und ließ mich auf die Herausforderung ein. Stellte mir die drei Säcke vor. Dann überlegte ich, wie mein Cousin Dave – als Mathematiklehrer – dieses Problem wohl angehen würde. Ich begann zu rechnen. *Wenn ich einen Stein aus jedem Sack nehme, wiegen die drei Steine zusammen 3,1 Unzen, da ein Stein eine Zehntelunze schwerer als die anderen ist – ein Stein aus jedem Sack hilft mir nicht weiter, aber … was, wenn ich mehrere Steine nehme …?*
»Also gut«, begann ich langsam und bedächtig, um den mir brauchbar erscheinenden Lösungsansatz nicht gleich wieder zu vermasseln. »Ich nehme einen Stein aus dem ersten Sack, zwei aus dem zweiten und drei aus dem dritten. Die Anzahl

der Zehntelunzen – die Waage zeigt sechs Unzen und entweder eine, zwei oder drei Zehntelunzen an – verrät mir, in welchem Sack die falschen Steine sind.«

»¡*Exactamente!*«

Ich fasste das als großes Lob auf und war richtig stolz. Damit durfte ich wohl auf meine eigentliche Aufgabe zurückkommen? »Du hast Socrates vor dreißig Jahren das Leben gerettet. Hat er dir verraten, was in seinem Tagebuch steht? Oder wo er es versteckt hat?«

Papa Joe machte ein grüblerisches Gesicht. »Darüber muss ich nachdenken. Für den Moment war das alles, was ich dir geben kann.«

Enttäuscht wandte ich mich ab und rammte die Fußspitze, nun wirklich zornig geworden, in den Staub. »So haben wir nicht gewettet! Ich habe dein Rätsel gelöst. Dafür musst du mir auch etwas …«

Fehlanzeige. Ich war allein. Er war schon in der mittlerweile tintenschwarzen Nacht verschwunden.

Meine Laune sank, und ein ganzes Rudel selbstzerstörerischer Gedanken fiel über mich her. *Papa Joe will mir überhaupt nicht helfen. Womöglich ist diese geheimnisvolle Schrift auf immer verschollen. Es ist hoffnungslos. Zeitverschwendung.* In irgendeine Lücke zwischen meinen erregten Gedanken fiel auf einmal eine Erinnerung. Um meines unkontrolliert vorbeiziehenden Gedankenstroms bewusst zu werden, hatte ich von Socrates einst die Aufgabe gestellt bekommen, jeden noch so flüchtigen Gedanken zu notieren: Schreiben als Meditation, sozusagen. »Du kannst den unwillkürlichen Gedankenfluss nicht kontrollieren, und das musst du auch nicht«, hatte er behauptet. »Lass die Gedanken kurzzeitig im Rampenlicht stehen, und dann wende deine Aufmerksamkeit wichtigeren Dingen zu – zum Beispiel, was du als Nächstes tust.«

Na schön, dachte es in mir. *Und was soll ich als Nächstes tun?* Auf der Rückfahrt zum Motel kam mir eine Idee: Ich würde Ama morgen nach dem Unterricht einen weiteren Besuch abstatten.

* * *

Ama wischte gerade die Tafel ab. Sie hatte einen Kreideschmierer auf der Stirn, und ich musste unwillkürlich grinsen. »Ich möchte gern etwas versuchen …«, fiel ich mit der Tür ins Haus.

Sie wirbelte herum. »Dan!«

Jetzt lächelte sie, was ich als Aufforderung verstand, fortzufahren. »Wären Sie offen für ein wenig Trancearbeit?«

Sie strich sich das Haar aus dem Gesicht, was einen weiteren Kreidefleck auf ihrer Stirn zur Folge hatte. »Wie bitte, Trancearbeit? Sie meinen Hypnose?«

»Dadurch könnten Sie sich womöglich besser an Socrates erinnern.«

»Ich glaube nicht, dass …« Sie trat einen Schritt zurück. Erst jetzt bemerkte ich, wie nahe ich bei ihr gestanden hatte.

»Tut mir leid«, beteuerte ich verlegen. »Wir kennen uns ja kaum. Ich würde mich auch nicht von einem Fremden hypnotisieren lassen.«

»Das ist es nicht«, sagte sie. »Aber ich war noch nie unter Hypnose.«

»Gewisse Fachleute«, erklärte ich, »sind der Meinung, dass die meisten Menschen den Großteil ihrer Zeit in Trance oder einem tranceähnlichen Bewusstseinszustand verbringen – wenn man sich einen Film ansieht, ein Buch liest oder meditiert beispielsweise. Unsere Gehirnströme verändern sich ständig. Mama Chia, eine Frau, die ich auf Hawaii kennengelernt habe, arbeitete mit einer Art Wachtrancetechnik, um mir auf einer Ebene, die der Intellekt nicht erreichen kann, bestimmte visuelle Erfahrungen zu ermöglichen. Sie meinte, das Unterbewusste oder das *Basis-Selbst*, wie sie es nannte, könne mehr Informationen aufnehmen als der bewusste Teil unseres Geistes. Wenn Sie mir erlauben, Sie in einen Trancezustand zu versetzen, kann ich Ihr Unterbewusstsein nach Eindrücken befragen, die wichtiger sein könnten, als bisher vermutet. Sie können selbstverständlich jederzeit aussteigen und sich dafür entscheiden, in Ihren normalen Bewusstseinszustand zurückkehren. Aber der Übergang ist weniger abrupt, wenn ich Sie zurückhole.«

Ama sah mich skeptisch an. Oder kniff sie nur die Augen gegen die Sonne zusammen? Sie setzte sich an ein Schülerpult und bedeutete mir, ebenfalls Platz zu nehmen.

»Wollen wir anfangen?«, fragte sie schlicht.

»Okay, entspannen Sie sich – genau, holen Sie tief Luft. Und jetzt ausatmen. Noch mal. Prima. Ihr Körper wird immer schwerer. Beobachten Sie meine Fingerspitze, hier oben, direkt über Ihren Augen.«

Einige Minuten später beantwortete Ama meine Fragen mit so leiser Stimme, als würde sie im Schlaf reden: »Ich sitze neben seinem Bett. Ich lege einen kühlen Lappen auf seine Stirn. Seine Augen öffnen sich, und er redet wie im Traum. ›Ich habe zwei Seiten vollgeschrieben … fünf, zehn, zwanzig …‹« Sie runzelte die Stirn und sprach noch langsamer. »Es kam über mich … es war vollendet … versteckte es … weiß nicht mehr, wo … ein sicherer Ort.«

Ama wiegte sich auf dem Stuhl rhythmisch hin und her, bis ihre unterbewusste Wahrnehmung einen ruhigen Platz in jenem Krankenhaus der Vergangenheit fand. »Jetzt setzt er sich auf. Er sieht sich um, dann bemerkt er mich. Er sagt, dass er von dem Berg getrunken hat. Oder aus einer Quelle, ich weiß nicht so genau. Ich biete ihm Wasser an. Er nimmt einen Schluck und schiebt das Glas wieder von sich. Seine Augen sind geöffnet, aber er ist nicht wach. ›Ich muss es wiederfinden‹, sagt er.«

Ihre Stimme klang wie die eines kleinen Mädchens. »Er sieht mich direkt an, nimmt mich aber nicht wahr. ›Es ist der Schlüssel zur Unsterblichkeit‹, murmelt er jetzt. ›Es zeigt uns den Weg.‹«

Sie seufzte. »Jetzt will er aufstehen.« Irgendeine Sehnsucht lag in ihrer Stimme. »Er wirkt besorgt. ›Vielleicht habe ich noch anderen davon erzählt … keine Ahnung‹, fährt er wieder fort, offenbar mit Bedauern. Er ist müde, fällt aufs Kissen zurück und schließt die Augen. Nein, er sagt doch noch etwas … über Las Vegas, oder etwas in der Nähe. Nimmt erneut das Wort *Berg* in den Mund und *Wasser*. Ich will ihm noch einmal zu trinken geben, aber er weist es zurück. ›Berg, Wasser‹, wiederholt er.«

Ama setzte sich so ruckartig auf, dass ich schon glaubte, sie sei aus der Trance erwacht. »Ein Schlüssel. Ich sehe einen Schlüssel auf einem Tisch. Dann ist er weg …«

Sie ging tiefer und tiefer, es schien, als spräche Socrates selbst aus ihr, denn ihre Stimme ähnelte nun der seinen: »›Erinnerungen an eine höhere Wahrheit … Selbst und Nicht-Selbst, Tod und kein Tod … vertraue dem Schicksal … ein Sprung steht bevor … muss es finden … keine Ahnung, wo … wo bin ich? Wo bin ich?‹«

Stille. Stirnrunzeln. Dann: »Warte! Sonne … Sonne … Sonne …!«

Ich konnte nicht anders, als anzunehmen, dass sie sich auf unerklärliche Weise in so intensiver Verbindung mit Socrates befand, dass sie wie eins mit ihm wurde … »Sonne« stand wohl für die Hitze der Wüste oder das Fieber – oder für beides.

Es wurde Zeit, sie ins Hier und Jetzt zurückzuholen. Sie erwachte mit großen Augen, sichtlich verwirrt und saß doch völlig unbewegt da. »Moment, Moment!«, rief sie, als griffe sie nach einer Erinnerung am Rande ihres Bewusstseins. Und sie bekam sie zu fassen! Das konnte ich in ihren Augen sehen.

»Dan, es war vor etwa zehn Jahren, kurz vor dem Tod meines Vaters. Sein Kurzzeitgedächtnis ließ ihn immer öfter im Stich, aber an die entfernteste Vergangenheit konnte er sich noch mit beeindruckender Genauigkeit erinnern. Nun, schließlich hatte er ja auch weitaus mehr Grund, zurückzublicken als nach vorne. Jedes Mal, wenn ich ihn besuchte, erzählte er mir Geschichten. Geschichten aus seiner Jugend, manchmal auch über seine Patienten.

Er konnte sich nicht nur an den Mann erinnern, der sich Socrates nannte, sondern auch noch an einen anderen – einen Mann, den er ebenfalls behandelt hatte …«

Wieder saß Ama da, wartete, lauschte, grub in ihrer Erinnerung. »Ich kann die Stimme meines Vaters förmlich hören – er erzählte mir, ein paar Wochen nachdem er Socrates entlassen hatte, sei ein anderer Mann ins Krankenhaus gekommen und habe sich nach ihm und nach irgendeinem Buch erkundigt. Mein Vater konnte dem Mann nicht weiterhelfen, selbst wenn er etwas gewusst hätte. Er war an die ärztliche Schweigepflicht gebunden. Der Mann verschwand also wieder. Er wirkte enttäuscht, beinahe verzweifelt.

Doch damit war es noch nicht vorbei. Ein paar Monate später tauchte derselbe Mann wieder auf und flehte meinen Vater an, ihm doch etwas, irgendetwas, über das Buch und dessen Verbleib mitzuteilen. Um das Vertrauen meines

Vaters zu gewinnen und sein auffälliges Interesse zu erklären, gab er an, dass er Gärtner von Beruf sei und gerade zur Erledigung eines Auftrags gefahren sei, als er einen Mann über die Straße torkeln sah. Er mochte niemand schutzlos der sengenden der Mittagssonne ausgesetzt sehen, also hielt er an und nahm den Mann mit.

Bald sei ihm klar geworden, dass der Fremde nicht betrunken war, sondern Fieber hatte. Er nahm dankbar ein paar Schlucke Wasser an und murmelte etwas von einem Tagebuch, das er versteckt oder verloren habe und dass es den Weg zur Unsterblichkeit offenbare. Der Gärtner fand das verrückt, ebenso wie dass dieser Mann sich für Sokrates hielt. Verrückt müsse er auch schon deshalb gewesen sein, weil er behauptete, er sei sechsundsiebzig Jahre alt, wo er doch bestimmt zwanzig bis dreißig Jahre jünger war. So habe er es vorgezogen, ihn ganz in der Nähe des Krankenhauses abzusetzen, wo mein Vater arbeitete. Dort muss Papa Joe ihn vorgefunden haben.

Einige Wochen darauf begann der Gärtner unter unerklärlichen Beschwerden zu leiden und ließ sich in einer Klinik in Albuquerque untersuchen. Man diagnostizierte die unheilbare Nervenkrankheit ALS, auch als Lou-Gehrig-Syndrom bekannt, und gab ihm noch ein bis drei Jahre. Danach suchte er noch mehrere Male meinen Vater auf. Er wolle eine zweite Meinung einholen, sagte er. Mein Vater bestätigte jedoch die erste Diagnose. Dann wollte er wieder einfach nur reden – in der Hoffnung, mehr über das Tagebuch zu erfahren. Es schien für ihn die einzige Hoffnung auf Rettung darzustellen. Mein Dad übernahm nicht nur die Rolle des Arztes, sondern auch die des Therapeuten, und teilte mit dem Mann das Wenige, was er von dem fieberkranken Patienten vor Jahren darüber gehört hatte. Doch die meiste Zeit hörte er selbst nur zu.

Wenn dieser Socrates bezüglich seines Alters nicht gelogen hatte, folgerte der Gärtner, war er womöglich tatsächlich dem Geheimnis der Unsterblichkeit auf die Spur gekommen. Allmählich gelangte er selbst zu der Überzeugung, dass es seine Bestimmung gewesen war, dem kranken Mann geholfen zu haben. Dessen Buch, so glaubte er, war allein für ihn bestimmt.

Als mein Vater ihn zum letzten Mal sah, war er ausgesprochen hinfällig und konnte nur noch mit Mühe gehen. Aber immer noch war er besessen von seiner fixen Idee. Er zeigte meinem Vater die Notizen, die er sich in der Bibliothek aus verschiedenen Büchern gemacht hatte. Darin ging es um geheimnisvolle Heilungsprozesse und die Suche nach dem ewigen Leben, um einen persischen Alchemisten, der nach einer Unsterblichkeit verleihenden Substanz namens *al iksir* gesucht hatte, um Ägypter, die wundertätige Edelsteine schluckten, und Hindus, die sich in dunkle Höhlen oder an andere einsame Orte zurückzogen und auf einen Verjüngungsprozess namens *Kaya Kalpa* hofften. Der Gärtner glaubte, in dem Tagebuch sei eine Wegbeschreibung zum legendären Jungbrunnen oder zu einem übernatürlichen Pilz zu finden, der wiederum in einem chinesischen Buch beschrieben wurde, möglicherweise auch zum Stein der Weisen, der laut Platon durch die Verschmelzung der Elemente Erde, Luft, Feuer und Wasser Menschen unsterblich machen kann. Ich weiß noch, dass mein Vater sagte: Dieser Gärtner mag verrückt sein, aber er hat doch seine Hausaufgaben gemacht.«

Wieder hielt Ama inne. »Und noch etwas – ja, genau! Als mein Vater den Gärtner fragte, warum er denn unbedingt unsterblich werden wolle, antwortete er: um seines neunjährigen Sohnes willen. Der Junge bedeutete ihm alles. Seine

Frau war vor fünf Jahren gestorben, und er musste ihn allein aufziehen. Es gab noch eine Tante, aber … ach, richtig, die Tante arbeitete nachts und schlief tagsüber …« Ama seufzte. »Ich glaube nicht, dass mein Vater den Jungen jemals kennengelernt hat, aber dieser Sohn muss den Verfall seines Vaters mit angesehen haben – er konnte nicht mehr für ihn sorgen, nicht einmal für sich selbst, weder kochen noch Auto fahren noch gehen und am Ende auch nicht mehr atmen.

Sechs Monate später erfuhr mein Vater, dass der Gärtner gestorben war – ohne Socrates oder das Buch, in das er alle Hoffnung gelegt hatte, gefunden zu haben. Doch solange er noch der Sprache mächtig gewesen war, musste er seinem Sohn von Socrates und dem Buch erzählt haben, das seiner festen Überzeugung nach den Weg zur Unsterblichkeit wies. Mein Vater wiederum war fest davon überzeugt, dass der Sohn die Suche fortsetzen würde … das ist alles«, endete Ama erleichtert, als wäre eine große Last von ihrem Geist abgefallen. »Diese traurige Geschichte hat meinen Vater sehr beschäftigt. Er hat sie mir oft erzählt.«

Ama hat in Trance nicht »Sonne, Sonne!« gesagt, fiel es mir wie Schuppen von den Augen. *Sondern »Sohn, Sohn!«.**

Ja, so musste es gewesen sein. Und Socrates hatte also tatsächlich einem Fremden nicht nur von seinem Tagebuch, sondern auch von dessen Inhalt erzählt. Und dieser Gärtner hatte sein Wissen höchstwahrscheinlich an seinen Sohn weitergegeben. *Aber das ist dreißig Jahre her,* suchte ich mich zu beruhigen. *Die Spur ist seit Jahrzehnten erkaltet. Der Junge ist erwachsen geworden und seiner eigenen Wege gegangen. Vielleicht ist er weggezogen und hat die Vergangenheit hinter sich gelassen. Wahrscheinlich. Möglich.*

---

* Anm. d. Übers.: Im Englischen ist die Aussprache beider Wörter identisch.

Amas Stimme holte mich aus meinen Gedanken heraus. »Das wollte ich Ihnen noch erzählen. Mehr weiß ich nicht. Vielleicht kann Ihnen Papa Joe weiterhelfen ... aber er ist ziemlich unberechenbar.«

»Ja, ist mir auch schon aufgefallen.«

»Ich glaube, das Buch wartet auf den Richtigen – auf Sie, Dan. Hoffentlich finden Sie es.« Wir saßen noch einige Minuten schweigend nebeneinander. Bis auf einige weitere Abschiedsworte gab es nichts mehr zu sagen.

Als ich von der Schule wegfuhr, bemerkte ich zwei Kinder, die auf dem Spielplatz unter der Eiche Rad schlugen. Ich löste ich meinen Blick vom Rückspiegel und richtete ihn auf das Ungewisse, das vor mir lag.

Sieben

Noch einmal bog ich in den ruckeligen Schotterpfad ein, der zu Papa Joe führte. Ich wollte ihn wegen seiner seltsamen Bemerkungen und seinem spurlosen Verschwinden am gestrigen Abend zur Rede stellen, doch sein Laden war geschlossen. Ich wartete beinahe eine volle Stunde, dann fuhr ich davon – wild entschlossen, meine Suche fortzusetzen. Außerdem schien es sowieso unwahrscheinlich, dass Papa Joe außer seinen Rätseln etwas zu bieten hatte. Inzwischen war ich überzeugt, dass sich das Ziel meiner Suche eine oder zwei Tagesreisen in westlicher Richtung befinden musste. Socrates hatte sowohl die Mojave-Wüste als auch Las Vegas erwähnt.

Der Pick-up brauchte noch etwas Öl, dann konnte ich starten. Erst auf Route 40 und dann auf der legendären Route 66 ging es nach Westen. Die kargen Hügel Arizonas zogen vorbei, und dann befand ich mich in der Mojave-Wüste an der Grenze zwischen Nevada und Kalifornien. Am Steuer stellte ich mir vor, dass Socrates bei weit geöffnetem Seitenfenster auf dem Beifahrersitz döste und seine Füße auf dem Armaturenbrett ruhen ließ. »Also, Soc«, rief ich über das Rauschen des Fahrtwinds hinweg, »bin ich auf dem richtigen Weg? Wird es wärmer?« – Was für eine Frage, da sich der gewaltige Wüstenofen, umso weiter ich fuhr, erst so richtig aufheizte. Ich kurbelte sämtliche Fenster herunter und streckte den

Arm aus dem Wagen, doch die glutvolle Luft brachte nur wenig Linderung.

Zumindest im Ansatz vermochte ich nachzuempfinden, wie sich Socrates, vom Fieber geschüttelt, auf der Suche nach einem passenden Versteck für sein Werk gefühlt haben mochte. Allerdings machen Bemühungen, sich ausgerechnet in der Wüste in einen Menschen im Delirium hineinzuversetzen, ziemlich durstig. Aber meilenweit nur Mesas, massenhaft Kakteen und Hügel auf Hügel! Dann wieder quälte ich den Pick-up steile Anstiege hinauf, um ihn anschließend durch peitschende Regenböen wieder talabwärts rollen oder vielmehr rutschen zu lassen. So erreichte ich schließlich das trockene Flachland. In meiner gut beschützten Fahrerkabine stellte ich mir vor, wie die Siedlerpioniere in primitiven Planwagen den endlosen, damals noch unbefestigten Weg durch diese unwirtlichen Weiten zurücklegten.

Unterdessen hatte ich das unbehagliche Gefühl, aus der Ferne beobachtet zu werden. Ich spähte durch die verschmutzte Windschutzscheibe so weit wie möglich voraus. Die kerzengerade Asphaltlinie schob sich in großer Ferne in den Horizont. Ich musterte im Rückspiegel, was oder wen ich im Rücken hatte: eben, eine kerzengerade Asphaltlinie, die dort aus dem Horizont hervorzuwachsen schien. Meine forschenden Blicke suchten das Buschland zu beiden Seiten ab. Nichts von Bedeutung, zu allen Seiten hin. Bis auf vereinzelte Autos sowie ab und zu eine Tankstelle war nichts zu sehen außer herber Natur und eintöniger Straße.

Als es dunkel wurde, hielt ich an, um die steifen Glieder zu dehnen und mich zu erleichtern. Dann machte ich noch zwanzig Meilen, bevor ich mich einige erholsame Stunden lang auf der Ladefläche des Pick-ups schlafen legte. In der kühlen Morgenluft erwachte ich und fuhr sofort weiter.

Mit der Morgendämmerung kehrte auch die Hitze zurück. Der Pick-up tuckerte fast wie von selbst immer nach Westen, und ich hielt nach wie auch immer gearteten Besonderheiten am Horizont Ausschau. Eine vermeintliche Luftspiegelung stellte sich tatsächlich als Tankstelle heraus. Ein willkommener Anblick. Ich hielt an und betrat den dazugehörigen Laden.

Mit Wasser und Proviant eingedeckt, suchte ich die Landkarte an der Wand nach vielversprechenden Orientierungspunkten in der Gegend um Fort Mohave ab. Las Vegas befand sich etwa zwei Stunden nördlich an Route 95, der Weg dorthin führte über die Kleinstadt Cal-Nev-Ari – ein seltsamer, aber passender Name, denn die Grenzen der Bundesstaaten Kalifornien, Nevada und Arizona trafen genau dort zusammen.

Ich füllte Benzin, Kühlwasser und einen Liter Öl nach, und währenddessen gewann diese Tankstelle, weil sie so alt und unscheinbar war, dabei doch aber eine Art Oase im Ödland, eine fühlbare Bedeutung für mich. Ja, sie erinnerte mich tatsächlich an die vielen Abende, die ich vor fast zehn Jahren mit meinem betagten Lehrer in Berkeley an einem ganz ähnlichen Ort verbracht hatte, nicht selten in hitziger Diskussion, zum Beispiel über den Unterschied zwischen Wissen und Weisheit. *Wer hat sich verändert*, fragte ich mich nun, *die Welt oder ich?* Ich lenkte den Pick-up wieder auf den Highway und klopfte zum Takt eines Popsongs aus dem Radio aufs Armaturenbrett. Ich weiß nicht warum, aber in diesem Augenblick erfasste mich eine eigenartige Empfindung. Einen Moment lang war ich der festen Überzeugung, einem höheren Zweck zu dienen. Ein erhebendes Gefühl.

Lange nach Einbruch der Dunkelheit erreichte ich endlich ein billiges Motel. Die geräuschvolle Klimaanlage in meinem Zimmer gab ihr Bestes, um die Hitze im Zaum zu halten.

Der Morgen ließ lange auf sich warten, ich dagegen ließ das hier zu erwartende kärgliche Frühstück ganz und gar aus. Lieber schüttelte ich mir den Schlaf mit einer Portion Liegestützen und Sit-ups aus den Knochen, bevor die rasant steigenden Temperaturen jedwede körperliche Anstrengung zur Tortur machten. Dann wählte ich von einem Münztelefon an der Rezeption aus Amas Nummer. Ich hegte die Hoffnung, dass ihr noch mehr über ihre Unterhaltung mit Socrates eingefallen wäre. Sie nahm nicht ab. Nun versuchte ich es bei meiner Tochter. Während es klingelte und klingelte, ermahnte ich mich abermals, ihr stattdessen eine weitere Postkarte zu schreiben.

Schon eine Stunde wieder auf der Straße, wollte ich zwischendurch kurz mal auf die Landkarte sehen. Da riss ein heißer Windstoß sie mir aus der Hand, und sie flatterte davon – immer nur rein in die Wüste! *Was soll's, ich denke gar nicht daran, auf die Bremse zu treten und von der Sonnenglut in die Arme geschlossen zu werden, nur um das gute Stück wiederzuerlangen.* Was hatte es mir bisher denn genutzt? Landkarten waren für Leute da, die wussten, wo sie hinwollten. Also nicht für mich.

Einige Meilen weiter dann begegnete ich dem ersten menschlichen Wesen auf meiner Fahrt durch die Einöde. Ein Anhalter. Ich konnte ihn schon von Ferne am Straßenrand als solchen ausmachen und fuhr langsamer, um ihn in Augenschein zu nehmen. Der Mann trug Anzug! Allerdings einen schon ziemlich abgerissenen, wie unschwer zu erkennen war. Ich hielt an, obwohl es nicht gerade leicht fiel, auch nur für einen einzigen Moment auf den lindernden Fahrtwind zu verzichten, und musterte ihn durchs offene

Seitenfenster. Er war nicht ganz so jung, wie ich auf den ersten Blick gemeint hatte, aber auch nicht wirklich alt – etwa Mitte dreißig, wahrscheinlich ein Mexikaner oder Mestize. Unter dem zu weiten Jackett war ein drahtiger Körper zu erahnen. Das stark gebräunte Gesicht unter dem schwarzen Haarschopf war glatt rasiert. »Mein Name ist Pájaro«, stellte er sich mit einer leichten Verbeugung vor.

»Und ich heiße Dan. Soll ich dich mitnehmen?«

Er verbeugte sich noch einmal. »*Gracias.* Solange es dort, wo du hinwillst, Wasser gibt.«

Ich ließ ihn einsteigen und reichte ihm meine Feldflasche. Er nahm einige bescheidene Schlucke, wobei er das Wasser geschickt in den geöffneten Mund schüttete, ohne die Flasche mit den Lippen zu berühren. »Du sprichst sehr gut Englisch«, begann ich die in einer solchen Situation übliche Unterhaltung. »Wo hast du das gelernt?«

»Hier und da. Das gehört zu meinem Geschäft. Ich bin nämlich Geschäftsmann.«

»Und in welcher Branche?«

»Ankauf und Verkauf.«

»Handelst du mit etwas Besonderem?«

»Alles, womit ich handle, ist etwas Besonderes. Außerdem bin ich Wüstenführer.«

Hmm, ein Wüstenführer, der ohne Proviant und Wasser am Straßenrand steht? Ich fand das ironisch, aber es machte neugierig. »Was verlangst du so für deine Dienste?«, fragte ich.

»Ich biete exklusiven Service zum kleinen Preis«, antwortete er und fügte erklärend hinzu: »Ich habe nie mehrere Kunden gleichzeitig. Wie wäre es mit fünf Dollar pro Tag plus Verpflegung und Wasser?«

»Und wo willst du mich hinführen?

»Wohin du willst. Ich kenne jede Stadt, jeden Berg und jeden Winkel der Wüste«, sagte er ohne falsche Bescheidenheit.

»Jeden Winkel der Wüste?«

»Jeden einzelnen, Señor Dan. Ich weiß, wo sich die Schlangen verstecken, wo Gefahren lauern und wie man Wasser aus einem Saguaro-Kaktus gewinnt …«

Warum nicht?, fand ich. Wenn ich schon den Don Quijote spielte, der einem unerfüllbaren Traum hinterherjagt, konnte ich mir auch einen getreuen *compañero* anheuern. »Na schön, Pájaro, abgemacht. Zunächst mal für ein paar Tage.«

Ich nahm die Rechte vom Steuer, und wir schlugen ein.

»Pájaro heißt Vogel«, teilte er mir noch mit.

So rollten wir nun zu zweit wie an der Schnur gezogen durch die Zwischenräume vieler roter Tafelberge, als den Vorboten einer noch weit entfernten Bergkette, zu der eine unbarmherzige Nachmittagssonne bedächtig mitwanderte. Die Umstände regten nicht gerade zum Reden an, und so schwiegen wir eben.

Sobald sich der Himmel im Westen orange und purpurn färbte, hielt ich an, damit wir unser Nachtlager aufschlagen konnten. Pájaro zeigte mir eine Stelle, an der wir vor den nächtlichen Winden ebenso geschützt sein würden wie vor der aufgehenden Sonne. Erleichtert stellte ich fest, dass die Hitze hier schon in der Dämmerung fühlbar nachließ. Da man mich allerdings vor den kühlen Nächten in höheren Regionen gewarnt hatte, breitete ich meinen Schlafsack auf einer einigermaßen flachen Stelle aus, die ich vorher nach Ameisen und anderen Insekten abgesucht hatte. Pájaro streckte sich einfach auf seinem Jackett aus.

Wie anders sich die Wüste doch anfühlt, wenn man selbst ein Teil von ihr zu werden beginnt. Was aus der Ferne trocken und tot wirkte, erwacht in der Nacht zum Leben. Sobald sich die Dunkelheit niedersenkte, machte Pájaro ein kleines Feuer. Schweigend in knisternde, helle Flammen zu blicken, während ringsum alles in tiefster Schwärze versinkt und die Kojoten ihre Unterhaltung pflegen, macht ungeheuer müde. Als Pájaro wissen wollte, was mich in diese Gegend verschlug, teilte ich ihm nur lapidar mit, dass ich etwas suchte und hoffte, in der richtigen Richtung unterwegs zu sein. Ich hob noch ein letztes Mal den Blick, um sogleich danach ins Land der Träume, irgendwo dort oben am sternenübersäten Himmel, zu entschwinden.

Wir brachen schon frühmorgens auf, um der Sonnenglut möglichst lange zu entgehen. Wahrscheinlich würde es in der Nähe der nächsten Siedlung eine Raststätte geben, wo wir etwas essen und tanken konnten. »Wie es der Zufall will, weiß ich genau den richtigen Ort«, kündigte Pájaro an. Ich richtete mich nach seiner Wegbeschreibung, und tatsächlich tauchten nach etwa zwanzig Meilen einige verstreut in die Landschaft gesetzte Gebäude auf, darunter auch eine Tankstelle mit angeschlossenem Café. Dort wollte ich mir sicherheitshalber jetzt doch eine neue Karte kaufen – auch wenn Pájaro die hiesige Gegend angeblich im Detail kannte.

Ich tankte, Pájaro putzte die Scheiben. Dann gab ich ihm fünf Dollar für den Tag im Voraus sowie genug Geld, um das Benzin zu bezahlen. Nachdem er sich darum gekümmert hatte, wollte er die Außentoilette aufsuchen und dann später im Café zu mir stoßen.

Eine Speisekarte war hier überflüssig: Im Lokal roch es verführerisch nach Hash Browns, Kaffee und Pfannkuchen. Die Kellnerin schenkte zwei Wassergläser voll. Ich leerte meines in einem Zug und bat um mehr.

Dann beobachtete ich die anderen Gäste: Ein Pärchen. Eine ältere Frau. Mehrere Geschäftsreisende. Und Papa Joe … nein wirklich! Mit entwaffnender Selbstverständlichkeit saß er etwas weiter links von mir am Tresen und wischte gerade das Eigelb auf seinem Teller mit einem Stück Toastbrot auf. Kopfschüttelnd ging ich hinüber und setzte mich zu ihm. Er grinste, ohne von seinem Essen aufzusehen.

»*Abuelo*, wie um alles in der Welt …«

»Fast jeder macht hier Rast. Die *huevos rancheros* sind sehr zu empfehlen.«

Warum nicht die Empfehlung eines Kenners der hiesigen Küche annehmen? Ich gab meine Bestellung auf, und da fiel mir Pájaro wieder ein. Wo blieb er nur? Andererseits war ich ganz froh darüber, mich mit Papa Joe unter vier Augen unterhalten zu können. »Darf ich dir was zu trinken spendieren?«, bot ich ihm an. »Du siehst ja aus wie eine Dörrpflaume.« Der Mix aus Höflichkeit und Frotzelei würde ihm gefallen, das wusste ich.

»Eine Limonade wäre nicht schlecht«, willigte er ein. »Und um uns die Zeit zu vertreiben, bis deine *huevos* fertig sind, habe ich noch ein …«

Ich unterbrach ihn sofort. »Du kannst dir sicher vorstellen, dass sich meine Begeisterung über ein weiteres Rätsel, dessen Lösung wenig brauchbare Information liefert, in Grenzen hält.«

»Ich kann mir das und noch viel mehr vorstellen«, hielt er dagegen, ohne sich im geringsten beirren zu lassen. »Trotzdem, vielleicht hält die Antwort auf dieses kleine Rätsel ja doch etwas Nützliches für dich bereit: ›Ich habe Marmorwände so weiß wie Milch und darunter eine Haut so weich wie Seide; meine Festung hat keine Mauern, und doch brechen Diebe ein und stehlen mein Gold. Was bin ich?‹«

»Das habe ich mich auch schon oft gefragt ... aber Spaß beiseite: Marmorwände weiß wie Milch ...«

»... und darunter eine Haut so weich wie Seide«, wiederholte er.

»Moment mal. Erst sagst du, dass es Marmorwände hat, dann sagst du, dass die Festung keine Mauern hat, dass aber trotzdem Diebe einbrechen und das Gold stehlen. Wie kann es gleichzeitig Mauern und keine Mauern haben? Und wieso müssen die Diebe einbrechen, wenn es keine Mauern gibt? Das ergibt doch keinen Sinn!«

»Deshalb ist es ja auch ein Rätsel, *burrito*.«

Die Kellnerin brachte mein Essen, und ich machte mich darüber her. »Das Rätsel hat doch eine Lösung, oder?«

»Natürlich. Es ist sogar ziemlich einfach. Die Antwort liegt direkt vor deiner Nase.«

Ich starrte auf meinen Teller und nahm einen weiteren Bissen von meinem ... natürlich. »Ein Ei«, sagte ich.

»Das hat aber gedauert. Da hätte ich in der Zwischenzeit glatt eines ausbrüten können. Und jetzt ...« – in der folgenden bedeutungsvollen Pause leerte er seine Limonade durch geräuschvolles Schlürfen am Strohhalm, um anschließend das Glas betont geräuschvoll auf den Tresen zu stellen – »... jetzt willst du mehr Informationen.«

»Aus deinem unerschöpflichen Fundus.«

Er beugte sich verschwörerisch zu mir herüber und flüsterte mir ins Ohr. »Das Buch ist dort zu finden, wo der Falke fliegt – an einem hochgelegenen Ort.«

»Das ist alles?«

»Nun, tiefe Täler kannst du jetzt ja ausschließen.« Er warf einen Blick nach links und rechts, als könnte er sehen. »Aber sei vorsichtig, wem du dein Vertrauen schenkst«, flüsterte er, als hätten die Wände Ohren.

»Gilt das auch für dich?«

»Natürlich!«, meinte er mit einem weiteren zahnlückigen Grinsen.

Socrates hatte mir vor Jahren einen ähnlichen Ratschlag mitgegeben. »Vertrauen will verdient sein«, hatte er gesagt. Papa Joe schien mit seinen blinden Augen durch mich hindurchzusehen – ein verstörendes Gefühl. Dann ließ er mir eine weitere Warnung zukommen: »Du bist in der Wüste, *nieto*. Widme deiner Umgebung mehr Aufmerksamkeit als deinem Frühstück.« Mit einem Nicken glitt er vom Barhocker und ergriff bereitwillig den Arm einer hilfsbereiten Kellnerin. Ich sah ihnen zu, wie sie gemeinsam nach draußen zu den Toiletten gingen.

Inzwischen hatte ich die Hoffnung aufgegeben, Pájaro noch einmal zu Gesicht zu bekommen.

Acht

An diesem Abend schlug ich mein Nachtlager allein auf. Vor dem Schlafengehen gönnte ich mir noch einen kurzen Spaziergang im Mondlicht. Würde mir die Wüste ihre Geheimnisse über das Ziel meiner Wünsche zuflüstern? Ich spitzte die Ohren, spähte angestrengt in die Dunkelheit. Ich bekam ein Kaninchen, eine Eule und mehrere Eidechsen zu Gesicht. Das Buch aber, es kam mir so unerreichbar vor wie eh und je.

Ich ging auf allen vieren, um eine Horde panisch fliehende Ameisenwespen beobachten zu können. Den Kopf hart über dem Erdboden, fand ich sogar heraus, wovor die Ameisen Reißaus nahmen – nämlich nicht etwa vor mir. Zum ersten Mal in meinem Leben sah ich mich Auge in Auge mit einem Skorpion. Und nicht etwa irgendeinem Skorpion, sondern, wie ich später aus meinem Überlebenshandbuch erfuhr, mit dem Großen Haarigen Wüstenskorpion. Und er marschierte stracks auf mich zu! Ich sprang schneller auf als in meinen besten Tagen auf der Matte beim Bodenturnen und machte, dass ich wegkam.

Den Reißverschluss des Schlafsacks zog ich heute Nacht bis ganz oben hin zu, doch sobald ich die Augen schloss, sah ich schon wieder den Skorpion vor mir. Sein peitschenähnlicher Stachel erinnerte mich daran, dass Socrates meine wirren Gedanken einmal als »wilde, vom Skorpion gestochene Affen« bezeichnet hatte. *Womöglich habe ich gar keine Angst vor diesen Tieren, sondern davor, dass ich über sie nachdenke.* Dieser tröstlichen Einsicht zum Trotz sprang ich vor dem Einschlafen noch mehrmals wie ein wilder, vom Skorpion gestochener Affe auf, kehrte meinen Schlafsack von innen nach außen und inspizierte ihn genauestens, bevor ich mich wieder hinlegen mochte. Irgendwann übermannte mich doch der Schlaf, nicht zuletzt dank eines freundlichen Kojoten, der auf seine Art ein Gutenachtlied für mich anstimmte. Wie heißt es doch so schön? »In der Wüste bist du nie allein.«

* * *

Im südlichen Teil des Kaibab National Forest von Nordarizona kann ein Wolkenbruch die erstaunlichsten Farben hervorbringen: Die Wildblumen blühen mit einem Mal weiß, gelb, blau, rosa, orange, rot und purpurn, und die sonst nur in der Kunst der Abweisung gewieften Kakteen werfen sich so meisterhaft in Schale, dass sie zu wahren Attraktivitätsmonstern werden. Es ist eine einzige, das pralle Leben feiernde Pracht! Doch alsbald kehrt in der Wüste die Hitze und im Menschen die Anspannung zurück. Was sage ich: Schon vor Erreichen der nächsten Tankstelle war ich kurz vorm Verzweifeln, zumal auch der Pegel der Spritanzeige sich so gut wie am Boden befand. Ich dankte dem Himmel, dass ich gerade noch davor bewahrt wurde, auf Schusters Rappen zu wechseln. Als ich die Tankstelle also doch noch gefunden hatte und unter erleichtertem Aufatmen meinen Sprit zapfen konnte, war ich endgültig bereit, mich ganz und gar der göttlichen Fügung anzuvertrauen. Man könnte auch sagen:

alles auf eine Karte zu setzen. Da gewahrte ich einen betagten Einheimischen, der dort auf ich weiß nicht was oder wen zu warten schien. Ich sprach ihn an und erklärte ihm, so gut ich es in meinem holprigen Spanisch vermochte, dass ich auf der Suche nach einem *libro particular*, einem speziellen Buch, sei. Trocken entgegnete er in bestem Englisch: »In Flagstaff finden Sie einen recht netten Buchladen.«

Mein überhitzter Verstand brauchte dringend eine Abkühlung! Doch stattdessen ging es mit meinen Geisteskräften weiter bergab. Irgendwann tröstete ich mich mit solchen Binsenweisheiten wie *Wenn dir egal ist, wo du gerade bist, kannst du dich auch nicht verirren*. Nicht ohne dass mir gleichzeitig einfiel, was mir Socrates nicht nur einmal eingeschärft hatte: Ich bin immer hier, und der Zeitpunkt ist immer jetzt. *Und das Buch?*, lautete nach wie vor die bohrende Frage. Und die Antwort: *Das ist immer woanders*.

Der Pick-up schluckte Öl wie ein Fass ohne Boden. Aber er schnurrte zuverlässig zwischen Millionen Dünen hindurch und an Milliarden Kakteen vorbei. Ab und zu genossen wir zusammen die willkommene Abwechslung eines superkurzen Regengusses, der schon verdampft war, noch bevor er den Boden erreichte – ein Phänomen, das mein Überlebenshandbuch als *virga* bezeichnete. Hitzschlag war diesem wirklich nützlichen Werk zufolge im Übrigen die häufigste Todesursache in diesen Breiten. Wer jedoch, so wie ich, eine lebhafte Erinnerung daran besitzt, einmal unter ebenso sengender Sonne mit einem Surfbrett stundenlang auf dem offenen Meer getrieben zu sein, den hält das doch aber nicht von der ihm zugeteilten Bestimmung ab. *Wo ich auch hingehe, folgt mir der Tod. Samarra.*

Ich verspürte den irrationalen Drang, stehen zu bleiben, die Schaufel auszupacken und draufloszugraben. *Und irgendwann wird der hundertundzweijährige Dan, die alte Wüstenratte, mit wettergegerbter Haut vor seinem hunderttausendsten Loch stehen.* Ich fuhr weiter.

Immer wieder schweiften meine Gedanken zu vergangenen Ereignissen ab: Mehrere Hundert Meilen von hier und sieben Jahre früher hatte ich mich als junger Spitzensportler verbissen auf die nationalen Meisterschaften vorbereitet, als wären solche Wettkämpfe das Wichtigste auf der Welt. Und das waren sie damals auch, jedenfalls für mich. Jetzt hielt das Leben andere »Wichtigkeiten« für mich bereit, wie sich Socrates einmal ausgedrückt hatte – man änderte seine Werte und seine Perspektive.

Tagelanges Autofahren in der Wüste hält das Kopfkino in Dauerbetrieb. Wie spontane Besucher gastierten die Bilder und Gedanken in meinem inneren Gewahrsein, weder vom Verstand ausgewählt noch durchs Gefühl gepäppelt oder behindert. Tappan Square Park auf dem Campus des Oberlin College ... Bodysurfing in den Wellen vor dem Santa Monica Beach, an dem ich meine Jugend verbracht hatte ... dann meine Tochter, die zu mir aufblickt. Amas Gesicht, dann Kimo, der junge Hawaiianer, der mir die Höhle unter dem Meer gezeigt hatte. Dort hatte ich die Samuraifigur gefunden – was mich an Japan denken ließ. Ohne Socrates' Brief wäre ich jetzt bereits dort. Socrates ... Tagebuch ...

In jener Nacht hatte ich einen ganz merkwürdigen Traum. Mein alter Lehrer trug eine Schnürsenkel-Krawatte, ein gestärktes weißes Hemd, darüber ein schwarzes Samtgilet – und er teilte in einem Kasino Blackjack-Karten aus! Das fand ich so albern, dass ich von meinem eigenen Gelächter aufwachte. Immer noch im Griff des Traums, setzte ich mich in den kühlen Stunden vor Sonnenaufgang in meinem Schlafsack auf. »Soc, das kann nicht dein Ernst sein«, tadelte ich meinen inneren Gesprächspartner mit belegter Morgenstimme. Aber Moment mal – hatte Ama nicht gesagt, dass Socrates Las Vegas erwähnt hatte? Der alte Knacker in Las Vegas – war es das, was gemeint war? Die Vorstellung allein reizte mich schon wieder zum Lachen. Obwohl, ausschließen konnte ich es nicht. Immerhin gab es, wenn man an Vegas dachte, noch eine weitere mögliche Verbindung zu Amas Angaben: »ein hochgelegener Ort« – so etwas kam in dieser Stadt voller Wolkenkratzer gleich massenhaft vor. Und im Fieberwahn auf die Idee zu kommen, seinen größten Schatz ausgerechnet auf dem Dach eines Spielkasinos zu verstecken, das passte schon wieder zur schrulligen Weisheit meines Lehrers. Wer würde dort nach einem geheimnisvollen Buch suchen?

Alles in allem erschien es mir zwar ziemlich unwahrscheinlich, andererseits brauchte ich doch etwas Erholung. Also packte ich zusammen, fuhr nach Norden und stieg in einem Motel in der Nähe des Las Vegas Strip ab – gewiss keine Luxusherberge, aber sauber, kühl und insektenfrei.

Ich warf mich aufs Bett und fiel sofort in tiefen Schlaf.

Neun

Am nächsten Morgen weckte mich wildes Klopfen an meiner Tür. »Äh, bitte nicht stören, Sie können gern morgen putzen, danke«, rief ich hinaus. Dann nahm ich eine lange, heiße Dusche. Erst jetzt fiel mir auf, wie erschöpft ich war. Ich rasierte mich und cremte mich großzügig mit der vom Hotel bereitgestellten Hautlotion ein. *Wenn ich schon mal in Vegas bin,* dachte ich, *kann ich mir auch etwas Luxus gönnen* (Soc hätte das sicher gutgeheißen).

Ich ging hinaus und inspizierte den Swimmingpool. *Ein paar von der Art könnten in der Wüste nicht schaden,* fand ich, und nahm mir fest vor, mich auf alle Fälle angemessen im Wasser zu aalen, bevor es wieder in die Gluthitze hinausging.

Erst einmal jedoch ging's ans Frühstücksbuffet. Nach zwei Gläsern frisch gepresstem Orangensaft, Fruchtsalat, Toast, Haferflocken und einer Erdbeerwaffel war ich schon fast wieder der Alte. Aus Dankbarkeit für treue Dienste gönnte ich auch dem Pick-up eine Wäsche und wunderte mich, welche Massen von Sand und krustigem Schmutz aus allen Ritzen und Hohlräumen dieses wahrhaft robusten Gefährts zum Vorschein kamen. Ganz klar, ich musste auch einen Vierteldollar in einen der unzähligen Spielautomaten dieser verruchten Stadt werfen. Der einarmige Bandit, den ich dafür auserkor, setzte sich summend in Bewegung, die Räder drehten sich und kamen plötzlich zum Stillstand. Hörte ich da das Klimpern von Kleingeld? Es war nicht viel, aber genug, um die Kosten der Fahrt in die Waschstraße wettzumachen. *Sollte meine Pechsträhne ein Ende haben?*

Wie üblich war der Strip mit Horden von Touristen bevölkert, die sich entweder in den Kasinos gleich ruinieren oder lieber ihre spätere Zukunft durch Blitzheirat in einer der vielen Kapellen aufs Spiel setzen wollten. Diese Stadt ist auf allen Seiten von Wüste umgeben, was ich ausgesprochen symbolisch fand, und die unbarmherzige Sonne macht keinen Bogen um sie, nur weil Menschen entscheiden, sich ausgerechnet hier vergnügen zu wollen. Ohne ständige und unvernünftig aufwendige Pflege wäre Vegas bald wieder ein Haufen Staub und Sand. Doch solange es stand, brachte es ungeahnte Reichtümer und brach Herzen – man konnte mit einem 20.000-Dollar-Auto in dieser Stadt ankommen und sie in einem 100.000-Dollar-Bus wieder verlassen.

Ich beschloss, ein Nickerchen zu machen, um mich an den örtlichen Rhythmus anzupassen. Wie die meisten ordentlichen Vampire erwacht auch diese Stadt erst nach Sonnenuntergang. Doch dann heißt sie jeden mit offenen Armen willkommen, der seine Sorgen für eine Weile vergessen will. Leider konnte ich mir persönlich das Vergessen nicht leisten. Es schien immerhin möglich, dass dieses Buch, das mir keine Ruhe ließ, irgendwo in der Nähe war, irgendwo hoch über mir.

Um zwei Uhr nachts herrschte ein heilloses Gedränge in der gesamten Innenstadt. Unter grellen Lichtern wandelte ich durch die laue Luft einer Traumlandschaft aus Stahl, Neon und Flokatiteppichen. Die üppigen Rasenflächen und sprudelnden Brunnen sollten den Eindruck von überfließendem Luxus inmitten der wasserlosen Einöde ringsum schaffen –

sie waren, wie so gut wie alles in dieser Kunstwelt, nur schöner Schein.

Ich fuhr zum Stadtrand, um das Panorama zu genießen und nach besonders hohen Gebäuden Ausschau zu halten. Allerdings war es nur schwer vorstellbar, dass die Dächer der Hotels oder Kasinos so einfach zugänglich sein würden. Nun, vielleicht würde mich eine Pause von ein oder zwei Tagen auf neue Gedanken bringen.

Ich spielte Blackjack und Roulette. Mit meinem Gewinn von zwanzig Dollar gönnte ich mir in einem Kino, das rund um die Uhr geöffnet hatte, den Film *Der wilde, wilde Westen* von Mel Brooks. Bei kühler Klimaanlagenluft und warmem Popcorn konnte ich tatsächlich für ein paar Stunden alles vergessen. In den frühen Morgenstunden kehrte ich in mein Hotel zurück, zog mich bis auf die Unterhose (die einer Badehose zum Verwechseln ähnlich sah) aus, sprang endlich in den beleuchteten Pool und trieb träge auf dem Rücken dahin. *Wie spät es wohl ist?*, fragte ich mich. *Ach natürlich, Soc, noch mal falle ich nicht drauf rein – es ist JETZT.*

Erst spät am nächsten Vormittag schlürfte ich Fruchtsaft mit einem Strohhalm aus einem Cocktailglas, dann ließ ich mich auf einer Luftmatratze eine Stunde lang im Pool treiben, glitschiges Sonnenöl auf der Haut. Ich grinste und kicherte. Vegas konnte Äonen der Evolution ungeschehen machen und einen tatendurstigen Mann in eine träge Amöbe verwandeln.

Um meine Regression weiter voranzutreiben, fand ich mich abends an einem Roulettetisch ein. Ich setzte eine kleine Summe auf die Nummer elf – angesichts der Statistik kein besonders schlauer Zug. Selbst weit nach Mitternacht und mehrere verlorene Einsätze später hielt ich der guten alten elf hartnäckig die Treue. Irgendwann musste ich ja mal Glück haben. Als mir nur noch wenige Chips geblieben waren, flüsterte mir jemand »Setz auf die sechzehn« zu.

Ich fuhr herum – außer dem Croupier war aber niemand in der Nähe. Das war ein Zeichen, ganz sicher! Ich schob meine verbliebenen Chips auf die Nummer sechzehn. Das Rad drehte sich, die Kugel kam zum Liegen – auf der sechzehn! Ich wollte gerade den ansehnlichen Gewinn einsacken, als sich die Stimme wieder meldete: »Lass die Chips liegen.« Also ließ ich sie liegen. Die Kugel rollte, tanzte, war ganz nahe an der sechzehn – und landete dann auf der grünen null.

Wieder meldete sich die Stimme: »Verdammt.«

»Das reicht!«, rief ich, sprang auf und traktierte den Croupier, den ich für diese Ungerechtigkeit persönlich verantwortlich machte, mit bösen Blicken. Bevor ich dem Glücksspiel ein für alle Mal abschwor, warf ich meinen letzten Dollar in einen Spielautomaten. Ich wollte mich schon umdrehen und nach Hause gehen, als genug Münzen herausklimperten, dass ich mich nun dem Blackjack-Croupier stellen konnte. Das Spielfieber hatte mich gepackt. *Fieber!*, schoss es mir durch den nicht mehr ganz klaren Kopf. *Auch das ist ein Zeichen!*

In den nächsten zehn Minuten war ich so freigebig, dass ich dem Kasino beinahe zweihundert Dollar spendierte. Weder der Croupier noch meine Mitspieler – die viel zu beschäftigt mit ihrem eigenen Schicksal waren – bekamen von meiner persönlichen Tragödie auch nur das Geringste mit.

»Ich muss einfach viel setzen, wenn ich gewinne, und wenig, wenn ich verliere«, erging ich mich in Fachsimpelei mit dem Croupier.

»Gute Idee«, bestätigte er.

Ich verdoppelte meinen Einsatz und verlor eine weitere Partie. »Sie haben die Augen eines Heiligen und die Hände eines Totengräbers«, versuchte ich mich zur Abwechslung im Fachgebiet Menschenkenntnis. Diesmal ließ der gute Mann meine Worte unkommentiert.

»Amen«, lallte der Spieler neben mir, der offenbar meiner Meinung und gleichzeitig fest entschlossen war, unter den entsetzten Blicken seiner leichenblassen Frau finanziellen Selbstmord zu begehen. Auf dem Totenschein würde sicher *Todesursache: Blackjack* stehen.

Der Croupier deckte mit völlig ausdrucksloser Miene einen König auf. Ich hatte fünfzehn Punkte auf der Hand. Allen Experten zufolge war es an der Zeit, eine weitere Karte zu nehmen. Ich tippte auf den Tisch und bekam eine. Toll – ein Ass. Nun hatte ich sechzehn Punkte. Wieder hätte mir jeder Experte dazu geraten, eine weitere Karte zu nehmen, um die drohende Niederlage abzuwenden.

Blackjack ist wie das Leben. Manchmal hält es nur zwei Möglichkeiten bereit: Schlimm oder schlimmer.

Ich gab auf. »Okay, mal sehen, ob Sie mich schlagen können.«

Der Croupier sah mich verwirrt an.

»Können Sie mich schlagen?«, wiederholte ich lauter.

Er stand da, als hätte er nicht recht verstanden. »Ob Sie mich schlagen können!«, brüllte ich. Er ging darauf ein und versetzte mir einen rechten Haken, der mich glatt zu Boden schickte. Wie in Zeitlupe wurde mein Kopf nach rechts geschleudert, dann folgten mein Körper und der Stuhl.

In dem Augenblick, da mein Kopf auf dem Boden aufschlug, erwachte ich in meinem Hotelzimmer.

Mit zusammengekniffenen Augen warf ich einen Blick auf den Wecker. Es war 04:12 Uhr morgens. Sofort durchstöberte ich meinen Rucksack nach dem Geld, das ich für Notfälle dort versteckt hatte. Na klar, es war noch da. Aber mein

Spielfiebertraum sendete eine eindeutige Botschaft: Es war höchste Zeit, weiterzuziehen.

Vor der Abreise nahm ich ein kleines Frühstück zu mir, bezahlte die Rechnung und unternahm einen letzten halbherzigen Versuch, die Gipfel von Las Vegas zu erklimmen. Ich fuhr mit einem Aufzug aufs Dach eines Kasinos, entdeckte eine offen stehende Tür, sah mich um und entdeckte – ist es die Möglichkeit? – *nada*.

Sobald ich wieder im Pick-up saß, breitete ich die Landkarte vor mir aus.

Im Norden lag ein Luftwaffenstützpunkt mit zugehörigem Sperrgebiet. Dort gab es zwar einige Anhöhen, aber ich hatte keine Lust, Granaten auszuweichen und in Bombentrichter zu starren.

Im Osten lagen Lake Mead und der Hoover-Staudamm – als Versteck möglich, aber nicht sehr wahrscheinlich (wie alles, was mir in meinem vorigen Lebensjahrzehnt geschah).

Im Süden schlossen sich die Black Mountains und das McCollough-Range-Hochplateau an. Das klang vielversprechend, doch meine innere Stimme sprach sich dagegen aus.

Im Südwesten schließlich Fort Mohave und Needles, von wo aus Route 40 zu den Nopah und den Funeral Mountains führte. Nördlich davon befand sich Death Valley. *Gäbe es nicht vielleicht doch noch einen geeigneteren Ort, nach dem ewigen Leben zu suchen, als im Tal des Todes?*

Ich war völlig ratlos. Dies war tatsächlich meine dunkle Nacht der Seele. Trotz der Ausbildung bei Mama Chia zweifelte ich allmählich an meiner Intuition. Ich hatte nicht die mindeste Spur, der ich folgen konnte. Und selbst wenn Soc das infrage kommende Gebiet auf nur einen einzigen Hektar eingegrenzt hätte, wo wäre der erste Spatenstich zu setzen?

Kein noch so risikofreudiger Spieler würde auch nur einen Cent auf meinen Erfolg setzen.

Ich fuhr wie abwesend mit der Hand über die Karte ...

Da! Plötzlich ereilte mich eine auffällige körperliche Empfindung, so ein merkwürdiges Prickeln im Genick. Meine Hand hielt unwillkürlich inne. Ich blickte auf die Karte. Dort, wo ihre Bewegung zum Stillstand gekommen war, konnte ich lesen: »Mountain Springs – Höhe über dem Meeresspiegel: 1677 m«.

Wie seltsam! Was hatte Ama noch gleich gesagt, in Trance? Socrates habe immer wieder die Worte »Berg« und »Wasser« wiederholt. Aber nichts trinken wollen. Vielleicht meinte er eine Quelle! Eine Gebirgsquelle – und das war ja auch die wörtliche Bedeutung von Mountain Springs.

Dazu kam: Ein hochgelegener Ort war Mountain Springs auf jeden Fall. Im Übrigen gerade mal eine Autostunde von meinem jetzigen Standort entfernt. Vielleicht gab es dort auch eine oder mehrere Höhlen. Und von oben konnte man sicher wie ein Falke auf die Wüste hinabsehen ... Durchaus nicht unwahrscheinlich, dass Soc es nach dem Zusammentreffen mit Ama noch so weit nach Westen schaffen konnte, bevor ihn das Fieber endgültig übermannte. Vielleicht hatte er sich einfach ohne bestimmtes Ziel irgendwohin mitnehmen lassen und war an diesem Gebirgspass abgesetzt worden. Und verließ dann die Straße, um den Berg hinaufzusteigen – auf der Suche nach einem ruhigen Ort. Schon sah ich ihn vor meinem geistigen Auge einen Berg erklimmen. Auf einem Felsen weitab der Zivilisation, wo ihm nur die Falken Gesellschaft leisteten, die müden Knochen ausruhen. Gedankenvoll über das weite Land schauen. Er wischte sich den Schweiß von der Stirn ... und er schrieb und schrieb ... im Fieberwahn zwar, aber doch mit derselben Konzentration und Disziplin, wie er sie in Berkeley typischerweise an den Tag gelegt hatte. Versteckte er, was er geschrieben hatte, weil er fürchtete, vollständig ins Delirium zu fallen?

Alles sprach dafür, dass er anschließend per Anhalter wieder zurück nach Albuquerque im Osten fuhr. Das wirkte rätselhaft, aber er war ja schwer gezeichnet von seinem akuten Zustand. Da schien es auch verständlich, dass er sich im Krankenhaus nur noch bruchstückhaft daran zu erinnern vermochte, was er Tage zuvor getrieben hatte. Und wo. *So könnte es gewesen sein, nicht?*, trachtete ich mir Mut zu machen.

Es wäre ein Fehler, diese Spur nicht aufzunehmen, und sei es teils aus Pflichtgefühl, teils aus Verzweiflung.

Zehn

Wieder auf der Straße, führte mich mein Weg nicht zum ersten Mal durch ermüdend eintöniges Land, mit Wüstenbeifuß und Dornengestrüpp als schwächlichen Vertretern von Leben. Stark dagegen war erneut das komische Gefühl, beobachtet zu werden. *Vielleicht,* beruhigte ich mich, *spüre ich Socs Blick.* Ich konzentrierte mich aufs Fahren und entschied, dass es doch ein abwegiger Gedanke war, es könnte noch jemand anders nach der verlorenen Schrift eines verrückten Weisen suchen. Abwegig, aber leider auch unabweisbar, wie es schien.

Du bist immer noch ein Esel, ärgerte ich mich über mich selbst und schüttelte den Kopf über meine Hirngespinste. War die Fruchtlosigkeit meiner Bemühungen ein Zeichen? Wollte Soc mir womöglich mitteilen, dass ich immer noch nicht bereit war? Er hatte mir so viel Zeit gewidmet, so viel Wissen und Erfahrung mit mir geteilt – und ich, der eingebildete junge Collegesportler, hatte es als selbstverständlich betrachtet. Wie noch hatte er es in seinem Brief ausgedrückt? Ich hätte mich für »weiser als meine Altersgenossen« gehalten. Schon, ich war ein Gewinner: Sieger sportlicher Wettbewerbe, hatte meinen Abschluss gemacht, geheiratet, ein Kind gezeugt, als Trainer gearbeitet und schließlich einen Dozentenposten ergattert. Doch mal ehrlich: Was zählte das alles unterm Strich? Das Resultat konnte man auch einen egoistischen Eigenbrötler mit der Mission zum Scheitern nennen. Einen Narren, der wähnte, die Antwort auf alle Fragen in einem unscheinbaren Büchlein zu finden. Dazu musste er es, nebenbei gesagt, überhaupt erst einmal finden.

Am späten Nachmittag erreichte ich Mountain Springs und stellte den Wagen an der Straße ab. Ich hatte genug Vorräte für mehrere Tage dabei, die Feldflasche aufgefüllt und eine weitere in Reserve. Der Stiel des Klappspatens ragte aus meinem Rucksack. Darin befanden sich noch die Kachina-Puppe, der kleine Samurai sowie mein Notizbuch, in dem noch kaum etwas eingetragen war. Ich hatte alles trotz des zusätzlichen Gewichtes eingepackt, weil ich nichts Wichtiges zurücklassen wollte.

In etwa hundert Metern Entfernung begann der Fels steiler anzusteigen, um tatsächlich die einzige Erhebung zu bilden, die auf jemand, der ein höher gelegenes, ruhiges Plätzchen suchte, einladend wirken konnte. Vielleicht auch auf Socrates, falls er denn überhaupt hier gewesen war. Ich überquerte die Straße und stand am Ausgangspunkt eines zu beiden Seiten von hohen Felswänden gesäumten, engen Gebirgspfads: geradezu eine Todesfalle bei plötzlichem Starkregen. Doch da stand jetzt nichts zu befürchten. Keine Wolke am Himmel, also lag ein langsamer, aber relativ einfacher Aufstieg vor mir: Stein für Stein, wie auf einer langen, langen Treppe.

Die Sonne brannte gnadenlos bis auf den Grund der engen Schlucht herab, die sie in Millionen Jahren zusammen mit Wind und Wasser gegraben hatte. *Puh, das müssen Rekordtemperaturen sein*, denkt man da. Doch irgendwann bemerkte ich, dass diese selbst hier noch ungewöhnliche Hitze aus meinem Inneren kam! Als hätte mich plötzliches Fieber befallen. Aber da spielte mir wohl meine Fantasie einen Streich, eine Kombination aus beständiger Anstrengung, dünner Höhenluft und meinen um Socrates kreisenden Gedanken. Unverdrossen arbeitete ich mich weiter und weiter vor.

Nach etwa einhundertachtzig Höhenmetern mündete der steile Hohlweg in ein etwas flacheres, mit Felsen übersätes Plateau. Nun konnte ich auch den höchsten Punkt des Berges erkennen. Es war wie ein Versprechen, von dort wie mit den Augen eines Falken in die weite Ferne blicken zu können. Wenn man dort angekommen wäre. Dummerweise wetteiferten nun gleich drei Pfade darum, betreten zu werden. Was nun? Wenn Socrates vor Jahrzehnten dieselbe Schlucht durchquert haben sollte – welchen Pfad schlug er ein? Den zur Linken, den zur Rechten oder den in der Mitte?

Ich fühlte mich mutterseelenallein, verzweifelt bis auf den Grund meiner Seele. *Socrates, hilf mir,* flehte ich. *Ich habe mich noch nie so verlassen gefühlt.* Meine Schläfen pochten.

Ich holte tief Luft, nahm ein paar Schluck Wasser und benetzte mir die heiße Stirn. Da war es vorerst vorbei mit dem Selbstmitleid.

Just in diesem Augenblick glaubte ich eine undeutliche Bewegung weit entfernt auf dem linken Pfad zu erkennen. Ein Reh womöglich? Eine Bergziege? Ich kniff die Augen zusammen und beschattete sie mit der flachen Hand. Nein, es war ein Mann. Ich konnte sein weißes Haar erkennen. Und den Overall, den er trug. *Bei dieser Hitze?* Ich fühlte mich an damals erinnert, als ich Socrates heimlich über den Campus der Universität von Berkeley gefolgt war. Die Gestalt erinnerte mich an ihn. Dann war sie verschwunden.

Ich wendete den Blick, um den rechten Pfad in Augenschein zu nehmen – und sah dort erneut die Gestalt. Unmöglich, aber so war es! Die Sicht wurde mir durch das grelle

Sonnenlicht nun doch fast genommen, die Gestalt flackerte, verblasste und verschwand immer wieder. Nun nahm ich den Pfad direkt vor mir in den Blick. Nein, das konnte doch nicht sein! War es aber: Auch dort meinte ich den Mann klar zu erkennen, wenn auch ebenfalls nur für einen Moment. Links, rechts, in der Mitte: in welche Richtung ich auch spähte, immer erschien dieselbe Gestalt – und verschwand erneut. Eine Luftspiegelung? Eine Vision? Ich konnte mir keinen Reim darauf machen.

Ich musste mich erst einmal setzen. Schloss die Augen und goss Wasser über mein schweißnasses Haar. Dann klapperten mir mit einem Mal die Zähne wie in großer Kälte. *Welche Ironie*, dachte ich. *Jetzt bin ich so weit oben und gleichzeitig am Tiefpunkt meines Lebens. Bin ich jetzt selber nicht mehr bei Verstand? Ich weiß nicht, was ich tun soll. Welchen Weg ich nehmen soll …* dann aber fielen mir wieder die passenden Worte meines Lehrers ein: »Deine analytischen Fähigkeiten sind nützlich. Genau wie die Intuition, die dich deinem inneren Wissen vertrauen lässt. Du musst beides gebrauchen … aber *nicht beides gleichzeitig.*«

Im Grunde hatte ich keine Wahl. Mit Nachdenken kam ich in dieser Situation eben nicht weiter. Rationale Analyse hätte nur ein einziges Ergebnis erbracht: Ich war selbst schon auf dem besten Wege, verrückt zu werden. Das aber war nicht zu akzeptieren. Ob ich wollte oder nicht, ich musste auf meine innere Stimme hören. So, wie Mama Chia es mir im Regenwald beigebracht hatte … Ich stand auf, schloss die Augen und ließ meine innere Wahrnehmung ausschwärmen … dann öffnete ich die Augen wieder und sah erst nach links, dann nach rechts und dann geradeaus. Wieder drei Erscheinungen desselben Mannes, Phantombilder meines alten Lehrers. Doch diesmal war etwas anders: Es flackerten und verschwanden nur zwei. Eine Gestalt blieb. Die auf dem rechten Pfad.

Ein weiser Mann hatte einmal gesagt: »Woher soll ich wissen, was ich denke, bevor ich sehe, was ich tue?« Und so machte ich mich auf. Mit Feuer im Herzen beschritt ich den Pfad zur Rechten – den *rechten Pfad*. Ich folgte meinem inneren Sinn, nicht meinen äußeren Sinnen. Mit jener Gestalt vor Augen. Jedes Mal, wenn ich glaubte, zu ihr aufschließen zu können, erschien sie nur noch weiter weg. Als das folgende Plateau erreicht wurde, verschwand sie ganz.

* * *

Ich hatte den Pick-up auf 1674 m über dem Meeresspiegel abgestellt, wie auf einem in der Nähe aufgestellten Schild zu lesen gewesen war. Nun war ich meiner Schätzung nach vier-, fünfhundert Meter aufgestiegen und musste mich mindestens eine Meile von der Straße entfernt haben. Außer dem heißen Atem des Windes war hier nichts zu hören, und ohne die vereinzelten Kondensstreifen am wolkenlosen Himmel als ferne Zeichen menschlicher Gegenwart wäre ich mir wie der letzte Verbliebene meiner Art auf Erden vorgekommen. Dieses Plateau bildete tatsächlich eine der höchsten Erhebungen weit und breit. Trotz des fiebrigen Gefühls und der Zweifel, die mich heimsuchten, meinte ich zu spüren, dass ich mich einem *Etwas* näherte. Und wenn das auch nur wieder eine Täuschung war? Ich mochte nicht daran denken.

Und jetzt?, fragte ich mich und stromerte ziellos herum. Die Gestalt – ob sie nun real sein mochte oder ein Socrates-Geistwesen in meinem Kopf – hatte mich hierhergeführt. Doch wie sollte es weitergehen? Tiefer als zehn Zentimeter ließ es sich hier kaum graben, der Boden war aus Kalkstein.

Oder Sandstein? *Hätte ich in Erdkunde doch nur besser aufgepasst,* ging es mir in einem Anflug von Selbstironie durch den Kopf.

Mit einem Mal überkamen mich Müdigkeit und Schwindel, und so beschloss ich, mein Lager am nämlichen Ort aufzuschlagen. Ich räumte Steinbrocken zur Seite und breitete den Schlafsack etwa zehn Meter von der Kante des Plateaus entfernt aus. Dann kroch ich vorsichtig darauf zu, legte mich bäuchlings auf einen Steinvorsprung und spähte in die Tiefe. Es ging etwa hundertfünfzig Meter kerzengerade abwärts. Ich warf einen Stein hinunter. Er prallte von einem vorstehenden Felsen ab und verschwand im Nichts. Immerhin hatte ich von diesem gefährlichen Aussichtspunkt aus einen fantastischen Ausblick auf die Berge und die Wüste.

Die Sonne war bereits untergegangen, und ich machte mich für die Nacht fertig. In meinen Schlafsack gerollt, abwechselnd schwitzend und frierend, bat ich das Universum um ein weiteres Zeichen. Natürlich erwartete ich keinen riesigen Pfeil, auf dem »Bitte HIER graben!« stand. Ein eher konventionelleres Omen, so in der Art kleinerer Windstöße oder spitze Schreie eines Vogels aus einer bestimmten Richtung hätten meinen immer noch zweifelnden Verstand aber wohl kaum überzeugt. Ein bisschen spektakulärer durfte es schon sein.

Das ist das Komische an Zeichen und Omen: Wenn man danach sucht, taucht früher oder später eines auf. Und ich musste nicht lange warten.

Mitten in der Nacht wachte ich auf. Ich lag auf dem Rücken und wollte schon damit beginnen, vor dem erneuten Wegdösen die Aussicht auf einen Sternenhimmel zu genießen, wie er in dieser Pracht nur zu erleben ist, wo es noch keinerlei Lichtverschmutzung gibt. Doch da verging ich fast vor Schreck, weil ich erkannte, was mich geweckt hatte und meine Sehorgane nun blitzartig auf Nahaufnahme umschalten ließ: Über die Nasenspitze hinweg schielend erlangte ich einen äußerst detaillierten Ausblick auf den geriffelten, gepanzerten Körper eines grünen Skorpions. Ich beschloss, mich so ruhig wie nur möglich zu verhalten, und wagte nicht einmal, mit den Augen seinem Spaziergang über mein Gesicht zu folgen, sondern presste nur die Lippen zusammen. Doch dann: Urplötzlich erschien der Schwanz in meinem Blickfeld, und der Stachel bohrte sich direkt zwischen meine Augen …

Das war eindeutig zu viel. Ich kreischte auf und schlug wie verrückt nach dem winzigen Angreifer, traf dabei aber mein eigenes Gesicht mit solcher Wucht, dass ich zunächst glaubte, mir die Nase gebrochen zu haben. Panisch versuchte ich mit einem wilden Satz aus dem Schlafsack herauszukommen, und verhedderte mich dabei erst einmal hoffnungslos. Mein Herz klopfte bis zum Hals, das Blut stieg mir in den Kopf. Die tödliche Kreatur huschte davon – und ich ging endgültig zu Boden. Es war aber nicht der Schlafsack, der mich festsetzte; meine Beine waren wie Pudding. Und meine Stirn, sie pochte und pulsierte.

Alles verschwamm vor meinen Augen, klärte sich wieder, verschwamm erneut. Ich zitterte und mir wurde übel, ich nieste und gähnte abwechselnd und hatte das Gefühl, mein Herz würde immer wieder einen Schlag aussetzen. Sobald ich mich hinlegte, fiel ich in einen fiebrigen Schlaf, stolperte im Traum zwischen wabernden Schatten in der Dunkelheit herum.

Dann setzte ich mich wieder auf – oder träumte es vielleicht? Das Plateau glomm in rötlichem Schimmer. Ich sprang auf, zu meiner großen Überraschung offenbar genesen vom

Stich des Skorpions, und wanderte auf dem geisterhaft vom Licht der Sterne und des Mondes beschienenen Felsen herum. Meine Schritte schienen nicht das leiseste Geräusch zu verursachen. Am Rande der Klippe tauchte einmal wie aus dem Nichts ein Fuchs auf. Er drehte bedächtig den Kopf, als ob er mit der Schnauze auf etwas deuten wollte, möglicherweise einen einsam dastehenden, von einem Blitzschlag gezeichneten Baum. Darauf verschwand er wieder in den Schatten.

Dann holte mich ein – echter oder imaginärer – Windstoß von den Beinen. Als ich mich wieder aufrappelte, war der Baum verschwunden. Und das Fieber. Ich ging zu der Stelle hinüber, wo der Fuchs gestanden hatte, keine drei Meter vom Abgrund entfernt. Zu meinem Erstaunen sah ich dort einen winzigen Pflanzenschößling, der durch den Steinboden gebrochen war. Er wuchs unheimlich schnell, wie im Zeitraffer, zu einem langen, dünnen, posaunenförmigen Stiel heran. *Und der siebente Engel posaunte ...*

Der Stiel öffnete sich wie eine Blume, und zwischen den Blütenblättern kam ein altes Buch zum Vorschein ... ein dünnes Buch, in rötliches Leder gebunden und mit einem Metallschloss versehen. Langsam, langsam griff ich danach ...

Elf

Ich erwachte mit den Worten »Durst ... Durst« auf den Lippen. In dem Versuch, den Traum oder die Vision abzuschütteln, betastete ich meine Stirn. Erleichtert stellte ich fest, sie war wieder kühler. Der nächste Griff galt der Feldflasche. Noch nachdem ich meinen Durst gestillt hatte, hielt mich der Traum gefangen. Es musste hier sein – direkt unter meinen Füßen. Das Buch. Aber es war nicht vergraben. Es befand sich *im Berg* selbst, tief verborgen in einer Höhle, als eine heilige Quelle der Wasser des Erkennens. Ich wusste es einfach.

Von den Anstrengungen der Nacht war ich immer noch wacklig auf den Beinen. Ich taumelte zum Rand der Klippe und wagte einen weiteren Blick hinunter. Jetzt wusste ich, wonach ich Ausschau halten musste. Mein Herz hüpfte vor Freude, als ich ungefähr zweieinhalb Meter unter mir eine verschattete Vertiefung erkannte. War dies ein Höhleneingang?

»Im Kampf und im Leben gilt: Wer zu viel nachdenkt, ist schon so gut wie tot«; auch das hatte Socrates einmal gesagt. Nun war es Zeit zu handeln, statt zu zaudern und zu zweifeln. Ich setzte mich eine Weile hin und atmete langsam und tief durch, genau so, wie Socrates es mir beigebracht hatte. Dabei inhalierte ich nicht nur Luft, sondern auch Licht,

Energie und Kraft. Sobald ich bereit war, schulterte ich den Rucksack und glitt über den Felsvorsprung hinab nach unten.

Jetzt hing ich mit beiden Händen an der Kante, ungesichert über der gähnenden Tiefe, das Loch immer noch fast einen halben Meter von meinen Stiefelsohlen entfernt. Es war deutlich auszumachen, dass der Schatten, den ich von oben bemerkt hatte, den Eingang einer Höhle markierte. Die untere Kante sprang etwas vor: Wenn ich jetzt losließ, würde ich dort landen? Mein Turnerinstinkt sagte Ja.

Sehr vorsichtig ließ ich mich vor und zurück pendeln. Ein letztes Schwungholen, und ich ließ los ... landete in hohem Bogen auf dem Vorsprung. Beinahe hätte mich das Gewicht des Rucksacks in die Tiefe gezogen. Ich warf das Becken nach vorne, erlangte das Gleichgewicht zurück und kroch in die enge Öffnung der Höhle, in den *Berg* hinein.

Ich keuchte und war völlig erschöpft. Das Herz schlug mir bis zum Hals. Es fühlte sich so an wie früher, wenn ich einen gefährlichen Abgang vom Reck probiert hatte. Also immerhin nicht unbekannt, obwohl ich gerade mein Leben aufs Spiel gesetzt hatte. Routiniert suchte ich meinen Körper nach Verletzungen ab. Nichts. Die Höhle selbst war höher als ihr Eingang, aber immer noch so niedrig, dass ich mich bücken musste. Ich sah mich um. *Socrates hat diesen Ort ausgewählt, weil man hier vor dem Wetter geschützt ist. Und ungestört, bis auf die Raubvögel.* »Wo der Falke fliegt ...«

Auf allen vieren kroch ich weiter, tastete mich immer tiefer in die schummrige Höhlung vor. Allmählich gewöhnten sich meine Augen an die Dunkelheit. Da! Ein Gegenstand auf einem Steinvorsprung. Ich krabbelte näher. Es war ... ein Buch! Die Tränen stiegen mir in die Augen, Erschöpfung und Erleichterung überwältigten mich gleichermaßen. Mein Glaube an mich selbst war wiederhergestellt. Das Wunder des Lebens, es war keine Illusion! Ich streckte die Arme aus und ergriff den Schatz mit beiden Händen, um mich davon zu überzeugen, dass dies die Wirklichkeit und nicht wieder nur ein Traum war. Ich spürte die Seele der alten Frau, die Socrates das Buch vor so vielen Jahren anvertraut hatte, und auch seine Seele spürte ich. So behutsam wie einen Säugling drückte ich es an meine Brust. Ich hatte es tatsächlich gefunden!

Daraufhin gönnte ich mir einen kurzen Augenblick der Erfüllung, des Triumphs.

Doch ich wusste um die Flüchtigkeit solcher Momente. »Gefühle ändern sich wie das Wetter« – auch das kein leerer Spruch, sondern eine weitere jener Weisheiten, die so einfach klingen und es doch in sich haben. In meinem Fall währte das Gefühl reinster Freude etwa zehn Sekunden.

Und jetzt, so schwante mir, *muss ich ja nur noch einen geeigneten Rückweg finden ...*

In meiner blinden Versessenheit, die Höhle zu erreichen, hatte ich nicht einen einzigen Gedanken daran verschwendet, wie ich da wieder herauskommen sollte. Sich vom Vorsprung fallen zu lassen war vergleichsweise einfach, wenn auch nervenaufreibend gewesen; die Schwerkraft hatte den Großteil der Arbeit erledigt. Jetzt galt es, sie zu überwinden und wieder hinaufzuklettern.

Ich ließ das Buch vorerst an Ort und Stelle liegen, kroch zum Eingang zurück und peilte nach oben. Es waren gut drei Meter vom Vorsprung, der mich gerettet hatte, bis zur Kante ganz oben. Der Fels über mir so glatt wie ein Kinderpopo. Nicht ein einziger Klettergriff in Sicht. Diese Wand schien unbezwingbar.

Erst ließ ich den Gedanken, den Felsen nicht erklettern zu können, nicht zu. Doch nach reiflicher Überlegung musste ich mir eingestehen, dass die Wahrscheinlichkeit groß war, durch einen Absturz zu sterben. Oder in dieser Höhle zu verdursten. *Das kann es doch nicht gewesen sein*, versuchte ich mir einzureden. *Ein Rätsel, mehr nicht. Also gut, welchen Rat würde mir Papa Joe jetzt geben? Oder Socrates, dieser Schlingel, der mich überhaupt erst in diese Lage gebracht hat?*

Um die Entscheidung hinauszuzögern und mich nicht zu einer voreiligen Handlung hinreißen zu lassen, setzte ich mich an den Höhleneingang und ließ meine Füße über die Kante baumeln. Dumm nur, dass ich das überwältigende Panorama vor, über und unter mir gerade nicht genießen konnte. Nicht einmal der Anblick eines Falken – ja, eines Falken! –, der in geringer Entfernung einen thermischen Aufwind nutzte, um sich spiralförmig in die Höhe zu schrauben, tröstete mich. Ich nahm das Buch zur Hand. Ob es mir eine Inspiration, ob es mir den rettenden Einfall schenken würde?

Wo ist überhaupt der Schlüssel? Erst jetzt fiel mir ein, dass ich ja das Schnappschloss aufmachen musste, um darin lesen zu können. Also zurück in die Höhle und alles absuchen. Aber was fand ich da? Genau: Nichts.

Vielleicht passt ja der Schlüssel meines eigenen Notizbuchs. Ich setzte mich wieder an den Höhleneingang und fischte den Schlüssel aus der Hosentasche. Mit zitternden Fingern steckte ich ihn ins Schloss und drehte ihn herum. Da rutschte meine Hand ab. Der Schlüssel fiel auf den Steinboden, prallte davon ab und segelte über die Kante. Beinahe wäre ich selbst gefallen, als ich die Hand danach ausstreckte. Er prallte von einem weiteren Vorsprung ab und verschwand mit niederschmetternder Endgültigkeit in der Tiefe.

»Du hast alle Zeit der Welt, bis deine Zeit abgelaufen ist.« Kein Wunder, dass mir ausgerechnet jetzt die Worte Papa Joes einfielen. War meine Zeit nun abgelaufen? *Hatte ich es so weit geschafft, nur um ein paar Schritte vor dem Ziel zu scheitern?* Das konnte ich nicht glauben – das durfte ich nicht glauben! Nicht, wenn ich womöglich den Schlüssel zum ewigen Leben in den Händen hielt (der Ironie war so wenig zu entkommen wie der Lage, in der ich steckte). Ich geriet in Panik und atmete hektisch.

Aber dann musste ich an etwas denken, was mir einst ein Kampfschwimmer der Marine erzählt hatte: Wider besseres Wissen war er allein in ein System von Unterwasserhöhlen getaucht, ohne den Rückweg mit einem Nylonseil zu markieren. Ein einfacher Tauchgang – bis er in einer Höhle feststeckte und die Öffnung nicht mehr finden konnte, durch die er gekommen war. Auch er geriet in Panik und befürchtete, diese Höhle würde ihm zum Grab werden. Der Blick auf die Anzeige seines Sauerstofftanks beruhigte ihn ein wenig: Er hatte noch Luft für zwanzig Minuten. Er atmete langsam und tief aus und bemerkte, dass die Luftblasen nach unten schwebten. Was bedeutete, dass er sich an der Decke der Höhle befand. Er glitt langsam auf den Boden hinunter und suchte die Wände systematisch ab, bis er die Öffnung wiederfand. Als er sich in Sicherheit gebracht hatte, war noch Sauerstoff für zehn Minuten übrig.

Genügend Luft hatte ich, dazu alle Zeit der Welt. Jetzt fehlte mir nur noch ein Ausweg. Einmal hatte mich ein Freund ausgelacht, weil ich an Wunder glaubte: »Ich glaube nicht an Wunder«, hielt ich ihm entgegen, »ich verlasse mich auf sie.« Und jetzt brauchte ich dringend eines.

Ich stellte mir eine Frage, die ich mir in den zurückliegenden zehn Jahren des Öfteren vorgelegt hatte: *Was würde*

Socrates in dieser Lage tun? Da fiel mir die Antwort in den Schoß wie ein reifer Apfel vom Baum: *Was hätte ein Sechsundsiebzigjähriger, vom Fieber geschwächt, denn anderes tun können als ...*

Bevor ich mir den Kopf darüber zerbrechen konnte, wie ich diesen anderen Weg nach draußen, den es zweifellos geben musste, finden sollte, nahte Hilfe. Da kroch doch gerade eine dieser mir mit jeder Begegnung sympathischer werdenden Kreaturen, Skorpion genannt, über den Boden und verschwand weiter hinten im Dunkeln. Siehe da, diese Höhle musste viel tiefer reichen, als ich vermutet hatte. *Socrates ist hier ganz sicher nicht rausgeklettert! Es gibt ganz bestimmt noch einen anderen Ausgang.*

Neue Hoffnung lässt die Lebensgeister wiederkehren. Meinen Schatz sicher in den Klamotten im Rucksack verstaut, drang ich, die Taschenlampe in der Hand, tiefer in die Höhle ein. Sie verengte sich zu einem Tunnel, und der führte nach oben. Selbstverständlich hielt ich ständig Ausschau nach Skorpionen und anderen Krabbeltieren ...

Enge Räume waren mir noch weniger geheuer als Skorpione und Spinnen. Die Decke senkte sich immer tiefer ab, bis der Tunnel schließlich so niedrig wurde, dass ich den Rucksack absetzen, mir seine Riemen um einen Stiefel wickeln und ihn in der Enge hinter mir herziehen musste, bis sich der Durchgang wieder vergrößerte. Ich weiß nicht mehr zu sagen, wie lange es dauerte, bis ich zu meiner unbeschreiblichen Freude einen Flecken Sonnenlicht ein paar Meter vor mir sah. Es fühlte sich jedenfalls an wie eine halbe Ewigkeit. Ich schaltete die Taschenlampe aus und kroch darauf zu.

Es ist und bleibt eine der größten Enttäuschungen meines Lebens, dass ich schließlich vor einem massiven Steinhaufen stand. Ein paar spärliche Sonnenstrahlen fanden ihren Weg durch seine Risse und Spalten. Dass dahinter der azurblaue Himmel zu erkennen war, vermochte ich nicht als besonders tröstlich zu empfinden. Und äugte der Skorpion nicht höhnisch zu mir herüber, als er gemächlich an mir vorbei marschierte und sich durch eine wenige Zentimeter breite Öffnung ins Freie schob? Traurig, aber wahr: Nachdem Socrates sein Buch hier versteckt hatte, musste ein Erdrutsch oder ein Höhleneinsturz den Ausgang verschüttet haben.

Mit dem Mute der Verzweiflung versuchte ich, den einen oder anderen Stein zur Seite zu räumen, doch die Brocken lagen so dicht aufeinander, dass sie selbst mit der Spitzhacke als Hebel nicht zu bewegen waren. Die Freiheit: So nah und doch so unendlich fern! Ich schrie vor Frust und schlug auf den Stein ein.

Dann holte ich ein paar Mal langsam und tief Luft, beruhigte mich und kroch zurück. Was hätte ich auch anderes tun sollen?

Wieder am Höhleneingang angekommen, beugte ich mich über den Vorsprung und nahm noch einmal die Felswand über mir in Augenschein. Naturgemäß war dort in der Zwischenzeit kein Klettergriff gewachsen.

Die Spitzhacke! Ich beugte mich vor und holte aus. Nach mehreren Versuchen, einen Handgriff aus dem Fels zu schlagen, blickte ich prüfend nach oben. Aber nein, ich hatte den harten Stein kaum angekratzt.

Da bemerkte ich es: Was ich für einen Schatten etwa ein bis anderthalb Meter über dem Höhleneingang gehalten hatte, war eine kleine Vertiefung im Fels, in der ich möglicherweise doch eine Hand verankern konnte. Wenn ich mich bis dort hinaufziehen konnte, war womöglich die Felskante mit der Spitzhacke zu erreichen. Ich warf mir den Rucksack auf den Rücken und machte mich für meinen – in jedem Sinne – letzten Aufstieg bereit.

Ich tastete mit der Hacke lange blindlings herum, bis ich den Vorsprung endlich gefunden hatte. Dann zog ich, was das Zeug hielt. Die Spitzhacke, sie hielt ebenfalls! Langsam und vorsichtig schob ich mich rücklings aus der Höhle und arbeitete mich Handbreit für Handbreit am Stiel der Hacke hoch, bis ich drei Finger in die winzige Vertiefung schieben konnte. Nun hing ich an der linken Hand über dem Abgrund und musste einen einarmigen Klimmzug vollführen. Mit der Rechten hielt ich den Pickel umklammert, um anschließend seine Spitze über die Kante zu bringen – falls sie dann erreichbar wäre.

Als ich endlich das Kinn über die linke Faust gehievt hatte, erwies sich die Reichweite meines rechten Arms als gerade so eben ausreichend. Ich konnte den gekrümmten Stahl langsam über die Kante schieben und brauchte mich jetzt nur mit meinem eigenen Gewicht dranzuhängen, um mich vor dem Absturz zu bewahren.

Ich wagte es und nahm die linke Hand aus dem Felsen, legte sie am Stiel der Spitzhacke über die Rechte und zog mich ein paar Zentimeter hoch. Dann kletterte ich wieder Handbreit für Handbreit am Stiel hinauf. Supervorsichtig, ohne Hast und Eile. Jede Sehne in meinen Armen war bis zum Zerreißen gespannt. Das Gewicht des Rucksacks zerrte zusätzlich an mir. Schließlich gelang es mir, den Vorsprung mit einer Hand zu packen. Ich ließ meinen Lebensretter fallen und griff auch mit der Rechten nach der Kante. Die Spitzhacke schlug klappernd ein einziges Mal unter mir auf, dann herrschte Stille. Mit aller verbliebenen Kraft zog ich mich hoch, bis ich erst einen Unterarm und dann den anderen über die Kante schieben konnte. Es war ein Kampf auf

Leben und Tod gewesen, und ich hatte ihn gewonnen. Nun war es ein Leichtes, noch einen Stiefel auf das Plateau zu wuchten und schließlich ganz hinaufzuklettern. Schleunigst entfernte ich mich vom Abgrund. Dann lag ich keuchend auf dem harten Stein, mit dem Gesicht nach unten.

Zwölf

Ein seltsames Gefühl: Ich war mir wirklich nicht sicher, ob ich das Plateau, auf dem ich bäuchlings lag, überhaupt je verlassen hatte.

Sobald ich wieder zu Atem gekommen war, nahm ich den Rucksack ab, drückte ihn fest gegen meine Brust, legte mich auf den Rücken und starrte ins makellose Blau des Himmels. Ich schloss die Augen und genoss es, die Sonne wieder auf meinem Gesicht zu spüren.

Plötzlich changierte das Hellrot unter meinen geschlossenen Augenlidern ins Dunkle. Ein Schatten über mir! Jemand war hier, ich spürte eine Bewegung und hörte ein leises Seufzen. Erschrocken öffnete ich die Augen und setzte mich auf. Welche Überraschung, als ich mich umdrehte.

»Pájaro!«, rief ich erfreut aus. »Was um alles in der Welt machst du denn hier? Wie kommst du …«

»Nun, ich habe immer noch die fünf Dollar, die du mir gegeben hast. Die kannst du wiederhaben – im Tausch gegen das Tagebuch in deinem Rucksack.«

Schlagartig wurde mir alles klar: Pájaro war jener zwielichtige Mann, vor dem mich Papa Joe gewarnt hatte! Deshalb also hatte er sich aus dem Staub gemacht – er musste Papa Joe im Café gesehen haben. Meine Instinkte hatten mich nicht getäuscht. Mir war tatsächlich jemand gefolgt, hatte mich beobachtet. Pájaro trug eine dunkle, weite Baumwollhose und ein dunkles, locker sitzendes Oberteil mit langen Ärmeln. Und er hielt eine Pistole auf mich gerichtet ... Das wirkte irgendwie so beiläufig, war aber blutiger Ernst. Seltsamerweise war das Einzige, was mir dazu einfiel, eine Trivialität: *Schon komisch – auch die Beduinen tragen dunkle Kleidung, selbst in der Wüste.*

Mit der Waffe im Anschlag kam Pájaro auf mich zu und riss mir den Rucksack aus den Händen. Dann trat er zwei Meter zurück, ohne mich aus den Augen zu lassen. »Hinlegen!«, befahl er, ohne den leisesten Zweifel aufkommen zu lassen, dass er es ernst meinte. Ich legte mich gehorsam auf den Bauch, hob aber den Kopf, um ihn beobachten zu können. Er entfernte sich weitere drei Meter – vermutlich, um genügend Abstand zwischen uns zu bringen – und kniete sich leicht von mir abgewandt hin. Dann schüttete er den Rucksack aus. Ich hörte, wie sich meine Habseligkeiten auf dem Boden verteilten. Er warf einen letzten prüfenden Blick in den Rucksack, dann warf er ihn beiseite. Von meiner Position aus konnte ich nichts weiter erkennen, doch ich nahm an, dass er meine Kleidung durchwühlte und den Samurai und die Kachina-Puppe zur Seite räumte.

Ich bewegte mich ganz leicht, nur um das Gewicht zu verlagern. Sofort wirbelte er herum und richtete die Pistole auf mich. »Keine Dummheiten«, zischte er.

Ich befolgte seinen Rat.

Wäre er wahnsinnig oder verzweifelt genug gewesen, um mich zu töten, hätte er es aber längst getan. *Ich darf ihn nicht provozieren,* ermahnte ich mich, *sonst überlegt er es sich womöglich noch anders.* Hier, auf diesem einsamen Berg, tausend Meter über und Meilen von der Zivilisation entfernt war ich ihm hilflos ausgeliefert.

Endlich fand Pájaro, wonach er gesucht hatte, und steckte es in seinen eigenen kleinen Rucksack. Er stand auf und ließ meine anderen Besitztümer auf dem Boden verstreut herumliegen. Er war erregt, er atmete immer schneller. Und mir wurde das Herz unendlich schwer.

Ich würde das Buch nie wiedersehen.

Er wandte sich mir zu. »Wo ist der Schlüssel?«

»Den hab ich nicht«, antwortete ich wahrheitsgemäß.

Wieder kniete er sich hin und durchsuchte die Seitentaschen des Rucksacks, in denen sich jedoch nur mein Portemonnaie und Hygieneartikel befanden. Er befahl mir, aufzustehen und die Hosentaschen zu leeren, was ich auch tat. Dann musste ich mich wieder hinlegen. »Ich will dich nicht ausrauben, ich nehme nur, was rechtmäßig mir gehört«, erklärte er und bekundete mit einer Geste des Triumphs und in etwas seltsamer Vertraulichkeit: »Ich werde dieses Buch am Grab meines Vaters lesen.«

Amas Geschichte! *Also ist es wahr, er ist der Sohn des Gärtners!* Eine Welle des Mitgefühls erfasste mich, und ich flehte ihn nicht nur um meinetwillen an: »Tu das nicht, Pájaro! Du machst einen Feh…«

Ich wollte gerade den Kopf heben, als ich im Augenwinkel eine Bewegung wahrnahm. Alles um mich herum wurde schwarz.

Ich erwachte mit dröhnendem, von einer dicken Beule verunstaltetem Kopf. Und war allein. Langsam kroch ich zum geleerten Rucksack hinüber. Er hatte mir tatsächlich alles gelassen – meine Klamotten, die Feldflasche, das Portemonnaie, sogar die fünf Dollar, die er mir noch schuldig gewesen war. Alles bis auf das Buch.

Ich wagte nicht, in den Rucksack zu sehen. Solange ich im Ungewissen war, gab es noch Hoffnung. Dennoch, ich durfte es nicht länger aufschieben. Ich griff in den leeren Rucksack – und keuchte vor Überraschung, als ich das Tagebuch hinter dem eingerissenen Innenfutter spürte. Genau dort hatte ich es dank einer inneren Eingebung hineingesteckt. Als Pájaro den Rucksack umdrehte, musste es noch tiefer ins Futter gerutscht sein. Er hatte ein dickeres Buch mit einem Schloss erwartet und auch gefunden – nämlich meins. Das von Soc dagegen, eine dünne Schwarte nur, hatte er wohl für eine Rückenstütze aus Pappe gehalten.

Nun hielt ich sie wieder in der Hand, die verborgene Schrift meines verehrten Lehrers. Nach so vielen Jahren befand sie sich tatsächlich in meinem Besitz.

Wenn das auch so bleiben sollte, musste ich jetzt aber wohl die Beine in die Hand nehmen.

Pájaro hatte mein Notizbuch mitgenommen, das bis auf einige wenige Einträge leer war. Wie lange brauchte er wohl bis zum Grab seines Vaters? Ich konnte nur hoffen, dass der Friedhof weit weg war und dass auf dem Weg dorthin nicht die Neugier die Oberhand gewann und er das Buch schon vorher öffnete.

Äußerste Eile war geboten. Was würde der Mann tun, sobald er herausfand, was Sache war? Er würde natürlich annehmen, dass ich ihn übers Ohr gehauen hatte. Mit zitternden Fingern stopfte ich alles in den Rucksack zurück, richtete mich vorsichtig auf und lief, so schnell ich konnte, den Berg hinunter zum Pick-up.

Aha. Für den Fall, dass ich früher als geplant zu Bewusstsein kam, hatte Pájaro vorsichtshalber zwei Reifen aufgeschlitzt. Ich ließ den Wagen stehen und eilte ungefähr dreihundert Höhenmeter zur nächsten Straße hinunter. Dort wartete ich die wohl längste halbe Stunde meines Lebens, bis mich ein Lkw in Richtung Westen mitnahm. Erleichtert versprach ich dem Fahrer, ihn bei der nächsten Raststätte zum Essen einzuladen. Dann rutschte ich tief in den Sitz und tat so, als würde ich schlafen. Trotz meiner Erschöpfung und der Kopfschmerzen war ich viel zu aufgeregt, um auch nur ein Auge zuzutun. Doch so konnten mich die Fahrer der entgegenkommenden Fahrzeuge nicht erkennen.

Es war Zeit, das Land zu verlassen.

Dreizehn

An der nächsten Raststätte gab ich dem Fahrer Geld für sein Essen, schüttelte ihm die Hand und verabschiedete mich eilig. Dann rief ich von einem Münztelefon aus den Mietwagenservice an, um den Schaden und den Standort des Pick-ups zu melden. Anschließend buchte ich für den morgigen Tag einen Flug von Los Angeles nach Japan. Kurz überlegte ich, erst meine Tochter und dann Ama anzurufen, doch das musste warten. Zunächst galt es, von hier zu verschwinden.

Ich fragte mehrere Leute, die gerade auf dem Weg zu ihren Autos waren, ob sie nach Los Angeles fuhren. Nach zahlreichen vergeblichen Versuchen öffnete mir ein dicker, bärtiger Mann die Tür seines Chevy Camaro. Als wir aus der Raststätte bogen, stieß ich einen Seufzer der Erleichterung aus. Trotzdem sank ich jedes Mal, wenn uns ein Auto entgegenkam, tiefer in den Sitz, was den Fahrer sehr zu amüsieren schien. »Sie sind wohl auf der Flucht, oder wie?«, neckte er mich.

»So ähnlich.«

Genau wie der Camaro lief auch mein Gehirn auf Hochtouren, sobald wir die Wüste hinter uns ließen und uns Los Angeles näherten. Wenn mir Pájaro nicht sowieso schon auf den Fersen war, würde er es bald sein.

Am nächsten Morgen setzte mich der Bärtige wenige Meilen vom Flughafen entfernt ab. Ich ging zum Eingang eines Hotels in der Nähe und nahm ein Taxi. Es war ein kurzer Augenblick der Genugtuung, als ich den Fahrer mit der Fünfdollarnote bezahlte, die Pájaro neben meinen bewusstlosen Körper auf den Boden gelegt hatte.

Nachdem ich eingecheckt und meine Bordkarte erhalten hatte, kaufte ich mir ein weiteres Klappmesser (so etwas konnte man damals noch mit in den Flieger nehmen), ein neues Notizbuch, zwei Stifte, ein Baseballkäppi, ein T-Shirt, ein schmales Handtuch und anderen Kleinkram. Das Portemonnaie, meinen Reisepass, Socs Brief und die 180 Dollar, die mir geblieben waren, steckte ich in eine kleine Seitentasche des Rucksacks. Dann tastete ich nach dem Buch, das immer noch sicher im Innenfutter ruhte.

Auf der Toilette stopfte ich das verschwitzte T-Shirt in den Mülleimer, zog ein neues Paar Socken an und wischte den Staub von meinen Wanderstiefeln. Nachdem ich auch noch mein Gesicht, meine Brust und die Achseln gewaschen hatte, schlüpfte ich in das neu erworbene T-Shirt, hängte mir die Sonnenbrille um den Hals und setzte das Käppi auf.

Es war eine notdürftige Verkleidung, aber okay. Sobald zum Einsteigen aufgefordert wurde, hetzte ich zum Flugsteig, ohne meine Tochter oder Ama angerufen zu haben. Auf dem Weg sah ich mich mit einer Wachsamkeit, die an Verfolgungswahn grenzte, ständig um und nahm meine Mitreisenden wohl genauer unter die Lupe als die Ausweiskontrolleure.

Endlich saß ich im Flugzeug, das mich über Hongkong nach Japan bringen sollte. Ich zwang mich, wach zu bleiben, bis die Türen geschlossen waren und wir zur Startbahn rollten. Mit einem Seufzen und dem beruhigenden Gedanken, *wenn ich schon nicht weiß, wo ich als Nächstes hinwill, weiß er es erst recht nicht,* fiel ich in tiefen Schlaf.

Und schreckte in der Dunkelheit hoch. Es dauerte eine Weile, bis mir wieder einfiel, wo ich war. Ich saß auf einem Fensterplatz. Die beiden Passagiere zu meiner Rechten schliefen. Ich zog den Rucksack unter dem Sitz hervor, pulte das Tagebuch aus dem Futter und nahm das altmodische Metallschloss ins Visier. Wo war bloß der Schlüssel? Socrates hatte ihn sicher bei sich gehabt. Warum aber nicht beim Buch gelassen? Ich mühte mich daran ab, den Schließmechanismus mit der Spitze des Klappmessers aufzuhebeln. Ohne Erfolg. Einfach den Lederriemen durchzuschneiden, der auf der Vorderseite im Schnappschloss steckte und auf der Rückseite angenäht war, um ein Aufklappen zu verhindern – das brachte ich nicht über mich. Sicher, Grabräuberei war das nicht gerade, aber es fühlte sich einfach falsch an. Wieder und wieder zerrte ich an der Metallschließe. Sie saß bombenfest.

Ich steckte das Buch zurück in den Rucksack und wollte weiterschlafen, um meinem Unterbewusstsein die Gelegenheit zu geben, eine Lösung zu finden. Sobald ich die Augen schloss, fielen mir die Kachina-Puppe und Papa Joes Worte ein: »Für den Moment war das alles, was ich dir geben kann.« *Die Puppe ist ein Geschenk für meine Tochter,* tat ich den Gedanken ab. *Nicht mehr als das.* Trotzdem machte ich den Rucksack wieder auf und wühlte zwischen T-Shirts und Unterwäsche nach der Puppe. Ich ertastete eine weiche Stelle im Sockel, der unten einen papiernen Bezug hatte. Ich drehte die Puppe um und drückte darauf, was einen halbkreisförmigen Riss im Papier hinterließ. Ich schüttelte die Puppe, und ein alter, in einen Zettel gewickelter Schlüssel fiel heraus. Auf den Zettel war mit zittriger Schrift ein einziges

Wort geschrieben: *¡Exactamente!* Sofort versuchte ich, den Schlüssel in das Schloss des Buches zu stecken. Er passte! Und die Schließe schnappte auf …

Aus unbekannten Gründen hatte Socrates Papa Joe den Schlüssel gegeben. Oder Papa Joe hatte ihn ihm abgenommen. Wie dem auch sei, letzten Endes hatte er ihn mir überlassen. Ich dachte voll Wärme und Dankbarkeit an den alten Mann. Und an Ama. Bald würde ich sie anrufen und ihr alles erzählen.

Der Captain verkündete gerade den Überflug des nördlichen Polarkreises, als ich das Buch auf der ersten Seite aufschlug. Und da standen die Worte, die ich bereits aus Socrates' Brief kannte. Ich las mir die Geschichte über die Flucht nach Samarra, die Nada niedergeschrieben hatte, noch einmal durch. *Ist Samarra ein Ort oder ein Denkzettel für uns alle?*, schien hier die Frage zu sein.

Dann ließ ich die Seiten über den Daumen laufen. Socrates hatte tatsächlich etwa zwanzig Seiten in enger Schrift vollgeschrieben, zwanzig weitere waren leer geblieben. Sichtlich hatte das Fieber seinen Tribut gefordert: Statt des zusammenhängenden Textes, den ich nach Socs Brief zu finden gehofft hatte, standen da nur Halbsätze, Fragmente, nicht zu Ende geführte Gedanken und stichwortartige Notizen. Wenn es denn überhaupt einen roten Faden gab, so erkannte ich ihn nicht. Noch nicht. Das waren nur Skizzen und Andeutungen – als hätte Socrates die Vorarbeit für einen anderen leisten wollen – oder müssen, wegen seines Zustandes. Für jemanden wie mich zum Beispiel?

Auf den ersten Adrenalinschub folgte ein Gefühl der Enttäuschung und Entmutigung (oder war es andersherum?). So musste es auch Soc ergangen sein, als er Nadas Aufforderung gelesen hatte, die leeren Seiten selbst zu füllen.

Und jetzt war ich an der Reihe. Wieder schlängelte sich dieses Prickeln meine Wirbelsäule hinauf. Auch der antike Sokrates hatte seine Lehren nur mündlich verbreitet! Erst sein Schüler Platon hatte sie schriftlich festgehalten. *Aber ich bin doch kein Platon!*

Ich würde Socs Aufzeichnungen genauestens studieren, sie wieder und wieder lesen, vielleicht auswendig lernen müssen. Seine Worte mussten sacken und in meinem Inneren Gestalt annehmen. Und vielleicht, aber nur vielleicht – wenn ich die vielen Lektionen berücksichtigte, die er mir erteilt hatte – würde es mir durch eigenes Urteilsvermögen gelingen, seine Einsichten auszuformulieren, wo nötig zu vervollständigen und etwas zu verfassen, das seiner Weisheit würdig war. Jetzt erfasste ich das Ausmaß der Verantwortung, die Socrates mit jenen leeren Seiten übertragen worden war. Dann fiel ich in tiefen Schlaf und wachte erst auf, als wir in Hongkong landeten.

»Aufgrund von Wartungsarbeiten wird sich die Weiterreise um vier Stunden verzögern«, verkündete der Kapitän, als wir zum Flugsteig rollten. »Sie dürfen das Flugzeug verlassen, aber bleiben Sie bitte in der Nähe.« Da kam mir eine Idee: *Warum wieder einsteigen? Warum nicht hierbleiben und die Stadt erkunden?* Ein außerplanmäßiger Stopp konnte nicht schaden. Hongkong war berühmt für seine Meister des Tai-Chi und anderer taoistischer Praktiken. Ich könnte einige der hiesigen Zentren aufsuchen und Erkundigungen über verborgene Schulen einholen. Zugegeben, es wäre wieder so ein Schuss ins Blaue, aber das passte in letzter Zeit doch zu mir. Außerdem konnte ich hier und da Socrates' Namen fallen lassen. Ich verständigte die Fluglinie, ging durch den Zoll und verließ den Flughafen.

Zweiter Teil

MEISTER VOM TAISHAN-WALD

*Alle Menschen sollten vor ihrem Tod herausfinden,
wovor sie weglaufen, wohin und warum.*

James Thurber

*Um gut zu sterben, muss man leben lernen.
Um gut zu leben, muss man sterben lernen.*

Sprichwort aus dem Mittelalter

Vierzehn

Aufregung und Jetlag arbeiteten zusammen, um mich auf den Beinen zu halten. Hellwach schlenderte ich durch die malerischen Straßen Hongkongs, unter bunten Schildern in englischer und chinesischer Schrift, die zum Besuch von Bekleidungsgeschäften, Juwelieren, Banken, kleinen und großen Restaurants und vielem mehr einluden. In der stickigen Dämmerung leerten sich die Straßen rasch vom Publikum, die fliegenden Händler packten ein, und Ladenbesitzer reinigten mit Besen und Wasserschlauch die Gehwege. In einem der zahlreichen Kinos wurde gerade der neue Shaw-Brothers-Film *The Spiritual Boxer* gezeigt. In dieser Abendstunde kam mir die Stadt vor wie ein überdimensionales Schmuckkästchen, das binnen Kurzem alle wimmelnde Geschäftigkeit vorübergehend in sich verschloss.

Bei fortgeschrittener Dämmerung stand ich auf einem Kai, von dem aus der Victoria Harbor zu überblicken war. Eine Fähre pflügte durch das schwarze Wasser und brachte zahllose gespiegelte Lichter zum Zappeln. Erwartungsvoll hoffte ich auf ein Zeichen. *Nur ein kleines,* bat ich inständig. *Nur damit ich weiß, dass ich die richtige Entscheidung getroffen habe.*

Ein Pappbecher trieb vorbei. Dann eine Zigarettenkippe. Nicht gerade das, was man belastbare Omen nennen würde.

Erst bei Sonnenaufgang kehrte ich in meinen Schuhkarton von Hotelzimmer zurück. Eigentlich hatte ich noch in Socs Schrift lesen wollen, doch die Zeitumstellung forderte endlich ihren Tribut. Ich schlief mit der Hand auf dem Einband ein.

Als ich erwachte, war es früher Nachmittag. An einem Kiosk kaufte und schrieb ich eine neue Ansichtskarte für meine Tochter, und es gelang mir, sie umgehend zur Post zu bringen. Damit ging ich auf Nummer sicher, in der Vermutung, dass sie mit ihrer Mutter bereits auf dem Rückweg von Texas nach Ohio war und der Versuch eines Telefonats zwecklos wäre. Auch meinen Vorsatz, mich bei Ama zu melden, hatte ich nicht vergessen; ein Anruf schien mir das Mindeste zu sein, was ich ihr für ihre Hilfe schuldete. Leider machte die Zeitverschiebung einen Strich durch die Rechnung.

Einigermaßen ausgeruht und auch innerlich beruhigt, konnte ich damit beginnen, meine persönlichen Ziele in dieser Stadt zu verfolgen. Kampfkunstschulen waren hier unschwer zu finden, allenthalben wurde für Shaolin-Boxen, Kung-Fu, Tai-Chi-Chuan und Qigong geworben. Was ich da zu sehen bekam, enttäuschte mich jedoch. Die Übenden, durchweg Einheimische, vermittelten so gar nicht den Eindruck, als ob sie an mehr als dem sportlichen Aspekt interessiert wären. Ich erwischte einen der Lehrer in einer Zigarettenpause und fragte ihn nach einer »verborgenen Schule«, obwohl ich mir dabei wie ein Idiot vorkam. Er brummelte etwas von uralter Tradition und machte geheimniskrämerische Andeutungen über einen Mythos, der angeblich zu seiner Schule gehörte.

Immerhin, zum Notizenmachen für den Bericht, den ich dem Stipendienausschuss vorlegen musste, reichte es. Kein Ergebnis ist ja auch ein vorzeigbares Ergebnis, wenn man nur eifrig geforscht hat. Nun verlegte ich mich auf meine eigene Art von Recherche. Das heißt, vorzugsweise durch Seitenstraßen und enge Gassen zu schlendern, die Düfte mir unbekannter Speisen zu genießen, überhaupt alle Arten exotischer Eindrücke in mich aufzunehmen – und immer aus dem Bauch heraus zu entscheiden, ob es nach links, rechts oder geradeaus gehen sollte.

Sogenannte greifbare Ergebnisse waren auf diese Weise nicht unbedingt zu erwarten. Wohl aber hatte ich massig Zeit und Gelegenheit, mich mit einem Thema zu befassen, das mir unterwegs in den Schoß gefallen war: *Wann wollte ich anfangen zu schreiben?* Socrates hatte mir aufgetragen, in Asien nach einer verborgenen Schule zu suchen. Meiner Meinung nach war sie in Japan zu finden. *Was also mache ich hier?* Nicht wenige Stimmen im Kopf wetteiferten um Aufmerksamkeit, doch keine fühlte sich wie meine eigene an.

Wer in Hongkong nur lange genug herumläuft, steht irgendwann unweigerlich an Kowloon Bay und hatte damals die Demarkationslinie zur Volksrepublik China erreicht – zum Zeitpunkt meines Besuchs immer noch Maos China und ein verbotenes Land. Ganz bestimmt aber verfolgte ich nicht die Absicht, meinen Fuß auf irgendein Fleckchen Erde zu setzen, wo man jeden Amerikaner gerade gern einen »imperialistischen Hund« rief und womöglich erwartete, dass er dazu noch freudig bellte und mit dem Schwanz wedelte wie Walt Disneys Pluto. Eine lachhafte Vorstellung, allerdings geeignet, meine Gedanken von »Pluto« über die Eselsbrücke »Plato« wieder zu »Socrates« zu führen. Der alte Schlingel zog alle Register, um mich nicht davonkommen zu lassen.

Auch am folgenden Tag überließ ich mich konsequent allem, was da kommen wollte, und klammerte mich an die Hoffnung, damit ähnlich erfolgreich zu sein wie auf Hawaii.

Es war gerade einmal einen Monat her, kam mir aber wie eine Ewigkeit vor. Japan, schließlich immer noch mein erklärtes Ziel, erschien mir ganz weit weg, nur als Punkt irgendwo auf der Landkarte. Meine Wirklichkeit war einzig und allein das hier: eine Umgebung weit ab vom Schuss, die nicht das geringste Versprechen für mich bereitzuhalten schien.

In der Nacht folgte die nächste Begegnung mit der Krabbeltierpopulation des Planeten. Da spazierte doch eine Kakerlake seelenruhig über mein Bettlaken! Ich schnippte sie weg, sie landete rücklings auf dem Boden, drehte sich unbeeindruckt um und krabbelte weiter. *Ob sie mich überleben wird?* Aber das war natürlich keine ernsthafte Frage, sondern schon wieder Ausdruck wachsender Selbstzweifel. Nicht zu leugnen aber war, dass alle Krabbeltiere, die in letzter Zeit meinen Weg kreuzten, im Gegensatz zu mir genau zu wissen schienen, wo sie hinwollten. *Ach, wäre ich doch nur ein imperialistischer Hund, dann könnte ich vielversprechende Fährten einfach erschnüffeln.*

Es war einer dieser Momente, da man in allen schäbigen Hotels dieser Welt mit leerem Kopf die Risse in der Decke anzustarren beginnt. Der Ventilator über dem Fenster wälzte mit einem ständigen *Tick-tick-tick* ein stickiges und übel riechendes Gas um, das sich unverschämterweise Luft nennen durfte. Wäre ich aufgestanden, um durchs Fenster zu blicken, hätte ich den riesigen Müllhaufen im Hinterhof als Hauptursache des Gestanks kontemplieren können. Wie alle Metropolen dieser Welt hat auch Hongkong viele Gesichter. Klammen Rucksacktouristen und Reisestipendiaten amerikanischer Bildungsinstitutionen zeigte es ein und dasselbe Gesicht, wie ich nun wusste. Ich suchte erneut nach Vorzeichen der Ermunterung und fand ein Sinnbild der Entmutigung: Wie der Ventilator über mir wieder und wieder dieselbe abgestandene

Luft umwälzte, so unentwegt schob auch ich die ewig gleichen Dramen meines Lebens.

Abhaken und weiter, immer weiter – was sollte ich sonst tun? Um mich bis zur Abreise am Vormittag nicht einfach nur hängen zu lassen, würde ich noch vor Sonnenaufgang einen Spaziergang durch den nahegelegenen Park unternehmen. Gesagt, getan. Im Morgendunst übte dort eine Gruppe Einheimischer gerade Tai-Chi. *Ob die verborgene Schule etwa unter freiem Himmel zu finden ist?*, fragte ich mich im verzweifelten Bemühen, auch und gerade unter desolaten Umständen Humor zu beweisen. Na, man konnte sich das Ganze ja mal aus der Nähe ansehen. Ich suchte und fand einen passenden Beobachtungsstandort, hockte mich hin und beobachtete die Gruppe.

Frühmorgendliches Tai-Chi in einem öffentlichen Park war in Hongkong durchaus kein ungewöhnlicher Anblick. Ich wäre wahrscheinlich bald weitergezogen, aber eine Frau in der Gruppe erregte meine Aufmerksamkeit. Für jemand mittleren Alters bewegte sie sich ungewöhnlich graziös und präzise. Nein, viel mehr noch: Diese katzenhafte Geschmeidigkeit hätte einem Menschen *jeden* Alters äußerst gut angestanden und, ja, sie erinnerte mich an Socrates.

Unsere Blicke trafen sich kurz, ohne dass sie in ihrer völlig anstrengungslos anmutenden Bewegung innehielt. Ich beherrschte damals selbst nur Grundformen des Tai-Chi, verstand aber genug davon, um echte Klasse zu erkennen. Und diese Frau war meisterhaft! Sie beherrschte den traditionellen Yang-Stil so vollkommen, dass sie in der Lage war, ihn auf ihre eigene Weise zu interpretieren und darüber hinaus sogar zu verfeinern. Ich war fasziniert. Verbargen sich hier die wahren Meister, wo man es am wenigsten vermuten würde, nämlich unter den Augen der Öffentlichkeit?

Als die aufgehende Sonne den letzten Stern vom Himmel holte, setzte die Frau erneut zur Yang-Form an, führte sie diesmal jedoch spiegelverkehrt durch und wendete sich mir dabei zu. Wollte sie, dass ich ihr folgte? Kurz entschlossen trat ich näher und tat es. Schon bald war ich tief im entspannenden Yin-Yang-Fluss versunken, verlagerte das Gewicht von einem Bein auf das andere, drehte mich aus der Hüfte heraus und löste jede Anspannung, sobald sie auftauchte. Vergangenheit und Zukunft traten hinter den Augenblick zurück …

Gerade beendete ich ein Bild namens »Einfache Peitsche«, als ich eine federleichte Berührung zwischen den Schulterblättern spürte und nach vorn und ins Gras geschleudert wurde. Ich rollte mich ab, sprang auf und sah mich um. Zunächst nach dem Rucksack, der glücklicherweise noch da war, dann nach dem Angreifer, der mich zu Boden geschickt hatte. Ich hob den Rucksack auf, drängte mich in die Gruppe und fragte jeden in meiner Nähe, wer mich geschubst hatte. Die meisten waren so in ihrer Bewegungsmeditation versunken, dass sie mich gar nicht zur Kenntnis nahmen. Da vernahm ich ein Kichern.

Ich drehte mich um und sah mich der Frau gegenüber, die ich beobachtet hatte. Sie war noch einen Kopf kleiner als ich, hatte kurzes, dunkles Haar mit weißen Strähnen, trug einen Trainingsanzug und stemmte eine Hand in die Hüfte wie ein amerikanischer Teenager. »*Ich* habe dich geschubst, wer sonst?«, klärte sie mich auf. Sie sprach mit britischem Akzent. »Und was willst du jetzt machen?«

»Was …? Wie …? Du hast mich geschubst? Warum?«

»Du hörst dich an wie ein Journalist«, wich sie aus. »Aber du hast das *Wo* und das *Wann* vergessen. Und was das *Warum* angeht: damit wir eine Gesprächsgrundlage haben.«

»Wie kommst du darauf, dass ich mit dir reden will?«

»Willst du das etwa nicht?«

»Vielleicht«, log ich, um nicht als Bittsteller zu erscheinen. *Selbstverständlich!* aber dachte ich. *Bevor du es dir noch anders überlegst.* Zuvor aber galt es noch etwas zu klären. »Wie hast du das gemacht? Ich habe kaum etwas gespürt.«

»Da fällt mir doch ein amerikanischer Witz ein«, foppte sie statt einer Antwort zurück. »Ein junger Musiker besucht Manhattan und fragt einen Einheimischen, wie er zur Carnegie Hall kommt …«

»Üben, üben, üben.«

»Ach, den kanntest du schon«, tat sie enttäuscht. »Dann kannst du dir deine Frage auch selbst beantworten. Ich habe das viele Jahre lang geübt, genauso wie du das Turnen geübt hast.«

»Woher weißt du das?«

»Ein geschultes Auge erkennt so etwas. Du kannst dich besser abrollen als gerade hinstellen. Und du bist eher mit den Wolken verbunden als in der Erde verwurzelt.«

»Also gut. Fangen wir von vorne an.« Ich stellte mich vor und erklärte ihr den offiziellen Grund meines Asienbesuchs.

Sie zuckte unbeeindruckt mit den Schultern. »Ich bin Hua Chi. Und da du hier bist, um etwas zu lernen« – sie deutete auf eine junge Frau, die das Tai-Chi ebenfalls überragend beherrschte – »sieh doch meiner Schülerin Chiang Wei eine Weile zu.«

»Deiner Schülerin?«

»Genau. Wie dein berühmter Landsmann, der Baseballspieler Yogi Berra, sagt: ›Man kann eine Menge beobachten, wenn man einfach nur zusieht.‹«

So ließ ich mich wieder neben meinem Rucksack nieder und beobachtete, wie Chiang Wei als Nächstes ein Paradoxon in Bewegung demonstrierte: Weich und doch kraftvoll, geerdet und doch schwerelos vollführte sie springend und wirbelnd eine Reihe kreisförmiger Abwehrbewegungen und Tritte. Ich lauschte konzentriert, doch ihre Füße berührten ohne einen Laut den Boden.

Sobald sie und die übrige Gruppe die Form beendet hatten, verbeugten sich alle auf traditionelle Weise vor Hua Chi, bedeckten eine Faust mit der Fläche der anderen Hand und eilten davon. Am liebsten wäre ich Chiang Wei und ihren Freundinnen nachgelaufen, doch stattdessen blieb ich in angemessener Entfernung zu Hua Chi stehen.

»Komm doch mit zu mir«, sagte sie unerwartet. »Dann können wir uns bei einem Tee unterhalten. Ich will wissen, was die Amerikaner heutzutage so im Fernsehen gucken.«

Sie steckt voller Überraschungen, staunte ich. Noch ahnte ich nicht, wie sehr.

Und plötzlich hatte ich ein Ziel und eine Kontaktperson. Ich konnte ja immer noch einen späteren Flug nehmen.

Sie ging wie selbstverständlich davon aus, dass ich sofort Zeit hatte, und forderte mich auf, ihr zu folgen – und das in der Geschwindigkeit, die Einheimische hier vorlegen, und nicht als schlendernder Tourist, der sich immer den Weg des geringsten Widerstands sucht. Diese unüberschaubaren Massen von Menschen, kreuz und quer durcheinanderlaufend, auf abenteuerlich beladenen Fahrrädern sich den Weg durchs Gewimmel bahnend und auf alle erdenkliche Weise der übergroßen Wahrscheinlichkeit trotzend, sich gegenseitig über den Haufen zu rennen oder zu fahren – ich kam mir wie an einem Filmset vor, wo der Regisseur endlich einmal »Aus!« rufen sollte, bevor alles im Chaos versinkt. So hatte ich alle Mühe, Hua Chis winziger Gestalt durch das unbeschreibliche Getümmel zu folgen. Tai-Chi-erprobte

Bewegungskunst kann da nur von Vorteil sein! Wir schlängelten wir uns durch die Menge, umrundeten hier einen Müllhaufen, dort einen Nudelstand, glitten durch einen breiten Strom von Menschen, die ein Regierungsgebäude betraten und verließen.

In einiger Entfernung vom Park waren Arbeiter in einer schmalen Straße gerade dabei, eine Mauer aus festgestampftem Löß zu errichten. Das regionaltypische Sediment bedeckte die Haare der Männer und klebte auf ihren Rücken. Ich kam Hua Chi kaum hinterher. Rasselnd öffneten sich überall die Gitter der Läden. Das Schmuckkästchen öffnete sich erneut.

Endlich gelang es mir, zu ihr aufzuschließen. »Verzeihung, Hua Chi«, wagte ich sie anzusprechen: »Aber ist es nicht etwas ungewöhnlich, einen völlig Fremden zum Tee einzuladen?«

»Kann schon sein. Aber du bist der erste Fremde, den ich so früh im Park beim Tai-Chi gesehen habe.«

Wir umrundeten eine letzte Ecke und blieben stehen. Sie deutete zur andern Straßenseite hinüber, wo eine Mauer durch ein Dickicht aus Blattwerk mit weißen und lila Blüten überwuchert wurde. »Zu Hause.« Erst als wir direkt davor standen, erkannte ich den Eingang: ein so niedriger, verwinkelter Bogengang, dass ich mich bücken musste. Mit eingezogenem Kopf folgte ich ihr durch einen Tunnel aus hellroten, duftenden Chrysanthemen. Dann standen wir vor einem kleinen Haus. Beim Eintreten zogen wir die Schuhe aus. Ich nahm vor einem niedrigen Tisch auf den Boden Platz, während sie einen Teekessel auf den Ofen stellte. Still dasitzend, konnte ich ein dekorativ organisiertes Chaos auf mich einwirken lassen: Erinnerungsstücke aus aller Herren Länder lagen da herum – Zeitungen in verschiedenen Sprachen, kunterbunter

Krimskrams, darunter ein kleiner Yogi Berra aus Plastik, Audiokassetten, zusammengerollte Filmplakate, stapelweise T-Shirts, die mit bizarren Sprüchen auf Englisch und Französisch bedruckt waren. Dann gab der Kessel ein Pfeifen von sich, und sie schüttete das dampfende Wasser über grüne Kräuter, die sie einer kleinen Discokugel entnommen hatte. Deren zwei Hälften quietschten, als sie anschließend wieder zusammengeschraubt wurden.

»Ich arbeite in der Reisebranche«, erklärte sie, meinen staunenden Blicken folgend. »Da sammelt sich alles Mögliche an.«

Eine Weile lang genossen wir schweigend den aromatischen Tee. »Was sind deine TV-Lieblingssendungen?«, fragte Hua Chi schließlich.

»Meine …? Also, ich schaue eigentlich nicht viel fern. Nur eine Serie verpasse ich nie. Sie heißt *Kung Fu* …«

Ihre Augen glänzten wie die einer Dreijährigen. »Wirklich? Das ist auch meine Lieblingssendung! Weißt du, ich bin ein bisschen in Kwai Chang Caine verschossen.«

»Aber der ist doch noch nicht mal Chinese!«, protestierte ich etwas dümmlich. »Eigentlich hätte Bruce Lee die Rolle spielen sollen …«

»Lee war ein großartiger Kampfkünstler. Ich habe ihn sehr bewundert und trauere um ihn«, bekannte sie und schwieg für einen Augenblick. »Aber David Carradine ist schon *der Typ* schlechthin.« Sie machte eine kleine Pause. »Oder nicht?«

»Ja. Ein friedvoller Krieger, wenn er nicht gerade anderen Leuten den Hintern versohlt. Also, ich meine …«

»Kein Problem – du hast's getroffen.«

»Unglaublich! Jetzt sitze ich bei einer Tai-Chi-Meisterin in Hongkong, und wir unterhalten uns über Filmstars!«, platzte es aus mir heraus.

Hua Chi war mit einem Mal wie ausgewechselt, ruhig und ernst. »Ich treffe nur sehr selten jemanden, der unter Umständen bereit ist zu lernen und im Gegenzug etwas anzubieten hat.«

»Ich? Wie kommst du darauf, dass ich etwas anzubieten hätte?«

»Das sehe ich in deinen Augen und deiner aufrechten Körperhaltung«, sagte sie. »Ein Meister hat dich unterrichtet.«

»Ich hatte – ich habe – tatsächlich einen Lehrer. Aber eigentlich bin ich im Turnen ausgebildet, nicht in Kampfkunst.«

»Auch das blieb mir nicht verborgen«, grinste sie vielsagend. »Dein Pfad, dein Tao, ist das des Akrobaten. Und so soll es auch sein. Trachtet etwa die Flamme danach, zu Schnee zu werden? Grinst die Rose wie ein Waschbär?« Sie hob die Hand und deutete zum Himmel. »Die Weisen gehen ihren eigenen Weg auf ihre eigene Weise.«

»Wer hat das gesagt? Konfuzius?«

Sie lächelte. »Nein. Meister Po aus *Kung Fu*.«

»Natürlich!« – Ich griff mir an die Stirn. Hua Chi stand auf, schob einigen Krimskrams zur Seite, griff nach einem Plakat und rollte es auseinander. Es war eine Nahaufnahme von David Carradines Gesicht. Sie strich über die Wange des Schauspielers.

Auch Papa Joe hatte vor ein paar Wochen Meister Po imitiert. Zufall? Hua Chi legte das Poster weg, setzte sich wieder und blickte ernst drein.

»Mein Lehrer, den ich nach dem griechischen Philosophen Socrates benannt habe, sagte mir einmal, dass ich nur das Turnen übe, er dagegen alles.«

Hua Chi nickte zustimmend. »In der Tat! Jeder Pfad kann zu einem Lebensweg werden. Das kleine Tao vereint sich mit dem großen Tao, so wie sich viele kleine Flüsse zu einem Strom vereinen.«

»Ist das auch aus *Kung Fu*?«

»Nein, das ist von Hua Chi.«

»Da ist noch etwas«, versuchte ich ihre vertiefte Aufmerksamkeit zu gewinnen. »Ich bin hier, sagen wir, aus persönlichen Gründen. Socrates hat mich beauftragt, sein Tagebuch zu finden, dem er seine Gedanken und Einsichten anvertraute. Und ich habe es gefunden. Ich führe es jetzt bei mir.«

Was ich da sagte, schien Hua Chi aber nicht der Entgegnung wert, sie ging stattdessen ins eher Grundsätzliche: »Ist es nicht eigenartig? Als wir heute Morgen aufgestanden sind, haben wir beide nicht im Entferntesten geahnt, dass wir uns begegnen würden. Und jetzt sitzen wir hier. Wer weiß, weshalb du ausgerechnet an diesem Morgen in diesen Park gingst? Wer weiß, warum ich dir einen Schubs gegeben habe … in die richtige Richtung?«

Meine Erinnerung sprang an; ich musste an die seltsamen Umstände meiner ersten Begegnung mit Socrates denken. Ohne äußeren Grund, einfach einem inneren Impuls folgend, hatte ich mitten in der Nacht sein Büro in dieser alten Tankstelle betreten. Und das hatte nicht nur mein Leben verändert, sondern mich lebenslang in die Pflicht genommen, fest auf meine innere Stimme zu vertrauen – selbst wenn meine Eingebungen mich des Öfteren auf gewundene Pfade führten. War meine Begegnung mit Hua Chi ein ebensolcher Augenblick? Ich war so tief in Gedanken, dass ich Mühe hatte, meine Aufmerksamkeit auf ihre nächsten Worte zu lenken.

»… sich dem widmen wollen. Vielleicht kann ich irgendein Training arrangieren, das deinen Interessen entspricht.«

Ich war erstaunt – und erfreut. *Ein bisschen üben bei Hua Chi, bevor ich weiterfliege? Warum nicht?*

»Das ist sehr großzügig«, bedankte ich mich. »Werden wir hier trainieren oder im Park?«

Sie lachte. »Nicht hier und du nicht mit mir, Dan. Es gibt eine Meisterschule, die deinen Voraussetzungen eher entspricht. Dazu musst du zum Bauernhof meines Bruders Ch'an reisen. Die jungen Menschen, die dort arbeiten – beinahe ausschließlich Waisen – üben außerdem Tai-Chi. Unter dem wachsamen Auge von … nun, das wirst du schon früh genug herausfinden. Selbstverständlich kann ich nicht dafür garantieren, aber wenn du dich wie die anderen Schüler zur Feldarbeit bereit erklärst, wirst du im Gegenzug eventuell ebenfalls unterrichtet werden. Damit der Friede dort nicht gestört wird – und nicht zuletzt aus politischen Gründen – liegt der Bauernhof tief in einem Wald verborgen.«

Eine verborgene Schule? – Ich merkte auf. Hatte ich da richtig gehört? »Mein Lehrer hat mich auf die Suche nach genau so einer Schule geschickt …«

Hua Chi schenkte mir Tee nach. »Du suchst nach *einer* Schule und findest mich. Was für eine interessante Fügung des Schicksals«, unkte sie und fügte scherzend hinzu: »Wenn man an solche Dinge glaubt.«

»Fügung oder nicht …« – Ich nahm die Tasse vorsichtig entgegen. – »Treffen würde ich diesen Meister Ch'an schon sehr gern.«

Hua Chi stand auf – nein, sie floss nach oben – und ging zu einem anderen niedrigen Tisch, schob eine Schlaghose im Wege zur Seite und öffnete eine Schublade. »Da kann man aber nicht einfach so hereinschneien. Bis zum Taishan-Wald ist es eine weite Reise. Er liegt im Nordosten Chinas …«

»China?« – Ich traute meinen Ohren nicht. »In Maos China? Aber ich kann … ich darf …«

»Ich muss dir Empfehlungsbriefe schreiben und deine Reise organisieren«, sagte sie, als sei es das Selbstverständlichste der Welt. Zeit zu verlieren schien nicht ihre Sache zu sein. Schon nahm sie ein kleines Tintenfass, einen Kalligrafiepinsel und mehrere Reispapierbögen aus der Schublade.

»Und wie komme ich an den Grenzposten vorbei?«

»Auf deiner Route gibt es keine Grenzposten. Komm in zwei Tagen wieder, just nach Sonnenaufgang. Bis dahin habe ich alles Nötige vorbereitet. Du musst mit leichtem Gepäck reisen …«

Ich deutete auf meinen Rucksack.

»Gut.« Zufrieden setzte sie sich und schrieb. Die chinesischen Schriftzeichen flossen nur so aus dem Pinsel. Als würde ihre Hand auf dem Papier Schlittschuh laufen.

»Ich weiß das wirklich zu schätzen …«

»Du wirst dir den Aufenthalt verdienen müssen«, murmelte sie und stieß ohne aufzusehen einen Micky-Maus-Ballon zur Seite, der um ihren Kopf tanzte. »Bis übermorgen. Selbe Zeit.«

Fünfzehn

Ich verbeugte mich zum Abschied. Hua Chi schrieb so konzentriert, dass sie es wohl kaum mitbekam. »Gut möglich, dass ein weiterer Mann nach dem Buch sucht, das ich vorhin erwähnte«, schob ich beiläufig noch eine ergänzende Information nach. »Ein gefährlicher Mann. Es ist zwar unwahrscheinlich, dass er mir gefolgt ist, und wenn doch, ist es so gut wie ausgeschlossen, dass er mich hier findet. Aber ich wollte das nicht unerwähnt lassen. Rein vorsichtshalber.«

»Was für ein Drama«, kommentierte sie knapp. Hatte sie mir überhaupt zugehört? »Was würde Kwai Chang Caine wohl tun?«

Noch eine Verbeugung, und ich passierte erneut einen Verbindungstunnel zwischen zwei Welten, in Form eines üppigen Blumenspaliers. Ich mochte diese Hua Chi, ihre Fähigkeiten waren überzeugend und ihre charmante Schrulligkeit sympathisch. *Doch worauf lasse ich mich da ein?*, fragte ich mich auf dem Rückweg. Konnte ich mich ihr anvertrauen? Mich auf Schleichwegen in die Volksrepublik China einschleusen lassen? Fanatische Rotgardisten und die Volksbefreiungsarmee warteten doch nur darauf, jemand wie mich in die Mangel zu nehmen.

Die Antwort lautete: Ja. Eine Tür öffnete sich, und ich musste sie durchschreiten, um zu sehen, welche Welt sich dahinter auftat. Ein letztes Mal rief ich meine Tochter sowohl unter der Nummer in Texas als auch zu Hause in Ohio an. Wieder vergeblich. Auch Ama erreichte ich nicht.

Zwei Tage später – in der Zwischenzeit hatte ich Socs Notizen auf meinem Zimmer und im Park gelesen und seine Worte auf mich wirken lassen – saß ich wieder an dem niedrigen Holztisch und trank Tee. Hua Chi reichte mir mehrere Papiere. »Bewahre die nur gut auf«, mahnte sie. »Diese Bürokraten können einem ordentlich Scherereien machen, aber ein paar Freunde und Verwandte in den richtigen Positionen Berge versetzen.«

»Wozu brauche ich die Briefe, wenn du doch mitkomm…«

»Ich habe noch Verpflichtungen hier. Ich werde am Ende dieses Monats oder im nächsten zu euch stoßen. Sobald ich kann.«

»Aber ich hatte gehofft …«

»Erhoffe nie etwas! Nicht in China«, belehrte sie mich ernst. »Besonders nicht im gegenwärtigen Klima.« Sie meinte nicht das Wetter, so viel war klar. Politik war für sie nur eine vorübergehende Erscheinung, die Popkultur dagegen für die Ewigkeit da.

Ich faltete das Reispapier auseinander. Da war ein in chinesischen Schriftzeichen verfasster Brief, versehen mit einer Anweisung für mich, die sie mir nun noch laut vorlas: »Den Schiffskapitänen vorlegen. Nur *vorzeigen*, niemals aus der Hand geben.«

Wie um ihren Worten unmissverständlichen Nachdruck zu verleihen, entwand sie mir die Papiere und drückte sie gegen meine Brust …

Danach ging alles sehr schnell. In ihrem Schlepptau durch die verstopften Gassen zum Hafen hastend, musste ich mich diesmal doppelt anstrengen, um auch noch meine letzten Instruktionen mitzubekommen: »Selbst nach dem Besuch Eures Präsidenten Nixon wird jeder Fremde mit Argwohn betrachtet und womöglich sogar als Spion verhaftet. Errege keine Aufmerksamkeit! Bleib ruhig. Sei freundlich. Mach keinen Wirbel. Bleib so oft wie möglich für dich. Du bist jung und stark, aber das Schicksal ist wankelmütig.«

»Und was soll ich Meister Ch'an sagen, wenn ich ihn treffe?«, machte ich einen letzten Versuch, wenigstens in dieser Hinsicht Licht ins Dunkel zu bringen. »Woher weiß ich, dass er mich überhaupt als Schüler aufnimmt?«

»Er beherrscht nur Mandarin, daher wirst du nicht direkt mit ihm sprechen. Jemand wird für dich übersetzen – eine Frau. Doch wird man dich dort auch willkommen heißen. Falls du die Schule erreichst.«

Falls ich die Schule erreiche! – Hatte ich da richtig gehört? Doch für weitere Fragen oder Bedenken war keine Zeit mehr: Der Kapitän eines Fischkutters nickte Hua Chi höflich zu und bedeutete mir, an Bord zu kommen. Ich spürte das Brummen des Schiffsmotors unter meinen Füßen – eine heikle Mischung aus Bedrohung und Verheißung.

Plötzlich überkam mich das Gefühl, dass ich vor meiner Abreise auf alle Fälle doch noch Ama erreichen musste. Oder ihr wenigstens eine Nachricht zukommen lassen sollte. Schnell schnappte ich mir meinen Stift, riss eine Seite aus meinem Notizbuch und schrieb Amas Namen und Telefonnummer auf. Ich lehnte mich so weit es ging über die Reling und konnte es so eben noch Hua Chi reichen.

»Ruf bitte diese Frau an«, schrie ich durch den ohrenbetäubenden Lärm der Diesel hinweg, während der Kutter ablegte. »Sie muss unbedingt erfahren, dass ich das Buch gefunden habe!«

Hua Chi winkte lächelnd und wirkte, als würden wir nur kurz Tschüs sagen. »Gute Reise, Dan«, wünschte sie mir noch. »Und nicht vergessen …«

Die Motoren gaben volle Kraft, und der Rest wurde vom Lärm verschluckt. »Was soll ich nicht vergessen?«, brüllte ich noch, doch es verhallte ungehört.

Ich erschrak, als mir plötzlich bewusst wurde, dass wir nie über meine Rückreise gesprochen hatten. Nur dass sie zu mir stoßen würde, sobald möglich.

Wie niedergestreckt von Gefühlen der Vorfreude und der Furcht, stand ich an Deck und sah zu, wie die Küste im Nebel verschwand. *Was habe ich getan?*, musste ich mich wieder einmal fragen. Um der Antwort wenigstens etwas näher zu kommen, studierte ich die Landkarte, die mir mitgegeben worden war. Meine Reise würde erst übers Meer und danach einen Fluss hinaufführen. Von dort ging es über russisches Territorium hinweg und dann tiefer nach Nordostchina hinein. Irgendwo in den Wäldern dort würde ich diese Schule finden – oder auch nicht.

Jemand tippte mir auf die Schulter. Der Kapitän hielt mir die Hand entgegen. Erst dachte ich, dass er Geld wollte, dann begriff ich: Ich sollte ihm den Brief zeigen. Er nahm ihn mir aus der Hand, las ihn, nickte und schenkte mir ein schmallippiges Lächeln. Dann wiegte er nachdenklich den Kopf und sprach etwas, das ich natürlich nicht verstand. Ohne mir den Brief zurückzugeben, bedeutete er mir, ihm zu folgen. Ich wurde zu einer engen Kabine mit einer Pritsche und einem winzigen Waschbecken geführt. Aha, mein Schlafgemach. Dann deutete er auf einen Raum neben der Kombüse. Wohl der Speiseraum der Mannschaft, in dem auch ich meine Mahlzeiten einnehmen würde. Schließlich zeigte er mir eine weitere Tür am Ende eines Ganges – der

Gestank ließ keinen Zweifel über den Verwendungszweck des Verschlags dahinter aufkommen. Schließlich scheuchte er mich weg und zog mit dem Brief von dannen!

Als ich ihn auf Deck einholte, hatte er ihn bereits weggesteckt. Ich redete auf ihn ein und versuchte ihm wild gestikulierend zu verstehen zu geben, dass ich den Brief wiederhaben wollte, während er der Crew Befehle gab. Endlich griff er nebenbei in seine Jacke und gab mir den völlig verknitterten Brief zurück, den ich so dringend brauchte, um ihn seinem nächsten Kollegen vorzuzeigen.

Laut Hua Chi war das Ziel meiner Reise der Taishan-Wald, in Nordostchina, der historischen Mandschurei. Die nächstgrößere Stadt war Heihe, ansonsten galt das Gebiet als dünn besiedelt. Ich zeigte einem der Matrosen die Karte. Er zog mit dem Finger die Route des Schiffes nach – durch das Ostchinesische Meer zwischen dem chinesischen Festland und Taiwan im Osten bis ins Japanische Meer.

Tage später erreichten wir das Japanische Meer und fuhren an der koreanischen Küste entlang. Der Kutter ging mehrere Male vor Anker, um die Netze auszuwerfen. Der Fang wurde sofort in den mit Eis gefüllten Frachtraum eingelagert. Jedes Mal, wenn wir an einem Hafen anlegten, verzog ich mich in meine Kajüte und wartete, bis die Crew Entwarnung gab, sofern sie es nicht vergaß. Wieder auf See, konnte ich mich erneut unbehelligt auf Deck aufhalten.

Das Ende dieser Etappe wurde dadurch markiert, dass ich mir nichts, dir nichts an einer schmalen südkoreanischen Bucht ausgesetzt wurde. Kaum zehn Minuten später tauchte ein grauhaariger Mann auf. Er brachte mich in ein Küstendorf mit einer Mole, wo laut Hua Chi ein Schiff angelegt haben sollte, dessen Kapitän Kim Yun hieß. Das stimmte auch, wie ich zu meiner großen Erleichterung feststellen durfte. Dieser Skipper wirkte nur etwas überrascht, als ich ihm den Brief zu lesen gab. Er warf einen sehr langen Blick darauf und prüfte mich mit gerunzelter Stirn von oben bis unten. Dann riss er das Papier wortlos in Stücke und stapfte unbeeindruckt auf seinen Kahn. Ich fiel auf die Knie, suchte hektisch die Fetzen zusammen und folgte ihm an Deck. »Warum?«, stammelte ich. »Was ist los? Hua Chi …«

Sobald ihr Name fiel, drehte sich der Kapitän wieder um. Es war ganz klar das erste Wort aus meinem Mund, das er verstand. Der grauhaarige Mann erschien an meiner Seite. »Zeig her«, forderte er mich in gebrochenem Englisch auf und deutete auf den zerrissenen Brief. Er las ihn, soweit es noch möglich war. Danach redete er wütend auf Kim Yun ein. Sie schienen sich tatsächlich einig zu werden.

Der Grauhaarige wandte sich wieder mir zu. »Arbeiten, dann mitfahren«, hieß es nun, und was es bedeuten sollte, wurde durch eine pantomimische Vorstellung des Fegens und Schrubbens klargemacht.

Ich wollte schon protestieren, hielt aber doch lieber den Mund. Erstens musste ich an Hua Chis inständige Bitte denken, unter keinen Umständen aufzufallen und stets höflich zu bleiben. Zweitens hatte ich seit meiner Abreise aus Oberlin – vor mehreren Monaten! – praktisch keinen Finger mehr gerührt. Ich nickte also möglichst überzeugend. Kurz darauf war mein barmherziger Samariter verschwunden, und aufs Neue ließ ich die Küste hinter mir.

Entweder stellte ich mich mit dem Besen besonders ungeschickt an, oder der Kapitän änderte seine Meinung, jedenfalls bat mich in den drei Tagen auf diesem Schiff nach einem ersten Versuch niemand mehr darum, irgendeine Arbeit zu verrichten und schon gar nicht, das Deck zu schrubben.

Diesmal schlief ich im Mannschaftsraum. Die Crew ignorierte mich, als wäre ich ein Geist.

Ein Gutes hatte die ganze Sache: Wie ich so allein im Mannschaftsraum saß, während das Schiff durch die Wellen und ich in meinen Gedanken trieb, hatte ich die Muße, mir das Tagebuch gründlich vorzunehmen. Nur gelegentlich fand sich ein vollständiger Satz, von längeren Absätzen ganz zu schweigen. Das meiste bestand aus hingekritzelten Einzelsätzen oder skizzenhaften Andeutungen, deren Bedeutung ich erst herausfinden musste, bevor ich einen Nutzen daraus ziehen konnte. Und doch: Da war ein roter Faden, auch wenn ich ihn mehr erahnte als mit dem Verstand zu erfassen vermochte. Und sein Anfang reichte bis zu meiner ersten Begegnung mit Socrates zurück – in jene Zeit, als ich es noch vorzog, gewagte Figuren am Reck auszuprobieren, statt Vorlesungen zu besuchen und Seminararbeiten zu schreiben.

Hier jedenfalls konnte ich nichts zu Papier bringen. Die See war rau, und sobald ich den Stift zur Hand nahm, wurde ich seekrank. Doch dafür würde ich in der Schule ja genug Zeit haben. Das Warten im Bauch des Schiffs zwang mich dazu, das Gelesene gründlich sacken zu lassen, bevor ich schrieb. So lag ich zusammengekauert auf meiner Pritsche und beobachtete meine Gedanken, wie sie ihre gewohnte Existenzweise »wilder, vom Skorpion gestochener Affen« Stück für Stück aufgaben und mehr und mehr zur Ruhe kamen. Und ich fühlte mehr als ich begriff, dass Soc tatsächlich das ewige Leben gefunden hatte – »ewig« allerdings in einem anderen Sinn, als landläufig vorgestellt. Und dennoch, er hatte es gefunden …

Ich musste eingeschlafen sein. Schritte dort draußen weckten mich. Noch bevor ich die Augen öffnete, fanden meine

Hände das Buch. Ein Matrose nickte mir zu, und ich verstand sofort: Alsbald würde ich an Land gehen. Ich packte meinen Rucksack, eilte an Deck und konnte gerade noch einen Blick auf den vorbeiziehenden Hafen der russischen Stadt Wladiwostok werfen.

Hier konnte ich nicht von Bord gehen. Dafür hätte ich ein Visum für die Sowjetunion gebraucht. Fünfundvierzig Minuten später verließ ich das Schiff an einem kleinen russischen Außenposten in einer kleinen Bucht. Er bestand aus nicht viel mehr als einer Hütte, in der das Nötigste zum Verkauf angeboten wurde. Dort deckte ich mich gegen ein paar amerikanische Dollar mit Proviant, einem Kompass und einer weiteren Feldflasche ein. Eine Mütze mit rotem Stern erhielt ich obendrauf. Um weniger herumzuschleppen, tauschte ich meinen Schlafsack gegen eine einfache Plane. Einen weiteren Dollar tauschte ich gegen chinesisches Geld ein, obwohl mir Hua Chi versichert hatte, dass ich es weder auf dem Weg noch in der Schule selbst brauchen würde.

Sie hatte mir geraten, dicht besiedelte Gebiete zu meiden. »Den Gürtel eng schnallen und weitergehen!« – diesem Ratschlag wollte ich Folge leisten. Sobald ich den Bauernhof oder die Schule oder was auch immer erreichte, konnte ich mich ja wieder satt essen und ausruhen. *Falls* ich sie erreichte. *Wie hatte ich ihr nur vertrauen können? War ich verrückt geworden?*

»Vertrauen darf nicht vorschnell verschenkt werden – es will mit der Zeit verdient sein«, hatte mir Socrates einst geraten. Und ich teilte mit Hua Chi gerade mal die Vorliebe für eine einzige Fernsehserie und für Tai-Chi – sonst wusste ich nichts über sie! *Vielleicht schickt sie mich direkt in den Kerker eines wahnsinnigen Kults*, dachte ich, *in eine chinesische Version von* Herz der Finsternis *oder George Orwells* Farm der Tiere.

Doch bei unseren wenigen Begegnungen war mir Hua Chi immer als aufrichtig erschienen. Obwohl mir ein Rätsel war, warum sie so viel Anteilnahme an einem Sportlehrer auf der Durchreise zeigte. Aber wer kennt schon die Beweggründe seiner Mitmenschen?

Sechzehn

Mit Karte, Kompass und Hua Chis Wegbeschreibung bewaffnet schlug ich mich durch den russischen Wald. Mein Ziel war das Ostufer des Chankasees. Zwei Tage lang durchquerte ich raues, dicht bewaldetes Terrain. Gelegentlich musste ich Schutz vor heftigen Regengüssen suchen. Dann hatte ich den See erreicht. Obwohl ich um alle Ansiedlungen einen Bogen machte, sah ich doch hin und wieder Bauern knietief in Reisfeldern stehen – Männer und Frauen arbeiteten Seite an Seite, pflügten unter dem saphirfarbenen Himmel mithilfe von Ochsengespannen und inmitten gelber Staubwolken ihre Felder. Vereinzelte Schafe grasten auf den wenigen trockenen Grasflächen.

Glücklicherweise begegnete ich weder dem Militär noch der Polizei noch den gefürchteten Roten Garden. Ich setzte meinen Weg nach Norden bis zur Mündung des Ussuri fort, der die Grenze zwischen China und Russland bildet. Dort wartete ich ungeduldig auf das versprochene Flachboot, das drei Stunden nach der verabredeten Zeit auch erschien.

Dem Kapitän war es herzlich egal, dass ich keinen Brief vorweisen konnte – er interessierte sich nur für das chinesische Geld, das ich bei mir hatte. Wir fuhren einen Tag flussaufwärts, bis der Ussuri in den breiten Strom mündete, den die Russen Amur und die Chinesen »Schwarzer Drache« nennen, wie mir Hua Chi erzählt hatte. Wir setzten unseren Weg nach Norden fort, bis es der Kapitän plötzlich sehr eilig hatte, mich abzusetzen. Ich hatte den Eindruck, er hätte mich am liebsten samt Rucksack von Bord geworfen.

Nun war ich wirklich mitten im Nirgendwo. Das Boot verschwand und nahm ein paar Sekunden später auch das beruhigende *Tuck-tuck* des Motors mit sich fort. Wenn ich mich hier verletzte oder aus irgendwelchen Gründen nicht mehr weiterkonnte, wäre mein Schicksal besiegelt. Und wenn ich hier starb, würde meine Tochter nie zu hören bekommen, was mit mir geschehen war. Socrates würde nie erfahren, dass ich seine geheime Schrift gefunden hatte. *Dann stirb einfach nicht!*, bläute ich mir ein.

Der Vorteil an alldem war, dass Pájaro mich hier niemals aufspüren würde. Um mich aufzumuntern, stellte ich mich in Kung-Fu-Position, so wie David Carradine auf Hua Chis Poster. *Ich bin ein* echter *Abenteurer*, versuchte ich mir tapfer einzureden. *Er spielt den nur in einer Fernsehserie.*

Ich konsultierte den Kompass und marschierte im Schatten gewaltiger Wälder nach Westen.

Drei Tage später, ich hatte meinen Proviant zum Großteil verzehrt und war müde und hungrig, erreichte ich Heihe. Am liebsten hätte ich die Stadt doch betreten, um statt der endlosen Bäume auch mal wieder Menschen zu sehen. Doch Hua Chis Warnung hielt mich davon ab. Ich musste den Kontakt mit den Behörden um jeden Preis vermeiden. Wie hatte der bärtige Camaro-Fahrer auf dem Weg nach Los Angeles so schön gesagt: »Sie sind wohl auf der Flucht, oder wie?« Also machte ich weiter voran. *»Wenn du einen langen Weg vor dir hast, darfst du ruhig aufgeben. Hauptsache, deine Füße gehen weiter.«*

An diesem Abend war ich so erschöpft, dass mir der Boden wie ein Federbett vorkam. Ich schlief wie tot. Gegen Morgen hatte ich einen seltsamen Traum von einem sonnendurchfluteten Pavillon und einer weiß gekleideten Frau. Ihr Kleid verwandelte sich in einen Lichtstrahl, der auf meine geschlossenen Augen fiel und mich weckte. Zunächst wusste ich nicht, wo ich war. Dann fiel es mir urplötzlich ein. Hungrig stand ich auf, streckte meine steifen Knochen und verzehrte die Hälfte des verbliebenen Proviants, was meinen knurrenden Magen allerdings nicht wirklich besänftigte.

Nach mehreren Tagen ohne vernünftige Verpflegung kam mir der Marsch durch den Wald selbst fast wie ein Traum vor. Mehrmals täglich griff ich in den Rucksack, um die beruhigende Gegenwart von Socs Buch zu spüren. Es war wie ein Anker, der mich mit der Realität verband. Mein eigenes Notizbuch dagegen schob ich bis zum Boden des Rucksacks. Es war ebenfalls hungrig – hungrig nach Worten, die ich erst noch schreiben musste.

Laut Karte hätte ich bereits ankommen müssen. Aber eine gerade Linie zwischen zwei Punkten auf einem Stück Papier ist nicht dasselbe wie die tatsächliche Wegstrecke in einem Wald. Auf der Suche nach einem Aussichtspunkt betrat ich eine Lichtung. Dort stand ein Mann und pinkelte gegen einen Baum. Bevor ich reagieren konnte, sah er mich, lächelte und sprach mich auf Mandarin an. Ich konnte lediglich mit einem freundlichen Schulterzucken antworten.

Er musterte mich eingehend von der dreckigen Hose über das verschwitzte T-Shirt bis zum Rucksack und meiner Rote-Armee-Mütze. Dann deutete er auf seine Nase und sagte etwas, das so ähnlich wie »Wu Shih« klang, nickte und richtete den Finger dann auf mich.

»Dan Millman«, stellte ich mich vor, gleichfalls auf die eigene Nase deutend.

Er machte gar nicht erst den Versuch, meinen Namen auszusprechen, sondern nickte einfach nur und bedeutete mir, ihm zu folgen. Schon bald erreichten wir eine Hütte mit einer Zisterne samt einfacher Pumpe davor. Er spritzte sich etwas Wasser ins Gesicht und nickte mir auffordernd zu. Ein überaus willkommenes Angebot – schließlich hatte ich mich seit Tagen nicht gewaschen. Ich deutete mit der Feldflasche auf den Wasserstrahl. Wu Shih nahm sie mir ab und füllte sie für mich.

Dann zerrte er an seinem Hemd und deutete auf mich. Ich zog mein T-Shirt aus und spritzte das kalte, klare Wasser auf Unterarme, Rücken und Brust. Sobald ich wieder in mein T-Shirt geschlüpft war, geleitete er mich in die Hütte. Dort wartete eine Frau, wohl seine Gattin. Sie verbeugte sich, schöpfte etwas Reisbrei in eine Keramikschüssel und ergänzte das einfache Gericht mit einer Handvoll Mandeln und Esskastanien. Wieder verbeugte sie sich und hielt mir lächelnd die Schüssel hin. Wir aßen gemeinsam in angenehmem Schweigen, und irgendwann war mein Magen so prall gefüllt, dass er sich geräuschvoll meldete. Die beiden brachen in Gelächter aus, und ich musste mitlachen.

Trotzdem fühlte ich mich etwas unbehaglich. Kein Wunder, war unsere Konversation doch auf Verbeugungen, Lächeln, Gesten und lautmalerische Mitteilungen beschränkt. Nachdem ich die Schüssel geleert hatte, reichte mir die Gastgeberin noch eine Tasse Tee und ein Stück Dampfbrot. Ich wollte mich erkenntlich zeigen und bot ihnen etwas von meinem spärlichen Vorrat Studentenfutter an. Wu Shih verbeugte sich und streute sich freundlicherweise ein paar Rosinen auf seinen Reisbrei. Seine Frau dagegen machte eine höflich-abwehrende Geste.

Bevor ich mich verabschiedete, unternahm ich den Versuch, einige Reiseinformationen zu ergattern.

»*Zai* … äh, Wald … ähem, *senlin na li*?« – Dabei deutete ich auf die Bäume. Wu Shih schien verständnislos, schüttelte nur den Kopf. »Taishan-Wald?«, fragte ich nun mehrmals, übertrieben gestikulierend, bis mir einfiel, dass diesen Menschen das Wort »Wald« in meiner eigenen Sprache nie und nimmer geläufig sein würde. Also versuchte ich es mit »Taishan« allein und arbeitete schwer daran, es so chinesisch wie möglich klingen zu lassen.

Da wich die Verwirrung auf ihren Gesichtern lautem Gelächter. Wu Shih wedelte mit den Händen und drehte sich in alle Richtungen. Aber klar doch: Ich befand mich bereits mittendrin, im Taishan-Wald! Na prima, nur hätte ich ihn noch gern nach einem Bauernhof oder einer Schule gefragt. Doch wie?

Es musste dabei bleiben, das Wenige an Mandarin zum Besten zu geben, das ich beherrschte – »*Xie xie!* Vielen Dank!« – und dazu die obligatorische mehrfache Verbeugung zu absolvieren, die sie eifrig erwiderten. Dann betrat ich abermals den Wald, tief berührt von der Gastfreundlichkeit, die hier einem Fremden aus einem fernen Land zuteilwurde.

Eine Stunde weiteren schweißtreibenden Marschierens, und ich stand vor einem schier undurchdringlichen Dickicht, einer Art überdimensionaler Version von Hua Chis Gartenhecke. Nur dass hier nirgendwo ein Eingang zu finden war! Ich besann mich meiner speziellen Art und Weise der Entscheidungsfindung und stellte mir Hua Chis Zuhause in Hongkong vor. Nach Bauchgefühl positionierte mich an einer Stelle, die mir dem dortigen Zugang zum Blumentunnel zu entsprechen schien, schloss die Augen – und bahnte mir den Weg durchs Buschwerk.

Ein Haus wie das meiner Reiseleiterin war dort nicht zu finden, wohl aber eine völlig veränderte Waldlandschaft: Zedern und Kiefern wuchsen dicht an dicht, Schlingpflanzen wanden sich wie Schlangen um die gewaltigen Stämme. Alle paar Schritte stieß ich gegen einen Ast, als wollten die Bäume den Eindringling abwehren. Wohin in diesem Labyrinth? Und doch erschien ein kaum sichtbarer, schmaler Pfad vor meinen Füßen, verschwand wieder unter dichtem Bewuchs, erschien wieder aufs Neue. Eine Führung? Eine hartnäckige Halluzination?

Ich hatte Hua Chi nach einer Karte des Waldes gefragt. »Die gibt es nicht, weil sich der Wald ständig verändert«, lautete die mysteriöse Antwort. »Auch ein Kompass wird dir nichts nutzen. Folge einfach deinem festen Willen.«

Fester Wille also, wieder einmal. – Wie wär's zur Abwechslung mit einem Schild BAUERNHOF oder SCHULE? Auch eine in einen Baumstamm geritzte Botschaft wie DU BIST JETZT DA! wäre nicht schlecht. Etwas in der Art wenigstens vor dem geistigen Auge heraufzubeschwören, wäre ja vielleicht ein Anfang. Doch wie es schien, sollte die ganze Kraft des einsamen Wanderers darin erschöpft werden, Äste und Schlingpflanzen mit vor Baumharz klebrigen Händen beiseitezuschieben. Und sich wieder einzukriegen, wenn eine ganze Vogelschar in letzter Sekunde direkt vor seiner Nase hektisch aufflog. Kurz darauf wäre ich mit dem Kopf beinahe noch in das gigantische, sicher recht klebrige Netz einer handtellergroßen Spinne gelaufen. Nichts gegen die folgende Begegnung: Das Blut wollte mir in den Adern gefrieren, als ich eine weitere Liane beiseite räumen wollte – nur um zu erkennen, dass es sich um eine dicke Schlange handelte, die glücklicherweise schneller davonglitt, als ich zugreifen konnte.

Zu den weniger unfreundlichen Mitgliedern meines Begrüßungskomitees im Halbdunkel des Dschungels zählten ein scharlachroter Papagei und ein Schwarm zitronengelber Kakadus, die sich unter Pfeifen und Trällern über das Blätterdach erhoben und damit komplett außer Sichtweite gerieten. Nur wenige Sonnenstrahlen fanden den Weg bis zum Boden. Es war Anfang Herbst, wurde mir bewusst, und die Tage wurden kürzer.

Wieder bemerkte ich eine Bewegung im Gebüsch neben mir. Angst packte mich, ich beschleunigte meine Schritte, so sehr wie hier möglich. Ich war zunehmend verwirrt, kam mir vor wie in einem Spiegellabyrinth. Ging ich etwa im Kreis? Eine Stunde verging in diesem Zustand, dann wohl noch eine. Genau wusste ich es nicht, da die Batterie meiner Armbanduhr schon lange den Geist aufgegeben hatte.

Ich sollte umkehren, sprach es in mir. Inzwischen hatte ich aber völlig die Orientierung verloren. Mein Herz raste. *Aber in welche Richtung? Wie komme ich hier wieder raus?* Panisch brach ich durch ein Dickicht und wäre beinahe über den Rand einer steilen Klippe gefallen. Einen schwindelerregenden Moment lang glaubte ich, jenes Felsplateau in Nevada niemals verlassen zu haben.

Blinzelnd und mit rauschenden Ohren fand ich mich also am Rande einer Schlucht im chinesischen Urwald wieder. Sie war etwa dreieinhalb bis vier Meter breit. Auch nach unten hin wollte ich es genauer wissen und trat gegen einen Stein. Polternd bahnte er sich seinen Weg, und dann platschte es. Hinunter waren es mindestens zehn, vielleicht zwölf Meter, schätzungsweise. Ich lauschte angestrengt und nahm schnell laufendes Wasser wahr. Ich wäre ja gern umgekehrt, doch jetzt ging es nur noch vorwärts – über diesen Abgrund hinweg. Mit Anlauf hätte ich den Sprung vielleicht auch mit

Rucksack geschafft, doch dafür war hinter mir zu wenig Platz. Aber da war in der Nähe ein Baum, der sich weit über die Schlucht neigte. Wenn ich einen der überhängenden Äste zu fassen bekam, konnte ich mich auf die andere Seite schwingen. Schwieriger als eine Pflichtübung an den Ringen schien das nicht zu sein.

Kurz entschlossen nahm ich den Rucksack ab, packte ihn an den Riemen und schleuderte ihn auf die andere Seite. Nun blieb mir keine andere Wahl, als ihm zu folgen. Ich schloss erneut die Augen und stellte mir den Sprung zum Ast vor, genau wie ich es vor Wettkämpfen oder dem Einstudieren einer neuen Turnübung gemacht hatte. Dann ging ich in die Knie und stieß mich vom Boden ab.

Der Plan war gut, aber die Umstände machten mir einen Strich durch die Rechnung. Eine freiliegende Wurzel streifte meinen linken Fuß, ohne ihn ganz einzufangen, aber es reichte, um dem Sprung einigen Schwung zu nehmen … Die Finger meiner ausgestreckten Hände streiften den Ast lediglich. Dann fiel ich.

Als Kunstturner und begeisterter Wasserspringer hatte ich mich zum Spaß von Piers, Klippen und anderen Plattformen aus ins Wasser fallen lassen. Kurzzeitige Orientierungslosigkeit im sekundenlangen freien Fall war mir von daher vertraut – hier half es wenigstens insofern, als dass ich noch ein »*O Scheiiiiiße*« rufen, den Kopf einziehen und mit Armen und Beinen wedeln konnte. So würde ich auf dem Rücken landen und möglichst nicht allzu tief eintauchen. Zu hoffen blieb nur, der Grund würde weit genug entfernt sein, um sich nicht sowieso den Hals zu brechen.

Mit einem schmerzhaften Brennen klatschte mein Körper auf die Wasseroberfläche und bohrte sich sogleich in den schlammigen Boden. Glück gehabt! Ich zappelte, keuchte und kroch ans Ufer. Befeuert von Adrenalin und dem Schock begann ich mich unverzüglich die Klippe hinauf zu wuchten. Vorsicht war geboten. *Eine Hand vor die andere setzen und gleichzeitig mit den Füßen nach Halt suchen.* Einmal rutschte ich wieder mehrere Meter hinab, was nicht nur einen Teil aller Bemühungen wieder zunichtemachte, sondern meine fieberhaften Anstrengungen auch nochmals vergrößerte. Offenbar hatte das Reptilienhirn das Kommando übernommen. Mit blutenden Fingern, aufgeschürften Knien, zerrissenem T-Shirt und völlig von Schlamm überzogen erreichte ich den Rand der Klippe und lag atemlos da.

Sobald sich mein Herzschlag beruhigt hatte, war ich auch wieder zu klarem Denken in der Lage. Dafür verließ mich diese urwüchsige Kraft, der ich aktuell mein Überleben verdankte. Das war zu verschmerzen, ich würde mich schon wieder erholen. Da fiel mir etwas auf, das mein Herz erneut sinken ließ, und zwar ohne Übertreibung geradezu ins Bodenlose: In meiner Hast, die Klippe zu erklimmen, war ich auf der falschen Seite des Flusses hinaufgeklettert! *Zurück auf Start!*, hätte jetzt auf einem dieser imaginären Schilder gestanden.

Bald war Sonnenuntergang, und in der hier zu erwartenden tiefen Dunkelheit würde ich nicht einmal mehr erkennen können, wo sich mein möglicherweise rettender Ast befand. Erschöpft, lädiert und durchnässt, wie ich war, erschien ein zweiter Versuch in absehbarer Zeit undenkbar. Das leiseste Zögern, ein einziger lockerer Stein, ein nur leichtes Ausrutschen, und ich würde wieder im Fluss landen. Was in meinem Zustand durchaus den Tod bedeuten konnte. Ich beschloss, mir einen Schlafplatz zu suchen und es am nächsten Morgen mit frischer Kraft noch einmal zu probieren. Ohne Plane, Essen oder Wasser erwartete mich eine lange, kalte Nacht.

Innerlich war ich immer noch stark genug, um mich erfolgreich gegen die Welle des Selbstmitleids aufzulehnen, die in dieser Situation über mich hereinbrechen wollte. Ich biss die Zähne zusammen und zwängte mich wieder durch das Buschwerk, zurück zu einer Lichtung, die ich hinter mir gelassen hatte. Doch was war das? Ungläubig nahm ich eine dunkle, undeutliche Gestalt im Dickicht wahr, direkt vor mir. Hatte der Absturz etwa meine Sehfähigkeit beeinträchtigt? Ich trat einen Schritt zurück, prüfte die Lage und erstarrte, als mir klar wurde, was sich mir da entgegenstellte: ein Bär. Und zwar das größte, grimmigste Untier von Bär, das mir je untergekommen war. Jedenfalls hatte es den Anschein, denn indem er sich nun auf die Hinterbeine stellte, überragte er mich bei Weitem. Er war so nahe, dass ich seinen üblen Atem riechen konnte – noch weit unangenehmer aber war das tiefe, wilde Grollen, mit dem er sein unverhofft üppiges Nachtmahl in Empfang zu nehmen gedachte.

Ebenfalls wie ein wildes Tier, allerdings in der Art der Fluchttiere, flog ich herum und brach durchs Gebüsch, als wäre es eine Nebelbank. Der rettende Ast schien wie von selbst in meine ausgestreckten Hände zu gleiten, und durch die aufgenommene Geschwindigkeit war der Schwung so groß, dass ich aus lauter Angst vor dem unsanften Aufschlag beinahe vergaß, den Ast wieder loszulassen. Ich landete auf dem Hintern und rutschte über den harten Erdboden. Glücklicherweise war weit und breit kein Punktrichter zu sehen. Als ich zum Stillstand kam, lag mein Rucksack wundersamerweise direkt zwischen meinen Beinen. Ich richtete mich mühsam auf und spähte, immer noch beunruhigt, über den Abgrund. Das Motivationsgenie auf der anderen Seite war nirgendwo zu sehen. Nie war ich so dankbar wie jetzt, mit den brachialen Methoden einer hoffnungslos veralteten

Trainingslehre in völlig aufgearbeitetem Zustand über meine persönlichen Grenzen getrieben worden zu sein. Da erlag ich dem Drang, noch einen schönen Gruß hinüberzuschicken. Ich schüttelte die geballte Faust und stieß ein ungezügeltes Triumphgeschrei aus. Dann brach ich zusammen.

Wie ich so dalag, fiel mir eine Geschichte ein, die sich die Sufis erzählen: Ein Herrscher rief einen berühmten Weisen an seinen Hof. »Beweise mir, dass du kein weiterer Scharlatan bist«, forderte der Herrscher. »Sonst lasse ich dich auf der Stelle hinrichten.«

Der Weise fiel sofort in Trance. »O großer König, ich sehe Flüsse aus Silber und Gold, die durch den Himmel fließen und auf denen Feuer speiende Drachen schwimmen. Ich sehe große Schlangen, die durch die Erde tief unter uns kriechen.«

Der König war beeindruckt. »Wie kannst du bis hinauf in den Himmel und bis in die Tiefen der Erde sehen?«, wollte er wissen.

»Die Angst macht's möglich«, antwortete der Weise.

Genau, stimmte ich, mit mir selbst redend, völlig überzeugt zu. Ich schaffte es gerade noch, mich ein paar Meter von der Klippe zu entfernen. Dann rollte ich mich, nun doch einigermaßen beruhigt, um den Rucksack herum zusammen, nahm ihn beinahe zärtlich in den Arm und fiel in einen tiefen Schlaf, nur um darin von grässlichen Kreaturen verfolgt zu werden.

Gleichwohl, am nächsten Morgen absolvierte ich frierend und hungrig, aber wohlgemut den Abstieg an einem steilen Abhang. Es folgte ein lang gestreckter, sanfterer Aufstieg, den ich bis zum Mittag hinter mich gebracht hatte. Dann entdeckte ich einen teilweise überwachsenen Trampelpfad. *Ein weiterer Pfad ins Nichts*, folgerte ich mit vor Hunger und Müdigkeit benebeltem Gehirn. Auf wackligen Beinen setzte ich einen Fuß vor den anderen. Mein Körper protestierte, und auch der Geist war schwach.

Einige Stunden später, als die Sonne sich bereits den Berggipfeln näherte, ging es urplötzlich nicht mehr weiter im Wald.

Siebzehn

Übergangslos stolperte ich in eine gänzlich andere Welt. Vor mir erstreckte sich ein wohlbestelltes Maisfeld, mit kräftigen Stängeln, die silbriggrün in der Sonne schimmerten. Als ob das nicht schon Überraschung genug wäre, erblickte ich etwa dreißig Meter zu meiner Rechten noch einen Stall mit rotem Dach. O Wunder, da fühlte man sich ja fast wie nach Ohio zurückversetzt! Ebenfalls in der Nähe erhob sich ein massives, zweistöckiges Haus. Dahinter sah ich einen weiß gestrichenen Pavillon und mehrere kleinere Gebäude. So stellte ich mir chinesische Architektur in Reinform vor: leicht und anmutig gebaut, mit geschwungenen Konturen, die den Blick des Betrachters wie von selbst zum orangefarbenen Himmel hinauf lenkten. Aus dem Schatten eines weit auskragenden Dachs löste sich ein Mann. Ich war zu weit weg, um ihn deutlich sehen zu können, aber er beobachtete mich. Das spürte ich genau.

Zwei Hunde rannte bellend auf mich zu und umkreisten mich schwanzwedelnd. Ein großes Schwein kam hinterhergetrottet. Das Trio rückte näher. Ein Hund ließ sich hinter dem Ohr kraulen. Der andere legte die Schnauze in meine Handfläche. Selbst das Schwein beschnupperte mich und grunzte. Dann machte mein Empfangskomitee geschlossen kehrt.

Ich ließ den Blick von einem niedrigeren Bauwerk über das Haupthaus bis zu einem schnell fließenden Bach schweifen, der hinter den beiden Gebäuden verlief. Eine Frau kam auf mich zu. Die letzten Strahlen der Abendsonne färbten ihr weißes Kleid golden und rosa. Vergeblich jeder Versuch, die verknitterten und verlotterten Klamotten wenigstens etwas zu glätten. Ich fuhr mir mit der schmutzigen Hand fahrig durchs Haar. Sie blieb mehrere Meter vor mir stehen. Quer über ihre eine Wange verlief eine große Narbe, möglicherweise von einer schweren Brandverletzung herrührend. Kohlschwarzes, zu einem dicken Zopf zusammengebundenes Haar rahmte ein ovales Gesicht mit wunderschönen Augen. Sie verbeugte sich langsam, als wäre ich ein hoher Würdenträger auf der Durchreise. »Ich bin Mei Bao«, radebrechte sie in britischem Englisch. Ihre Stimme war tiefer als die Hua Chis. »Wie kann ich behilflich sein?«

Ich erwiderte die Verbeugung mit einiger Verspätung, suchte dann im Rucksack nach dem Brief, den ich Meister Ch'an überreichen sollte, konnte ihn aber nicht finden. Sie schien nun ebenfalls etwas ratlos. Nach einer unbehaglichen Pause plapperte ich in einem Zug einen Satz daher, der einem siebenjährigen mexikanischen Mädchen namens Bonita zur Ehre gereicht hätte: »Ich, äh, mein Name ist Dan Millman, wissen Sie, und geschickt hat mich, nun ja, nicht unbedingt geschickt, also ich bin freiwillig hier, aber Hua Chi hat gemeint, ich soll …«

»Hua Chi«, wiederholte sie, ohne erkennbare Verwunderung, und blickte an mir vorbei in Richtung Wald, als müsste die Genannte jeden Augenblick dort heraustreten, so wie ich selbst wenige Minuten zuvor. »Sicher sind Sie nicht alleine hierher gereist.«

Ich nickte konfus und kramte weiter im Rucksack. »Hier muss irgendwo ein Brief sein …«

Sie half mir aus der Verlegenheit: »Wo bleiben meine Manieren?«, tadelte sie sich selbst. »Sie müssen doch sehr müde von der Reise sein. Ich zeige Ihnen Ihr Nachtquartier. Morgen können wir uns beim Tee in aller Ruhe unterhalten. Bis dahin hat sich der Brief sicher wieder angefunden.« Mei Bao sprach so sanft mit mir, als wäre ich ein kleines Kind, das soeben aus einem Albtraum erwacht ist. Ich konnte das aber nicht einmal so unangemessen finden.

Sie führte mich in einen kleinen Raum gleich links hinter dem Eingang zum Stall. Dort roch es nicht nach Pferdemist, sondern nach frischem, sauberem Stroh und Heu. Neben einer etwas erhöhten Pritsche standen ein behelfsmäßig zusammengezimmerter Schreibtisch und eine Kiste.

»Bitte entschuldigen Sie das einfache Quartier. Die Schüler haben ihren eigenen Schlafraum, aber es ist wohl besser, wenn Sie hierbleiben.«

»Natürlich«, stimmte ich zu. »Im Vergleich zu meinen letzten Nachtlagern ist das hier geradezu luxuriös.«

Sobald sie sich verabschiedet hatte, packte ich aus, legte meine dreckige Wäsche zusammen und verstaute die übrigen Sachen in der Kiste. Nur den Samurai und die Kachina-Puppe platzierte ich auf dem Schreibtisch, Socs Buch und meine eigenen Notizen daneben.

Endlich fand ich auch den Brief, den Hua Chi an Meister Ch'an geschrieben hatte – er war, wie es offenbar alle wichtigen Dinge zu tun pflegten, ins Innenfutter des Rucksacks gerutscht. Ich schob ihn unter den Samurai, streckte mich auf dem Stroh aus und wartete auf den Schlaf. Doch mein Verstand wollte nicht zur Ruhe kommen. *Warum nur habe ich mein Leben riskiert, um hierherzukommen? Warum hat Mei Bao angenommen, dass ich in Begleitung gereist bin? Wird mich Meister Ch'an als Schüler aufnehmen?*

* * *

Das laute Krähen eines Hahns riss mich aus dem Schlaf. Ich schlüpfte in meine letzte saubere Hose und das Polohemd, das ich für besondere Anlässe aufgespart hatte, trat in die kühle Oktoberluft und vertrat mir die Beine.

Das sanfte Licht der Morgendämmerung gab den Blick auf weitere sorgfältig angelegte Felder in der Umgebung frei. Eine Katze schmiegte sich an meine Beine und verschwand sofort wieder, als die Hunde von gestern mich wieder begrüßten. Wieder hatten sie das Schwein im Schlepptau! Noch gestern Abend war eine kleine Herde grasender Schafe zu sehen gewesen. Jetzt kam ich an einem Pferch mit weiteren Schweinen vorbei. Also ein Bauernhof war dies ganz bestimmt.

Eine Gruppe junger Menschen, die meisten noch Teenager, gingen gerade in die Felder. Um ihre Köpfe hatten sie Tücher gewickelt. Andere begaben sich zu einem der Pavillons, in dem Küche und Speisesaal untergebracht zu sein schienen. Er war an allen Seiten mit Netzen bespannt, um die Insekten fernzuhalten. Ich warf einen Blick hinein – der Holzboden war mit Tatami-Matten aus Reisstroh bedeckt. Ich staunte. Um all dies aufzubauen, hatte es jahrelanger harter Arbeit bedurft.

Eine Bogenbrücke spannte sich über den Bach, der zwischen dem großen Haus und dem Pavillon verlief, und verband beide miteinander. Auf der anderen Seite des Gebäudes beförderte ein Schöpfrad mit Wasser gefüllte Bambusschaufeln zu einem Fenster im ersten Stock – eine einfache, aber wirksame Methode, um Wasser durchs Haus zu leiten, allein mithilfe von Wasser- und Schwerkraft. Alles schien so ruhig und friedlich. Das gesamte Ensemble stach aus dem umgebenden Wald heraus, harmonierte aber doch unverkennbar mit seiner natürlichen Umgebung.

Ich zuckte zusammen. Mei Bao hatte meine Schulter berührt. »Wenn Sie mir bitte folgen wollen, Mr. Millman …«

»Nennen Sie mich Dan. Bitte.«

Mit einem Nicken erklärte sie ihr Einverständnis. »Ich hoffe, du hast gut geschlafen. Meister Ch'an möchte dich als Freund Hua Chis willkommen heißen.«

»Na ja, wir sind nicht gerade Freunde. Um die Wahrheit zu sagen, kenne ich sie erst seit Kurzem …«

Wir betraten das Haus. Ich zog die Stiefel aus. Mit einem Mal war ich nervös.

»Entspann dich. Sei ganz natürlich«, versuchte sie mich zu beruhigen, woraufhin ich nur noch nervöser wurde. Mir stand keine unverfängliche Plauderei, sondern eine Aufnahmeprüfung bevor.

Sobald ich in die bereitstehenden Gästepantoffeln gestiegen war, schritten wir über einen blank polierten Zedernholzboden in eine Stube, wo er bereits wartete: der Meister des Taishan-Waldes. Auf einem Tisch waren Blumen neben Wasserschüsseln und Baumwollhandtüchern arrangiert.

Trotz seiner geringen Körpergröße – etwas über eineinhalb Meter – war Meister Ch'an eine beeindruckende Gestalt. Er war in ein einfaches graues Gewand gekleidet. Ein völlig entspanntes Gesicht ließ keine Rückschlüsse auf das Alter dieses Mannes zu, allenfalls das grau melierte Haar an den Schläfen. Unter buschigen Augenbrauen funkelten wachsame Augen.

Ich verbeugte mich und hielt den gefalteten Brief Hua Chis hin. Mei Bao nahm ihn entgegen und reichte ihn Meister

Ch'an, der ihn sorgfältig las. Ich erwartete eine Reaktion, irgendeine Regung auf seinem Gesicht – ein Lächeln, ein Nicken, irgendetwas. Er wechselte aber lediglich ein paar Worte mit Mei Bao und gab ihr den Brief zurück. Sie las nun auch und sagte dann nur: »Vielen Dank, dass du uns Neuigkeiten von Hua Chi bringst.«

Immer noch erwartete ich etwas, doch die beiden sahen mich nur prüfend an und wechselten noch ein paar Worte miteinander. Ich war enttäuscht und etwas verärgert. *So läuft das also! Hin und wieder rekrutiert Hua Chi einen leichtgläubigen Fremden, der für sie die Post austrägt.*

Da ergriff Mei Bao wieder das Wort. »Hua Chi schreibt, dass du daran interessiert bist, Tai-Chi zu praktizieren und im Gegenzug unseren Schülern Akrobatik beibringen willst. Wir sind momentan ungefähr zwanzig.«

Das also steckt dahinter, maulte ich innerlich, immer noch mit der undurchsichtigen Situation hadernd. *Hua Chi hat mich nicht nur als Postboten, sondern auch als Turnlehrer hierhergeschickt.* Zum Glück konnten die beiden meine Gedanken nicht lesen. Das hoffte ich zumindest. Ich nahm mich zusammen und wollte den Frieden nicht stören. Außerdem, was sollte ich machen? Nun war ich einmal hier. »Ich bin bereit und gern zu Diensten«, sagte ich tapfer.

Mei Bao übersetzte und entschuldigte sich, um Tee zu machen. Der Meister und ich warteten schweigend auf ihre Rückkehr. Ich warf ihm einen verstohlenen Seitenblick zu. Hervortretende Wangenknochen verliehen seiner drahtigen Erscheinung eine gewisse Härte. Er strahlte Vitalität und Stärke aus.

Mei Bao kehrte mit dampfenden, duftenden Schüsseln voll Reis und gebratenem Gemüse zurück. Ich wartete, bis Meister Ch'an und Mei Bao anfingen zu essen. Sie warteten wiederum auf mich. »Bitte, lass es dir schmecken«, forderte Mei Bao mich schließlich auf. »In Zukunft wirst du mit den anderen Schülern jeden Morgen nach der Feldarbeit im Speisesaal essen.«

Während der Mahlzeit erklärte sie mir den Tagesplan: »Solange du hier bist, wirst du mit den Hühnern aufstehen …«

»Das dürfte kein Problem sein«, meinte ich und lächelte vielsagend.

Sie lachte und versuchte, die Anspielung Meister Ch'an nahe zu bringen – offenbar vergeblich, denn er verzog keine Miene. »Du wirst auf den Feldern oder in der Küche arbeiten, bis eine Glocke zum Mittagessen in den Speisesaal ruft«, fuhr sie lächelnd fort. »Vor dem Nachmittagstraining sind zwei Stunden zur freien Verfügung.«

Meister Ch'an sagte etwas. Sie nickte. »Du wirst Gelegenheit bekommen, zwei Stunden Tai-Chi zu praktizieren. Nach einer kurzen Pause wirst du zwei Stunden lang Akrobatik unterrichten. Üblicherweise ist der Nachmittag der Kampfkunst gewidmet, doch für die Dauer deines Aufenthalts sollten die Schüler die günstige Gelegenheit nutzen, ihre Geschicklichkeit und ihren Gleichgewichtssinn mit neuen Methoden zu üben.«

Ich nickte zustimmend und kam dann doch ins Überlegen. Es wird ja oft vorausgesetzt, dass ein fähiger Sportler, Künstler oder Musiker auch ein guter Lehrer auf seinem eigenen Gebiet ist. Ich dagegen habe die Erfahrung gemacht, dass zu lehren eine Kunst für sich ist, die langer Übung bedarf. Als Jugendlicher brachte ich meinen Freunden bei, wie man auf einem Trampolin Saltos schlägt. Später beriet ich meine Teamkollegen an der Uni und lehrte in Sommerturnlagern und Kliniken. Indem ich später in Stanford und Oberlin auch Anfänger im Turnen trainierte, konnte ich meine pädagogischen Fähigkeiten nochmals ausbauen. Doch bis jetzt hatte ich noch keine einzige Gruppe von Menschen aus einem ganz anderen Kulturkreis unterrichtet. Wohl aus gutem Grund: Ich hätte sie nicht verstanden und sie mich nicht.

Sobald wir die Mahlzeit beendet hatten – mit der mein knurrender Magen wie üblich nicht besänftigt war –, tranken wir bitteren, belebenden Tee. Dann stand Mei Bao auf. In der Annahme, dass meine Audienz bei Ch'an beendet war, wollte ich mich ebenfalls erheben, doch sie hieß mich mit einer Geste sitzenbleiben.

»Eines noch«, sagte sie lächelnd, doch es war zu erahnen, dass es jetzt irgendwie ernst werden würde. »Nur eine kleine Prüfung.« Sie griff in eine silberne Schachtel und nahm eine Stecknadel heraus. Dann bohrte sie die Spitze in die Tischplatte, sodass die Nadel kerzengerade dastand. »Meister Ch'an bittet dich, diese Nadel in den Tisch zu befördern.«

Sie setzte sich wieder und wartete ab.

Ich schluckte.

Achtzehn

Ich war fassungslos. Sodann fragte ich mich, ob diese Prüfung so etwas in der Art von Rätselraten mit Papa Joe sein sollte. Doch da musste ich an Alexander den Großen denken, einen Mann der Tat. Eines der Hindernisse, das sich ihm auf seinem Eroberungszug entgegenstellte, war der Gordische Knoten, der ein Stadttor verschloss und den niemand zu lösen vermochte. Alexander zog das Schwert, hieb ihn entzwei und zog in die Stadt ein.

Ohne Bedenken hieb ich mit voller Kraft und Konzentration die Handfläche auf die Nadel. Meine Hand landete mit einem satten Klatschen auf der Tischplatte. Zu meiner Überraschung spürte ich lediglich ein leichtes Brennen von dem Hieb. Ich hob die Hand auf, um nach der Nadel zu sehen. Sie lag verbogen auf dem Tisch.

Meister Ch'an nickte, ohne eine Miene zu verziehen.

Mei Bao bemerkte meine tiefe Enttäuschung und baute mich sofort wieder auf: »Das war die richtige Antwort. Deine Absicht war aufrichtig und deine Entschlossenheit unbeugsam. Hättest du gezögert, wäre die Nadel jetzt in deiner Hand. Doch stattdessen hat sie der Kraft des Willens nachgegeben wie alle anderen Hindernisse auf deinem bisherigen Weg. Du hast dich auf das Ziel fokussiert, nicht auf das Hindernis. So müssen wir dem Leben begegnen.«

Damit stand sie auf. Ich folgte ihrem Beispiel und verbeugte mich noch vor Meister Ch'an. Ich verließ ihn auf demselben Weg, wie wir gekommen waren, während Mei Bao lautlos und mit wehendem Gewand durch einen Glasperlenvorhang ins Hintere des Hauses glitt.

Am nächsten Morgen ging es erstmals an die Feldarbeit. Mei Bao führte mich auf dem Bauernhof herum. Als wir am Waldrand ankamen, warnte sie mich davor, den Wald noch einmal zu betreten.

»Man kann sich leicht darin verirren«, betonte sie.

»Passiert das den Schülern manchmal?«

»Gelegentlich«, bestätigte sie mit ernster Miene. »Aber wir finden fast alle wieder.«

Sie zeigte mir, wo ich Handschuhe finden konnte, und brachte mich aufs Feld.

»Tu einfach immer, was die anderen tun. Egal, ob sie Kartoffeln pflanzen oder Tai-Chi praktizieren«, riet sie mir. »Und tu alles mit Stolz. Alles ist gleich wichtig. Wir versuchen, uns selbst zu versorgen und unabhängig zu sein. Hast du das verstanden?«

Ich hatte sehr wohl verstanden. Das hier war ein anderes China, als ich erwartet hatte, und eine Revolution, die tiefer reichte als die von Mao.

Sobald sich Mei Bao entfernte, zog ich die Arbeitshandschuhe an und ging aufs Feld. Ich war bereit, mich dem Tagesablauf anzupassen und gleichzeitig meinen eigenen Rhythmus zu finden. *So etwa einen Monat lang*, vermutete ich.

Nachdem ich eine Stunde lang gebuckelt, gehackt und gepflanzt hatte, hatte ich eine erste Vorstellung davon, wie hart das Bauernleben ist. Als ich ein paar Minuten Pause machte, um mich zu strecken, sah ich einen muskulösen, in etwa gleichaltrigen Mann. Wie alle anderen trug er ein langärmliges graues Baumwollhemd, war aber von weitaus kräftigerer Statur als sie. Er besaß eine breite Brust – eher ein Ringer als ein Kampfkünstler. Die jüngeren Arbeiter hatten sich Handtücher um den Kopf gewickelt und trugen Gummistiefel. Ich dagegen gab mit meinen Wanderstiefeln und der Kappe mit dem roten Stern wohl einen ziemlich komischen Anblick ab, doch sie beachteten mich nicht weiter. Ich versuchte, es ihnen trotz der Blasen an meinen Händen so gut wie möglich gleichzutun.

Nach der Feldarbeit und vor dem Mittagessen wusch ich mir, gleich meinen Kameraden, Gesicht und Hände im Bach. Jetzt warfen sie dem Neuankömmling, dem Fremden, verstohlene Blicke zu.

Im kleinen Speisesaal war es ruhiger als erwartet. Man unterhielt sich flüsternd, was ich angesichts der Jugend der Anwesenden bemerkenswert fand. Als ich mich mit meinem Essen in die Mitte eines langen Tisches setzte, verstummten alle in meiner Umgebung und beobachteten mich von der Seite her. Sie waren höchst neugierig, aber wohl zu höflich, um mich direkt anzustarren.

So unverhofft im Mittelpunkt intensiver, aber leicht verdruckster Aufmerksamkeit stehend, muss mich wohl ein wenig der Hafer gestochen haben. Ich stellte meine Schüssel mit lautem Klappern ab, stellte mich hin und warf einen verheißungsvollen Blick in die Runde. Dann ging ich auf dem Tisch in den Handstand. Darauf sprang ich nach hinten auf die Beine und vollführte einen Flickflack, gefolgt von einem Salto. Betont gelassen kehrte ich wieder an meinen Platz zurück und aß weiter, als wäre nichts geschehen.

Bis jetzt war es totenstill geblieben, doch nun bebte die Luft vor Kreischen und Gelächter. Meine Tischnachbarn verbeugten sich und grinsten breit. Gerade noch war ich der exotische Fremde gewesen; jetzt war ich der Akrobat!

In meinen ersten zwei freien Stunden wusch ich meine Hosen, Hemden, Socken und Unterwäsche hinter dem Haupthaus. Während alles auf tief hängenden Ästen in der Sonne trocknete, kehrte ich auf meine Bude zurück. Irgendwie fühlte ich mich an frühere Studentenzeiten erinnert. Mit dem Unterschied, dass ich so müde von der ungewohnten Feldarbeit war, dass ich bis zum Tai-Chi-Unterricht schlief, statt mich an meine Hausaufgaben zu machen, sprich Socs Aufzeichnungen weiter zu studieren.

Die Nachmittagssonne bewegte sich träge über den diesigen blauen Himmel in Richtung Westen. In jener Richtung, sehr weit weg, musste ein Land namens Mongolei sein. Ich konnte es nicht wirklich fassen, aber hier war gar keine Zeit für Träumereien. Als ich den weißen Pavillon betrat, stellte ich fest, dass die jungen Feldarbeiter sich in Kampfkünstler verwandelt hatten. Alle trugen blaue Hosen und Oberteile. Wieder einmal fiel ein Amerikaner in der Fremde auf wie ein bunter Hund. Und hundemüde war ich von der morgendlichen Arbeit noch dazu, trotz des Mittagsschlafs.

Mei Bao erschien an meiner Seite. »Meister Ch'an schlägt vor, dass du die nächsten Tage nur zusiehst, bis du mit den Abläufen vertraut bist.«

Enttäuscht und doch erleichtert verzog ich mich in eine Ecke und sah den Schülern beim Aufwärmen zu. Sie bewegten und streckten sich synchron, dazu sangen sie ein rhythmisches Lied. Im Vorbeigehen erklärte mir Mei Bao, dass die Gruppe sich mit Atem und Bewegung in harmonischen Einklang brachte.

Nach dem Aufwärmen saßen sie mit geschlossenen Augen da und atmeten tief und langsam. Dabei, wie mir Mei Bao später erklärte, visualisierten sie das, was sie erreichen wollten. Sie standen zugleich auf und begannen mit einer Tai-Chi-Form. Meister Ch'an war inzwischen gekommen und verfolgte alles mit entspannter Aufmerksamkeit. Als Beobachter blieb er im vorderen Teil des Raumes, während Mei Bao die Schülerreihen durchschritt und gelegentlich zu ihm zurückkehrte, um ein paar Worte mit ihm zu wechseln.

Nach dem Unterricht brachte mir Mei Bao zum besseren Verständnis der Übungen die Geschichte des Tai-Chi näher: »Die traditionelle Tai-Chi-Praxis kommt aus einem Dorf namens Chen in der Nähe des Shaolin-Tempels in Zhengzhou. Der Erste, der diesen Stil erlernte und nicht zur Familie Chen gehörte, war ein Diener namens Yang Luchan. Er meisterte diese Kunst so vollkommen, dass er schließlich nach Peking reiste und dort so viele kaiserliche Soldaten besiegte, dass man ihn den Unbesiegbaren Yang nannte. Danach begründete er selbst eine Familiendynastie.

Die Legende besagt, dass Yang Luchan in der Öffentlichkeit nur eine oberflächliche Version lehrte. Der geheime, innere Yang-Stil dagegen war seinen Nachkommen und engsten Schülern vorbehalten. Hua Chi ging nach dem Ende der Qing-Dynastie bei einem dieser Schüler in die Lehre. Dieser *sifu* – das bedeutet Lehrer – war schon sehr alt, als Hua Chi ihn kennenlernte. Er beschloss, sein Wissen mit dieser gelehrigen Schülerin zu teilen.«

Nach dieser kurzen Einführung sprach sie mich persönlich an: »Zuerst musst du die hundertacht Bilder lernen, bis dir sechs grundlegende Prinzipien in Fleisch und Blut übergegangen sind: Entspannung, aufrechter Rumpf, Gewichtsverlagerung, die Handhaltung der schönen Frau, das Drehen des Beckens, wobei Rumpf und Arme unisono arbeiten. Die Grundform, die du anfangs erlernst, bildet die Basis für das innere Training – das Öffnen des Körpers und Nervensystems für die Energie von Himmel und Erde, die entlang der Energiemeridiane fließt. Das fördert Gesundheit und Kraft, weshalb diese Übungen, die dem unkundigen Auge wie Tanzbewegungen vorkommen, auch als Tai-Chi-Chuan oder allergrößte Faust bezeichnet werden.«

Ich gewöhnte mich zunehmend an den Lebensrhythmus auf dem Gehöft. Nach dem Abendessen zog ich mich in mein Quartier zurück, um Socs Aufzeichnungen zu studieren und erste Eintragungen in meinem Notizbuch zu machen.

Eines Tages ergab sich nach dem Frühstück die Gelegenheit, mit Mei Bao zu sprechen. »Woher kommen diese jungen Leute?«, wollte ich jetzt doch endlich wissen. »Und wie haben sie hierhergefunden?«

»Hua Chi hat Verbindungen zu mehreren Waisenhäusern«, klärte sie mich auf. »Dort sucht sie Kinder aus, die wenig Chancen auf eine Adoption, aber eine starke Energie haben, und lädt sie auf den Bauernhof ein. Das ist im Prinzip illegal, doch die Behörden interessieren sich nur für das, was von den Revolutionsführern proklamiert wird, und nicht für das Schicksal von ein paar armen Waisenkindern. Wie du siehst, sind die Schüler dankbar dafür, hier zu sein und für ihren Lebensunterhalt und die Tai-Chi-Ausbildung arbeiten zu dürfen. Jeder, der uns verlassen will – und das tun die meisten irgendwann –, kann in der Landwirtschaft oder als Tai-Chi-Lehrer eine Anstellung finden. Oder, mit deiner Hilfe, später sogar als Akrobatiklehrer.«

Ich bezweifelte, dass ich dafür lange genug hier sein würde, doch das behielt ich für mich. Stattdessen fragte ich, wie aus einer dunklen Ahnung heraus: »Ist in letzter Zeit mal jemand weggegangen?«

»Nicht jedem ist das richtige Temperament für dieses Leben gegeben«, antwortete Mei Bao nach kurzem Zögern. »Vor ein paar Jahren wollte eine junge Frau in ihre Heimatstadt Guangzhou zurückkehren. Ich begleitete sie bis zum nächsten Dorf, wo ich ihre Weiterreise organisierte. Und ja, kurz bevor du kamst ... da lief ein Junge namens Chang Li davon. Hoffentlich hat er aus dem Wald hinausgefunden.«

»Das hoffe ich auch«, stimmte ich zu, dachte sofort an den Bären und die Fährnisse meiner eigenen Reise hierher.

»Stand in Hua Chis Brief an Meister Ch'an auch irgendetwas über meine Beweggründe?«, wollte ich noch wissen; außerdem schien es angeraten, das Thema zu wechseln. Da sie mich jetzt doch leicht verständnislos ansah, erzählte ich ihr – ohne die jüngsten Abenteuer zu erwähnen – ein wenig vom Grund meiner Reise, von Socrates und meiner Suche nach der verborgenen Schule.

»Und du glaubst, dass *dies* hier die Schule ist, von der dein Lehrer gesprochen hat?« – Sie klang nicht gerade überzeugt.

»Das weiß ich nicht«, entgegnete ich wahrheitsgetreu. »Aber jetzt bin ich nun mal hier, und ich kann mir vorstellen, dass mir mein Lehrer dringend raten würde, beim Meister vom Taishan-Wald Unterricht zu nehmen. Gibt Meister Ch'an auch Privatstunden?«

Ein beinahe unmerkliches Lächeln huschte über Mei Baos Gesicht. »Unwahrscheinlich«, bremste sie mich und stand auf. »Aber er weiß dein Interesse sicher zu schätzen. In der Zwischenzeit musst du dich wohl mit meinen Ratschlägen begnügen – und denen deiner Mitschüler selbstverständlich.«

Am Tag nach diesem Gespräch wurde ich eingeladen, an der nachmittäglichen Tai-Chi-Übung aktiv teilzunehmen. Obwohl mir das buddhistische Sprichwort »Der Vergleich ist eine Form des Leidens« durchaus bekannt war, konnte ich es nicht lassen, mich mit den anderen zu messen. Naturgemäß konnte ich als Anfänger nie und nimmer mit ihnen mithalten. Mei Bao übersetzte für mich Meister Ch'ans Empfehlung, ich solle mich auf die richtigen Stellungen und Bewegungen konzentrieren, bis ich bereit für das innere Training sei. *Was bei meinen derzeitigen Fortschritten wohl nie der Fall sein wird,* hatte ich das Gefühl.

Als Mei Bao später fragte, wer sich von mir während der zweiten Unterrichtseinheit an diesem Nachmittag in Akrobatik unterweisen lassen wollte, schossen alle Hände in die Höhe. Von einem Augenblick auf den nächsten verwandelte ich mich von einem miserablen Tai-Chi-Schüler zu einem »berühmten Lehrer der Turnkunst«, wie sich Meister Ch'an ausdrückte.

Wie sich herausstellte, war diese Tätigkeit leichter als gedacht. Und sie machte eine Menge Spaß. Mei Bao stand mir stets hilfreich zur Seite, und die Schüler waren diszipliniert und aufmerksam. Sie übersetzte, ich führte vor, sie machten nach. Meister Ch'an saß schweigend daneben und beobachtete alles. Und, was das Beste war: Mei Bao reihte sich unter meine Schüler ein!

Alle stürzten sich mit Feuereifer auf die neuen Gleichgewichtsübungen, die Rollen, das Radschlagen und bald auch die Grundzüge des Tumbling. Im Gegensatz zu den starren Abläufen im Tai-Chi boten diese akrobatischen Manöver unzählige Möglichkeiten der Variation.

»Poesie und Kalligrafie sind eine Verfeinerung des Schreibens«, verkündete ich durch meine Übersetzerin. »Singen ist eine Verfeinerung des Sprechens. Und ebenso verfeinert der Akrobat alltägliche Bewegungen, erweitert die Grenzen seiner Gelenkigkeit und seines Gleichgewichtssinns.«

Der muskulöse Mann in meinem Alter sah und hörte mir aufmerksam zu. Als ich später eine Demonstrationsübung beendete, trafen sich unsere Blicke. Er bedeckte die Faust mit der anderen Hand in der traditionellen Kampfkunst-Verbeugung.

Nach dem Unterricht legte er die Hand auf meine Schulter und schlenderte mit mir zum Speisesaal. »Chun Han!«, rief er und schlug sich kraftvoll gegen die Brust. Ich trommelte wie Tarzan auf meine eigene Brust und nannte meinen Namen. Er schlug sich abermals gegen die Brust und gab ein kurzes, heiseres Bellen von sich. Das war seine Art zu lachen, und ich sollte es noch viele Male hören.

Gemeinsam betraten wir den Speisesaal, um die Hauptmahlzeit des Tages einzunehmen. Von jetzt an arbeiteten und aßen wir des Öfteren zusammen, obwohl jeder nur wenige Worte in der Sprache des anderen beherrschte. Für die anderen, großteils jüngeren Schüler stellte Chun Han so etwas wie einen großen Bruder dar. Selbst bei der anstrengendsten Arbeit brachte ihn nichts aus der Fassung, sein sonniges Gemüt war überaus ansteckend.

Eines Morgens sah ich, wie Chun Han hinter dem Haupthaus auf einem Baumstamm Push-ups im Handstand übte. Sein Gesicht war zu einer Maske der Entschlossenheit verzerrt. Sobald er mich erblickte, hörte er auf damit und grinste breit. Ich lud ihn durch Vormachen ein, noch einen Handstand zu machen und diesen mit einem Rückwärtssalto ohne Anlauf abzuschließen. Er tat es auf der Stelle. Ich ernannte ihn sofort zu meinem Assistenten. Er besaß ein Gespür dafür, den anderen Schülern im richtigen Moment bei ihren ersten Saltoversuchen zu helfen. Zusammen mit zwei weiteren Schülern, die ebenfalls über Vorkenntnisse der Akrobatik verfügten, demonstrierte er den korrekten Ablauf der Übungen und gab Hilfestellung.

Weshalb besitzen manche Menschen mehr innere Energie als andere? Liegt das an den Genen oder ist es eine Fügung des Schicksals? Wie auch immer – Chun Han hatte reichlich davon. Seine Vitalität und sein Übermut inspirierten mich, frustrierten mich aber auch gelegentlich. Einmal fragte ich ihn, warum er ständig lächelte. Er bellte und antwortete etwas auf Mandarin, das Mei Bao grinsend für mich übersetzte: »Nur eine schlechte Angewohnheit.«

Die tägliche Arbeit trug Früchte, wie im Wachstum der Pflanzen, den Tai-Chi-Kenntnissen und auch in den Fortschritten im Tumbling deutlich zu erkennen war. Sonntags arbeiteten wir nicht so lange, damit wir den Rest des Tages für Reparaturen, das Flicken der Kleidung und andere anfallende Tätigkeiten zur Verfügung hatten.

Mei Bao verließ gelegentlich den Hof, um nach Heilkräutern für krank gewordene Schüler und Meister Ch'an zu suchen, wie sie erklärte. Außerdem ging sie einmal im Monat ins nächste Dorf – »um notwendige Vorräte einzukaufen und den Gerüchten über die politische Situation im Lande zu lauschen«, sagte sie und fügte hinzu: »Bis jetzt sind wir vor größeren Katastrophen verschont geblieben.«

Hier auf diesem Gehöft im tiefen Wald schien die Welt der Politik weit entfernt.

Einige Zeit später, es war ein kühler Herbsttag, bat mich Chun Han, ihn auf einem Spaziergang durch den Wald in der Nähe des Pavillons zu begleiten. Er führte mich durch eine Baumgruppe, dann wartete ich, bis er einige ineinander verflochtene Zweige zur Seite geschoben hatte. Dahinter kam ein versteckter Pfad zum Vorschein, der an einem kleinen Tempel vorbeiführte. Etwa fünfzig Meter dahinter erblickte ich die kristallblaue Oberfläche eines gut verborgenen Waldsees, der mich etwas an Walden Pond in Massachusetts erinnerte, wo Henry David Thoreau Frieden und Inspiration gefunden hatte.

Gemeinsam spazierten wir am Ufer entlang. Überhängende Äste warfen ihre Schatten auf die Wasseroberfläche. Wir duckten uns unter Zweigen hindurch, die ihr Laub vor unseren Füßen abgeworfen hatten. Obwohl wir kein Wort miteinander wechselten, verstand ich doch seine unausgesprochene Botschaft. Indem er seinen Aufenthalt an diesem von ihm so geliebten Ort mit mir teilte, vertiefte sich unsere Freundschaft, die weit über die Unterschiede von Sprache oder Kultur hinausreichte.

Unterdessen verfeinerte ich meine Unterrichtsmethoden, damit meine Schüler möglichst großen Nutzen daraus ziehen konnten. In meiner Zeit als Coach von Leistungsturnern pflegte ich lange Erklärungen zu verschiedenen Techniken abzugeben. Bis mir ein Spitzenturner, der ein Jahr lang in Japan trainiert hatte und nun für die Olympischen Spiele trainierte, Folgendes sagte: »Ein japanischer Lehrer erzählt einem eine Sache und lässt sie einen dann hundertmal üben. Ein amerikanischer Lehrer erzählt einem hundert Sachen und lässt sie einen alle nur einmal üben.« Diese sinnvolle Übertreibung behielt ich im Hinterkopf und bemühte mich um eine Ökonomie der Sprache, auch damit Mei Bao nicht ihre gesamte Übungszeit mit Übersetzen verschwenden musste. Sobald ich den Schülern die wichtigsten Grundbewegungen beigebracht hatte, ergaben sich weitere Fortschritte wie von selbst. Ganz natürlich befolgten sie die alte Kampfkunst-Weisheit: »Lerne einen Tag, lehre am nächsten«. Wechselweise nahmen sie die Rolle des Schülers und des Lehrers ein.

Keineswegs hatte ich mein eigentliches Vorhaben vergessen, nämlich Socs stichwortartige Aufzeichnungen Seite für

Seite in mein Notizbuch zu übertragen, sie fertig auszuarbeiten und allgemein verständlich zu interpretieren. Diese Pflicht lastete mit jedem Tag schwerer auf mir, den ich ihre Erfüllung vor mir herschob. Irgendwann musste ich es in Angriff nehmen! *Bald*, versicherte ich mir immer wieder. *Sehr bald.*

Einige Tage später hielt ich nach dem Unterricht eine Ansprache. Nachdem ich die Schüler daran erinnert hatte, dass sie nicht nur ihr Leben dem Training, sondern auch ihr Training dem Leben widmen sollten – und dass turnerische Praxis nicht nur der körperlichen Ertüchtigung, sondern auch der geistigen Beweglichkeit dient –, brachte ich ihnen ein einfaches englisches Lied bei, das Mei Bao Strophe für Strophe übersetzte. Und so sangen wir von nun an zum Aufwärmen täglich »Row, Row, Row Your Boat«.

»In meinem Land lernen viele Kinder dieses Lied«, erzählte ich, »aber nur wenige Menschen verstehen die tieferen Wahrheiten dahinter. Wahrheiten, die nicht nur in der Akrobatik oder im Tai-Chi, sondern auch für das ganze Leben Gültigkeit besitzen. ›Das Boot zu rudern‹ erinnert uns daran, unser Leben auf Handeln und Bemühen aufzubauen, statt nur auf schönen Gedanken und Gefühlen. Darüber nachdenken, etwas zu tun, ist nicht dasselbe wie es tatsächlich zu tun. Unser Leben wird durch unsere Handlungen geformt – indem wir unser Boot rudern. Nur längerfristige Anstrengung wird Resultate im Training und im täglichen Leben bringen.«

Ein Schüler trug erst schüchtern, doch dann mit wachsender Begeisterung ein chinesisches Sprichwort vor: »Mit genug Zeit und Geduld kann man einen Berg mit einem Löffel abtragen.«

»Genau!« – Oder *¡Exactamente!*, wie Papa Joe gesagt hätte.

»Der nächste Vers, ›sanft den Fluss hinab‹, weist uns darauf hin, dass wir unnötige Spannungen vermeiden und stattdessen im Fluss des Tao den natürlichen Gezeiten und Strömungen des Lebens folgen sollen …«

»Was wir Chinesen als *wu wei* oder Nichthandeln bezeichnen«, fügte Mei Bao hinzu.

»Und ›fröhlich, fröhlich, fröhlich‹ bedeutet, mit sonnigem Gemüt zu leben, sich selbst nicht allzu ernst zu nehmen und die Probleme des Alltags mit demselben Spaß anzugehen, mit dem ihr auch Akrobatik lernt.« Und damit ging ich in den Handstand und schlug die Hacken zusammen. Die Schüler eiferten mir nach. Ich hörte Chun Hans heiseres Bellen aus den hinteren Reihen.

»Nun denken wir über den letzten Vers nach: ›Das Leben ist nur ein Traum‹. Darüber sollt ihr heute beim Abendessen mit euren Mitschülern diskutieren. Und damit ist der Unterricht beendet!«

Bevor sich die Schüler entfernten, versammelte ich sie um mich und erinnerte sie an das taoistische Volksmärchen von Joshu. Joshu fuhr täglich mit dem Boot über den Fen-Fluss zur Arbeit. »Am Morgen musste Joshu gegen die Strömung rudern. Die Heimfahrt war viel einfacher. Eines Morgens, als er flussaufwärts ruderte, spürte er einen plötzlichen Stoß. Ein anderes Boot war mit ihm zusammengestoßen. Joshu drohte dem unaufmerksamen Ruderer mit der Faust. ›Pass doch auf!‹ Es dauerte mehrere Minuten, bis seine Wut sich legte. Als er sich einigermaßen beruhigt hatte, spürte er einen *weiteren* Ruck, und noch ein Boot stieß mit ihm zusammen. Unglaublich! Er war völlig außer sich und wollte auch diesem Idioten eine Standpauke halten, als ihm plötzlich die Sprache wegblieb und sein Ärger verpuffte. Das andere Boot war leer – es hatte sich von seinem Haltetau gelöst und war flussabwärts getrieben. Was will uns diese Geschichte sagen?«

Die Gruppe diskutierte eifrig, dann meldete sich ein Schüler: »Hai Liang sagt, dass wir alle Menschen wie ein leeres Boot behandeln müssen«, übersetzte Mei Bao.

Ich musste lächeln und nickte beipflichtend. Der Schüler war sehr stolz, und ich selbstverständlich auch.

Später beobachtete ich die angeregten Unterhaltungen im Speisesaal. Ich konnte mir schon denken, worum es ging, und Mei Bao bestätigte es mir später: »Sie haben darüber diskutiert, wie das Leben ein wunderschöner Traum sein kann.«

Neunzehn

Dank der Arbeit mit diesen wissbegierigen Schülern fiel es mir leichter, mich endlich dem Buch zu widmen. Während ich Socs Notizen studierte und darum rang, so etwas wie einen roten Faden zu erkennen, schwante mir, dass ich selbst der Welt doch vielleicht mehr geben könnte und sollte, als bisher gedacht. Mit dieser bruchstückhaften Schrift meines Meisters zu arbeiten war nur ein Anfang. Vielleicht würde ich in Zukunft mehr schreiben.

Ich sah Socs grinsendes Gesicht vor mir, und einen winzigen Augenblick lang meinte ich sogar seine Gegenwart zu spüren.

An diesem Abend, während ich mich innerlich sehr mit meinen Plänen für die Zukunft beschäftigte, senkte sich eine tiefe Stille über den Hof. Als ich am nächsten Morgen vor die Tür trat, lag eine dicke Schneedecke auf Feldern und Dächern. Der Winter war früh gekommen. Ich war bereits seit zwei Monaten hier, und es schien unwahrscheinlich, dass Hua Chi – wenn sie mich denn überhaupt abholen wollte – vor dem Frühling ankam.

Als ich gegenüber Mei Bao deshalb Betroffenheit zeigte, zuckte sie nur mit den Schultern. Weder sie noch Meister Ch'an konnten einen Amerikaner sicher nach Hongkong schaffen. Ich tröstete mich etwas mit dem Gedanken daran, dass mir immer noch genug Zeit für meine Reise nach Japan bliebe, selbst wenn Hua Chi erst mit der Frühjahrsschmelze einträf, da ich erst im Juni nach Ohio zurückkehren musste.

Abends aß ich hastig, entschuldigte mich und kehrte in die Scheune zurück. Es war stockdunkel, ich tastete mich zum Schreibtisch vor und suchte nach der Schachtel mit den wenigen Streichhölzern, die ich noch besaß. Die winzige Flamme leuchtete auf und ließ mich die Öllampe sofort finden. Vorsichtig zündete ich sie an, um ja kein Streichholz zu verschwenden. Dann setzte ich mich, schlug das Tagebuch auf und übertrug den ersten Absatz wortwörtlich in mein eigenes Buch. Offenbar hatte Soc ihn geschrieben, bevor ihn das Fieber übermannt hatte.

Nach langer Vorbereitung kann das Leben in seiner Gesamtheit überblickt werden. Nicht nur das alltägliche Leben, sondern eine weitaus größere Bühne, der alle Weisheit entspringt. Sie gründet auf der Wertschätzung für das Paradoxe, den Humor und den Wandel.

Paradoxes, Humor und Wandel: Diese drei Worte standen auch auf der eigentümlichen Visitenkarte, die mir Socrates vor Jahren überreicht hatte und die immer noch in meinem Portemonnaie steckte. Schon mehrmals war ich versucht gewesen, ihn damit, wie er angeboten hatte, »auf die eine oder andere Weise« erscheinen zu lassen, damit er mir hülfe. *Und jetzt womöglich in Gestalt von Meister Ch'an?* – Ich öffnete das Portemonnaie und nahm die Karte heraus. Mittlerweile sah sie ziemlich mitgenommen aus. Sie »leuchtete« nicht mehr

(Hatte sie das überhaupt jemals getan? Ich war mir nicht sicher). Gleichwohl war sie mir lieb und teuer als Erinnerung an unsere gemeinsame Zeit. So steckte ich sie ins Portemonnaie zurück und wandte mich wieder Socrates' Aufzeichnungen zu.

Wandel: Tod des einen, Geburt des anderen. Humor: Echter Humor jenseits von Witzen und Gelächter. Entspanntes Hinnehmen, ohne Ernst … das Leben als Spiel. Paradoxes: der Weg zur Weisheit … offensichtliche Widersprüche, beides richtig … die fünf Wahrheiten des Buddhismus … Dickens' beste Zeit … Nasreddin, du hast recht … vier Schlüsselbereiche … ich muss begreifen, mich versöhnen.

Socrates hatte diese Gedanken ganz sicher weiter ausführen wollen. *Was hätte Soc geschrieben, wenn er sie ausformuliert hätte? Werde ich ihre Bedeutung verstehen?* Mein Kopf war so leer wie die Seite vor mir.

Dann stellte ich mir eine Frage: *Wenn ich Socs Gedanken mit meinen Schülern teilen wollte, wie würde ich das anstellen?* Mit diesem Vorsatz las und schrieb ich, strich einzelne Sätze wieder durch, fest entschlossen, mich durch diesen Dschungel aus Notizen zu kämpfen.

Sobald ich das Gefühl hatte, es sei genug, ging ich das Ganze wieder und wieder durch, strich an einer Stelle etwas heraus und ergänzte eine andere. Irgendwann schien sich die Arbeit ganz von selbst zu erledigen. Ich ging völlig darin auf.

Endlich, spät in der Nacht, las ich mir alles noch ein letztes Mal durch. Auf Socs Karte lautete die Reihenfolge zwar *Paradoxes, Humor und Wandel*, ich entschied mich jedoch dafür, das Paradoxe bis zum Schluss aufzuheben und mit dem Wandel zu beginnen:

Das Leben ist wie ein Meer, dessen Wellen sich ständig verändern und den <u>Wandel</u> mit sich bringen, ob wir wollen oder nicht. Der Kriegerkaiser Marc Aurel schrieb: »Die Zeit ist ein Fluss, ein ungestümer Strom, der alles fortreißt. Jegliches Ding, kaum dass es zum Vorschein gekommen, ist auch schon wieder fortgerissen, ein anderes wird herbeigetragen, aber auch das wird bald verschwinden.« Der Buddha, der sowohl seine behütete Kindheit als auch die asketische Entsagung hinter sich ließ, erlangte die Erleuchtung. Er beobachtete: »Alles, was einen Anfang hat, hat auch ein Ende. Mache deinen Frieden damit, und alles wird gut.«

<u>Humor</u> in seiner edelsten Form ist mehr als eine vorübergehende Lösung von Spannungen durch Gelächter, sondern führt zu einer tiefen Leichtigkeit und einem lockeren Umgang mit den großen und kleinen Herausforderungen des Lebens. Betrachtet man die Welt durch die Linse eines Humors, der nicht von dieser Welt ist, wie von einem Berggipfel aus, dann wird man feststellen, dass das Leben ein Spiel ist, das man spielen kann, als ob es ernst wäre — mit

friedvollem Herzen und dem Geist eines Kriegers. Man kann sich in der Welt verlieren oder sich über sie und über die eigenen persönlichen Probleme erheben.

Ein <u>Paradoxon</u> ist eine Behauptung, die sich selbst widerspricht, bei genauerer Betrachtung sich aber dennoch als wohlbegründet und wahr herausstellt. Sobald man das verstanden hat, öffnet sich die Pforte zu höherer Weisheit. Doch wie können zwei sich widersprechende Prinzipien gleichzeitig wahr sein?

Im buddhistischen Rätsel der fünf Wahrheiten heißt es: »Es ist richtig. Es ist falsch. Es ist richtig und falsch. Es ist weder richtig noch falsch. Alles existiert gleichzeitig.«

Charles Dickens drückte das Paradoxe seiner Zeit mit den auch heute noch gültigen Worten aus: »Es war die beste und die schlimmste Zeit, ein Jahrhundert der Weisheit und des Unsinns, eine Epoche des Glaubens und des Unglaubens, eine Periode des Lichts und der Finsternis: es war der Frühling der Hoffnung und der Winter der Verzweiflung.«

Es kommt auf den Betrachter an, welche von zwei sich widersprechenden Behauptungen wahr ist: Für die winzigen Insekten, die sich in ihrem Netz verfangen, sind Spinnen kaltblütige Mörder — für die meisten Menschen dagegen sind sie harmlose Kreaturen.

Die Natur des Paradoxen zeigt sich auch in einer Geschichte über den weisen Sufi Mullah Nasreddin. Er soll zwischen zwei Männern vermitteln, die völlig unterschiedlicher Meinung sind. Er hört den ersten Mann an und sagt: »Du hast recht.« Dann hört er den zweiten Mann an und sagt: »Du hast ebenfalls recht.« Ein Zuschauer meldet sich: »Aber sie können doch nicht beide recht haben!« Der Mullah kratzt sich den Kopf und sagt: »Du hast recht.«

Tauchen wir tiefer in die Materie ein und betrachten wir die vier paradoxen Grundwahrheiten:

* Die Zeit ist real. Sie bewegt sich von der Vergangenheit über die Gegenwart in die Zukunft.

* Es gibt keine Zeit, keine Vergangenheit und keine Zukunft — nur die immerwährende Gegenwart.

* Der Mensch besitzt einen freien Willen und kann Verantwortung für seine Entscheidungen übernehmen.

* Der freie Wille ist eine Illusion. Deine Entscheidungen werden von äußeren Umständen beeinflusst oder sind möglicherweise sogar von ihnen vorherbestimmt

* Du bist oder besitzt ein inneres Selbst, das in deinem Körper existiert.

* Es existiert keine Getrenntheit. Du bist ein Teil desselben Bewusstseins, das mit vielen Milliarden Augen sieht.

* Der Tod ist eine unausweichliche Realität am Ende des Lebens.

* Der Tod des inneren Selbst ist eine Illusion. Das Leben dauert ewig.

Muss man sich für eine Behauptung entscheiden und die andere verwerfen? Oder ist es möglich, diese Widersprüche aufzulösen oder sie sogar miteinander in Einklang zu bringen? Diese Frage soll im Folgenden beantwortet werden.

Ich lehnte mich zurück, erschöpft und wie betäubt von einer für mich ungewohnten geistigen Anstrengung. *Sind das nun meine Worte oder seine?*, fragte ich mich, als ich den Stift aus der Hand legte. Vor vielen Jahren hatte mich Socrates schon auf einige dieser sich gegenseitig widersprechenden Wahrheiten hingewiesen. Selbst jetzt, im Licht meiner alltäglichen Erfahrung, schien mir nur jeweils die erste der beiden zusammengehörigen Behauptungen unzweifelhaft wahr zu sein: dass die Zeit vergeht, dass man einen freien Willen besitzt, dass wir ein inneres Selbst haben (oder sind) – und dass wir alle sterben müssen.

Damit löschte ich die Lampe und legte mich schlafen. Tief atmete ich den Duft von Heu und Erde ein, der mir die Luft so aromatisch zu erfüllen schien wie chinesisches Räucherwerk.

Am frühen Morgen wurde ich mit Chun Han zu einem Stück Land geschickt, das gerade urbar gemacht wurde. Es war mit Steinen übersät, und diese Steine mussten entfernt werden. Während der Arbeit gewahrte ich in einiger Entfernung Meister Ch'an. Er sah zu mir herüber. *Ich kann ihn ja schlecht einfach darum bitten, mir Privatunterricht zu erteilen*, dachte ich und konnte es mir nicht versagen, meinem Lieblingsanliegen gleichwohl Ausdruck zu verleihen: *Aber wenn er sieht, wie hart ich arbeite und wie ernst es mir ist …* Ich machte besonders große Schritte, ächzte vor Anstrengung und wischte mir immer wieder über die Stirn. Als ich erneut zu ihm hinübersah, kehrte er mir den Rücken zu und war dabei, wieder in sein Haus zu gehen.

Einige Zeit darauf ließ mich Chun Han einen der größeren Brocken, die wir gesammelt hatten, wieder aufnehmen. Er selbst tat es mir gleich, und wir gingen zum Bach. Dort legte er erst meinen und dann seinen Stein auf den Grund einer Stelle, wo das Flussbett verhältnismäßig tief einschnitt. Aber das war erst der Anfang. So ging es nun den ganzen langen Vormittag über. Stein für Stein bauten wir einen Damm von mehr als einem Meter Höhe, mit einer Öffnung am oberen Ende, aus der sich der Bach mit einem kleinen Wasserfall nach unten ergoss. Trotz der Kälte waren wir schweißbedeckt. Die harte Arbeit erschöpfte meine Kräfte ganz und gar, sodass mich Chun Hans permanentes Grinsen und seine unverwüstliche gute Laune zunehmend nervten – bis es wieder einmal »klick« machte. Was mich aus meinem Ärger heraushob, waren die Worte aus dem Lied, das ich neulich selbst vor allen anderen angestimmt hatte: »Sanft den Fluss hinab …«

Als ich endlich in mein Habitat im Stall zurückgekehrt war, wartete dort bereits Winterkleidung auf mich – eine neue Wollhose und eine dicke Baumwolljacke. *Irgendjemand scheint meine Arbeit zu schätzen, wenn es schon Meister Ch'an nicht tut.*

Am nächsten Morgen sah ich Mei Bao mit einem Schüler im Wald verschwinden.

Auch am Nachmittag war sie noch nicht zurück. Nur Meister Ch'an war anwesend, um zu überwachen, wie wir uns durch die Choreografie der verschiedenen Tai-Chi-Formen hindurcharbeiteten. Allmählich machte ich Fortschritte. Zunehmend im Einklang mit meinem inneren Energiefluss, konnte ich die Wärme in meinen Fingerspitzen spüren – ein Zeichen dafür, dass meine Gelenke sich öffneten, Bänder und Sehnen geschmeidiger wurden. Das, so begriff ich, war kein esoterisches Hirngespinst, sondern das natürliche Ergebnis achtsamer Übung und ständiger Selbsterinnerung, sich zu entspannen. Unter Meister Ch'ans Augen gelang es mir, die Bewegungen ohne unnötige Anstrengung fließen zu lassen. Wie üblich, sprach er nur wenig, mit mir redete er gar nicht.

Mei Bao kam kurz vor der Turnstunde zurück. Ich fragte sie, wo sie gewesen sei. »Beim Kräutersammeln«, antwortete sie. »So lernt jeder Schüler, wo man sie finden kann.« Irgendwann wollte ich auch einmal mitkommen, aber die chinesischen Schüler hatten selbstverständlich Vorrang.

Die lebhaft-unterhaltsamen Tumbling-Übungen am späten Nachmittag bildeten das perfekte Gegenstück zur verinnerlichten Tai-Chi-Praxis. Um aus der energetischen Polarität möglichst viel herauszuholen, beabsichtigte ich, mein

Training noch abwechslungsreicher zu machen. So schlug ich gegen Ende der Stunde ein Wettrennen zwischen Chun Han und einem der älteren Schüler vor. Dieser sollte so schnell, wie er konnte, die lange Reihe Matten bis zum anderen Ende des Raumes hinunterlaufen, Chun Han dagegen ein paar Schritte sprinten, eine Radwende vollführen und dann den Rest der Strecke mittels Flickflacks zurücklegen.

Die Schüler waren begeistert und jubelten laut, als Chun Han das Rennen mit einer Sekunde Vorsprung gewann. Lautstark machten sie mir klar, dass sie sich ebenfalls auf diese Weise miteinander messen wollten – überflüssig, Mei Bao um Übersetzung zu bitten.

Zwanzig

Die Tage gingen dahin, und ich war ganz erfüllt davon, körperlich zu arbeiten, mich in der Kampfkunst zu üben und selbst Akrobatik zu unterrichten. Doch meine Gedanken kreisten um die Paradoxa, die auch den Mittelpunkt dessen bildeten, was Socrates in seiner fragmentarischen Schrift ausdrücken wollte. Das fiel mir nicht gerade leicht, und anfangs hatte ich mich mit diesen Widersprüchlichkeiten überhaupt nicht anfreunden wollen. Aber da änderte sich jetzt etwas an meiner Art, Menschen und Dinge zu betrachten. Ich bemerkte es, sobald ich mich vollständig in die Beobachtung der Luftsprünge meiner Schüler versenkte: Unausgegorene Gedankenfetzen gewannen wie von selbst an Klarheit. Dinge, an denen sich bisher mein Verstand abarbeitete, hatte ich plötzlich im Gefühl. Eines Abends war es so weit: Noch bevor ich mein Notizbuch aufschlug, wusste ich genau, was ich schreiben wollte – was ich schreiben *musste*. Ich schrieb und korrigierte, schrieb und korrigierte bis spät in die Nacht.

Dann legte ich beide Bücher beiseite und erwartete den Morgen. Beim ersten Tageslicht las ich, wohin mich mein Stift mit Socs Hilfe geführt hatte.

Es ist möglich, die vier Grundwidersprüche des Lebens zu vereinen und die Wahrheit dahinter zu erkennen. Um diesen Gedankensprung zu vollziehen, musst du bedenken, dass sich all diese Paradoxa um das sogenannte Selbst drehen, das geboren wird und stirbt. Im alltäglichen Leben identifizierst du dich mit einem »Ich«, das sich irgendwo in deinem Kopf zu befinden scheint. Doch was, wenn diese Vorstellung eines inneren Selbst nur eine Illusion ist? Was wäre die Konsequenz einer solchen Entdeckung? Untersuchen wir zum besseren Verständnis eine andere Illusion, die so wahrhaft wie die individuelle Identität zu sein scheint.

In diesem Augenblick sitzt oder stehst du auf einem scheinbar soliden und realen Gegenstand. Wenn du die Hand ausstreckst, um sie jemandem zu reichen, um einen geliebten Menschen zu berühren oder einfach nur eine Tür zu öffnen, spürst du einen körperlichen Kontakt. Inzwischen wissen wir jedoch, dass die sogenannte Materie aus Molekülen besteht, die ihrerseits wieder aus Atomen zusammengesetzt sind. Wir wissen auch, dass die atomare Welt zum allergrößten Teil aus leerem Raum besteht. Kein Objekt berührt also in Wirklichkeit ein anderes, jedenfalls nicht so, wie wir es uns für gewöhnlich vorstellen. Stattdessen treten Energiefelder miteinander in Wechselwirkung, genau wie in der Tai-Chi-Übung des Push Hands, wo die Partner gegenseitig Druck aufeinander ausüben, diesen neutralisieren und so mit dem Energiefluss spielen.

Mit den Fingerspitzen trommelte ich auf die Tischplatte. Sie fühlte sich in der Tat sehr real und massiv an. Aber der Gedanke an leeren Raum und Energiefelder rief die Erinnerung an die Geheimnisse und den Zauber wach, den ich vor Jahren mit Socrates erlebt hatte. Ich las weiter.

Du kannst dir die atomare Ebene vorstellen, dich aber nicht darin aufhalten. Aber wenn du nur darüber nachdenkst, wie sehr die Realität von der gewöhnlichen Wahrnehmung abweicht, vollzieht sich eine kaum spürbare, gleichwohl tief greifende Veränderung. Du blickst durch einen feinen Riss im Gefüge des Universums, mit einer neuen Sichtweise.

Im alten Indien begegnete ein Wanderer im Wald dem Buddha und erkannte ihn nicht. »Bist du ein Zauberer?«, fragte er. Der Buddha lächelte und schüttelte den Kopf. »Dann bist du sicher ein König oder ein großer Krieger!« – Wieder verneinte der Buddha. »Wieso bist du dann so anders als alle, die ich jemals getroffen habe?«, fragte der Wanderer nun. Der Buddha wandte sich ihm zu. Als ihre Blicke sich trafen, sagte er: »Ich bin erwacht.«

»Erwachen« ist das Ziel der meisten spirituellen Pfade, wie auch immer es bezeichnet wird: ob als unmittelbares Erkennen, Erweckung,

Einheitsbewusstsein, Kensho, Samadhi, Satori, Fana, Erleuchtung oder als Befreiung. Stets geht es darum, das sogenannte innere Selbst zu durchschauen und darüber hinauszugelangen. Wieso haben wir ein so großes Bedürfnis nach diesem Erwachen? Vielleicht, weil wir den Tod in all seinen Formen fürchten — den Tod geliebter Menschen, den Tod der Hoffnung, den Tod allen Sinns und Zwecks, den Tod des Körpers, den Tod des Selbst.

Doch bevor du erwachst, musst du erkennen, dass du in gewisser Weise schläfst und den Traum einer Konsenswirklichkeit träumst, bis du das Transzendente schaust. Schon ein winziger Blick darauf kann dein ganzes Leben wandeln. Du musst keine vollständige Erleuchtung erleben, um Erleichterung zu erfahren. Auch an einem ganz normalen Tag kann ein Wahrnehmungswandel deine Brücke zwischen dem Weltlichen und dem Transzendenten sein, die dich vorübergehend von der Todesangst befreit und dir den Weg zur Unsterblichkeit offenbart.

Erleuchtung praktizieren, bevor man erleuchtet wird – ein völlig neues Konzept. Oder etwa nicht? Womöglich ist es das, was Socrates mir die ganze Zeit über sagen wollte? Wie genau hat man es sich vorzustellen, über das individuelle innere Selbst »hinauszugelangen«? Ist das nicht auch eine Art Tod? Wie kann es dann den Weg zur Unsterblichkeit eröffnen? Noch ein Paradoxon, noch ein Rätsel.

Einundzwanzig

Tiefster Winter war es inzwischen geworden. Anfang Februar arbeiteten wir nur noch selten im Freien. Stattdessen erledigten wir Reparaturarbeiten, versorgten die Tiere, trockneten und lagerten Nahrungsmittel ein und vergruben Kisten mit Eis im hart gefrorenen Erdboden.

Klirrend kalte Winde aus der Mongolei und der Wüste Gobi suchten die ungeschützten Ebenen Nordchinas heim. Trockene, staubige Wintermonsune erreichten auch unseren Wald. An manchen Tagen war es sogar noch kälter als während der berüchtigten Winter in Ohio. Abends wärmte uns ein kleiner Holzofen, doch gegen den Staub, der sich auf alles legte, war nichts auszurichten.

Im Tai-Chi-Unterricht praktizierten wir vorwiegend das Push Hands, eine Paarübung, bei der die Partner abwechselnd die aktive und die empfangende Rolle einnehmen, Druck ausübend und neutralisierend, dabei das Gewicht »von der Fülle in die Leere« verlagernd. Der tiefer entspannte Partner »entwurzelt« dabei den anderen, das heißt, er bringt ihn aus dem Gleichgewicht. Damit nichts passiert, wenn er taumelt und zu Boden geht, steht jemand bereit, um ihn aufzufangen. Da ich das Push Hands nur selten geübt hatte, fiel es meinem Gegenüber überaus leicht, einen Spannungspunkt zu finden und mich aus der Balance zu bringen.

Ich fand das frustrierend und zweifelte mit jedem Tag wieder mehr an mir selbst.

Inzwischen ging mir auch das Schreiben nicht mehr so leicht von der Hand. Anfangs hatte ich beinahe mühelos die Seiten gefüllt, zumindest kam es mir im Nachhinein so vor. Nun brütete ich gelegentlich ganze Abende über ein, zwei dürren Sätzen.

So entmutigend das sein mochte, meine Mitschüler motivierten mich doch immer wieder aufs Neue, indem sie mit gutem Beispiel vorangingen. Ganz zu schweigen von Meister Ch'ans wohlmeinenden Ermunterungen, die wir empfingen. Einmal, als wir uns gegenseitig die Gliedmaßen streckten, schenkte er mir – ja, mir! – sogar ein anerkennendes Lächeln. Leider konnte ich diesen für mich so befriedigenden Augenblick kaum genießen, da mir kurz darauf ein starker Schmerz in die Muskeln der rechten Hüfte fuhr, die sich von meinem Motorradunfall nie mehr vollständig erholt hatten.

Der Wind wollte und wollte nicht nachlassen. Wenn sich sein eiskaltes Flüstern zu einem Heulen steigerte und die Böen Schnee vor sich hertrieben, verlor der Bauernhof viel von seinem Charme. In stillen Augenblicken schloss ich die Augen und schwelgte in Erinnerungen an den warmen Sand der kalifornischen Strände.

Eines Morgens wachte ich so verfroren auf, dass ich auf der Stelle zum Laufen hinaus musste, um mich aufzuwärmen. Später saß ich wie üblich mit Chun Han beim Tee, und wir brachten uns gegenseitig Vokabeln auf Englisch und Mandarin bei. Eine besondere Herausforderung für mich stellte die Tatsache dar, dass jedes chinesische Wort seine Bedeutung verändert, je nachdem, in welchem der vier Töne es ausgesprochen wird. Chun Han hatte seinerseits große Schwierigkeiten mit der englischen Aussprache. Doch mithilfe lustiger Strichmännchen, die wir zur Verdeutlichung malten, konnten wir uns einigermaßen verständigen.

Je mehr Tai-Chi-Praxis ich bekam, umso leichter fiel es, die Formen präziser auszuführen und einen tieferen Entspannungszustand zu erreichen. Gelegentlich erlebte ich, dass ein plötzlicher Energieimpuls durch mich hindurchfuhr. Sobald die gröbsten Verspannungen abfielen, begann ich auch diejenigen Stellen zu erspüren, wo sich noch tiefere, subtilere Verspannungen hielten. Nach und nach verbesserte sich auch meine Push-Hands-Praxis ein Stück weit. Aber sobald ich glaubte, etwas endgültig gemeistert zu haben, und sei es noch so geringfügig, wurde ich regelmäßig auf die Matte geschickt.

Würde ich bis zu Hua Chis Ankunft überhaupt etwas von Bedeutung dazulernen? *Wenn mir doch nur ein paar Stunden Einzelunterricht bei Meister Ch'an gewährt würden!* Doch das schien nach wie vor unwahrscheinlich. Selbst die besten Schüler übten nur mit ihresgleichen. Immerhin stand mir Mei Bao des Öfteren zur Seite, um meine Fragen zu übersetzen oder einen komplizierten Sachverhalt zu erklären.

Eines Abends nach dem Essen fragte ich sie aus einer boshaften Laune heraus, wie es Meister Ch'an schaffte, diesen Ort nicht in einen Kult zu verwandeln. »Immerhin«, gab ich zu bedenken, »sind wir hier auf einem einsamen Hof der unumschränkten Autorität einer charismatischen Persönlichkeit ausgeliefert ...«

Mei Baos Augenbrauen zuckten. Sie versprach mir, Meister Ch'an diese Frage zu stellen.

Am nächsten Tag teilte sie mir seine Antwort mit. Mit einer ausholenden Geste deutete sie auf den Stall, die Felder, das kleine Haus und den Pavillon. »In gewisser Weise sind wir ein Kult. Aber sieht es aus wie ein böser Kult? Sind die Schüler willenlos? Sind sie krank oder unglücklich, werden sie ausgebeutet? Oder ist ihnen im Gegenteil nicht damit gedient, wenn sie dienen? Sieh mit den Augen. Spüre mit dem Herzen. Und denke mit deinem Gehirn.«

Ihre nächsten Worte waren unerwartet freimütig: »Wenn du über die Grenzen dieses Hofes blickst und ganz China betrachtest, dann siehst du viele Millionen, die unter der absoluten Herrschaft des ›Großen Steuermanns‹ leben. Alle müssen seine Worte auswendig lernen und laut vortragen. Es gibt Dekrete und Vorschriften, denen man sich nicht widersetzen darf, es gibt Manipulation und Propaganda. Ein Bruder wendet sich gegen den anderen, die Kinder gegen ihre Eltern, die Eltern gegeneinander, und alle wetteifern darum, möglichst große Hingabe und bedingungslosen Gehorsam an den Tag zu legen. Nur um das Wohlwollen des ›Großen Vorsitzenden‹ zu gewinnen. Da ist dein Kult, und sein Gott ist der Staat, und der Staat ist ein Mann, dem man entweder gehorcht, oder man wird bestraft.« Abrupt verstummte sie; vielleicht bereute sie es gar, so offen und unverblümt gesprochen zu haben. »Meister Ch'an und ich glauben fest daran, dass unser Volk diesen Abschnitt seiner Geschichte überwinden wird«, beschloss sie ihre Rede.

»Sind das Meister Ch'ans Worte oder deine?«, hakte ich nach, ebenfalls direkter als beabsichtigt.

»Es spielt keine Rolle, wessen Worte es sind«, entgegnete sie mit Nachdruck, »solange es die Wahrheit ist.«

Diese Bemerkung hallte in meinem Kopf nach, als ich mich nach dem Abendessen auf meine Bude begab. Bevor ich weiterschrieb, las ich mir die wenigen Seiten, die ich in den letzten Wochen geschafft hatte, noch einmal durch:

Hattest du als kleines Kind eine Vorstellung von deinem inneren Selbst? Oder ist »Selbstgefühl«, als Überzeugung einer in sich selbst beschlossenen Identität, nicht nur ein Konzept? Etwas Gedachtes, das auf sozialer Konvention beruht? In den ersten ein, zwei Monaten nach der Geburt war da nur reines, einfaches Gewahrsein, undifferenziertes Einssein, gleichsam ein traumgleiches Schwimmen in einer Suppe aus Eindrücken, denen weder Sinn noch Zweck zuzumessen war. Erst nach und nach, während des ersten Lebensjahrs, entsteht die Vorstellung vom »Ich«, und »Ich« beginnt zu verstehen, was die Eltern meinen, wenn sie auf »meinen« Körper zeigen und »mich« bei einem Namen nennen.

Jedes Kind, das diesem Zustand entgrenzter Bewusstheit entwächst, lernt, seine Wahrnehmung um einen zentralen Punkt namens »Ich« herum zu organisieren. Erst als Erwachsener ist es möglich, den Pfad zurück, in den Garten der Unschuld, wiederzuentdecken, ohne die aus der Erfahrung erwachsende Weisheit aufzugeben. Es ist sogar möglich, zwischen diesen beiden Welten hin und her zu wechseln. Wir alle können es, ob als spirituelle Meister, Künstler, Ärzte, Gärtner, Pfleger, Studierende — sogar als Bettler. Wir alle können in jedem Augenblick, aus welchem Grund auch immer, von der Sehnsucht nach dem Unnennbaren befallen werden, der Sehnsucht nach einer höheren Warte, von der aus wir die Wahrheit und die Möglichkeiten des eigenen Lebens erkennen.

Ich spürte, wie meine Zweifel schwanden. Aber was hatte ich mit der Ausformulierung von Socs Gedanken überhaupt erreicht? Socrates würde es vielleicht anzuerkennen wissen, doch wie würde all dies auf andere Leser wirken? *Kann man tatsächlich von einem Augenblick auf den nächsten zwischen den Welten wechseln?* Ich blätterte mehrere Seiten zurück und las die entsprechende Stelle.

Du musst keine vollständige Erleuchtung erleben, um Erleichterung zu erfahren. Auch an einem ganz normalen Tag kann ein Wahrnehmungswandel deine Brücke zwischen dem Weltlichen und dem Transzendenten sein, die dich vorübergehend von der Todesangst befreit und dir den Weg zur Unsterblichkeit offenbart.

Schon als ich Socs Einsichten in sorgsam gewählte Worte kleidete, war ich versucht gewesen, diese Gedanken als hochtrabend, als reine Spekulation abzutun – nur dass ich so etwas nicht übers Herz gebracht hätte. Während unserer gemeinsamen Zeit hatte Socrates vieles von sich gegeben, das zunächst seltsam klang. Später bekamen seine Worte mehr Wahrheit und Gewicht als alles, was ich zuvor im Leben gehört und gelernt hatte. Die Erinnerung daran war immer noch so lebhaft, dass es jetzt mir vorkam, als müsste ich nur nach nebenan gehen, um mich in seinem Büro wiederzufinden. In dieser Verfassung wagte ich es, mich mit einem seiner schwierigeren Gedankengänge zu beschäftigen. Es ging um die Frage nach dem Für und Wider der Identität.

Deine Identität als Mann, als Frau, als Angehöriger eines bestimmten Berufsstands, eines Vereins, eines Stammes oder einer Religion liefert dir ein Zusammengehörigkeits- und Gemeinschaftsgefühl. Doch jeder Zusammenhalt schließt auch aus, jedes Selbst bedingt ein Anderes, jedes »wir« ein »sie«.

Tagtäglich erlebst du Identität als ein verbindendes Gefühl mit Familienmitgliedern, Freunden und Lebenspartnern. Du identifizierst dich mit Figuren aus Romanen und Filmen, die dich in eine fiktive Welt versetzen, und gelangst auf diese Weise während deines Lebens viele Tausend Mal über dein eigenes Selbst hinaus. Und genau wie du dich mit einer fiktiven Figur identifizieren kannst und gleichzeitig weißt, dass du nicht diese Figur bist, begreifst du, dass du auch im alltäglichen Leben lediglich eine Figur darstellst.

Diese Erkenntnis öffnet einen Riss im Gefüge der Welt, durch den du hindurchschlüpfen kannst. Dadurch ist es möglich, so zu leben, als hättest du ein Selbst — ohne dich von ihm gefangen nehmen zu lassen. Dies ist der Anfang der Freiheit und des spontanen Lebens, in dem Beständigkeit und Erwartungen keine Rolle mehr spielen. Selbsttranszendenz ist nicht nur eine Möglichkeit, sondern eine Frage der Übung.

In dem Maß, in dem die Grenzen des Selbst – des isolierten, unveränderlichen Selbst – durchlässig werden und verschwimmen, wird auch das Konzept des Todes undeutlicher, weniger greifbar und offener für Fragen und Interpretationen. Welchen Verlust erleidest du, wenn du etwas aufgibst, das womöglich gar nicht existiert?

* * *

Mehrere Wochen vergingen. Ich musste oft an meine Tochter denken, obwohl – oder gerade weil – ich momentan unmöglich mit ihr Kontakt aufnehmen konnte. Eine Frage ging mir immer wieder durch den Kopf: *Was für ein Vater willst du sein, wenn wir wieder zusammen sein werden?* – Ende Februar ließen endlich die Schneestürme nach, obwohl es immer noch klirrend kalt war. Mei Bao fragte mich, ob ich sie ins Nachbardorf begleiten wolle. Nachbarschaft bedeutete hier: eine halbe Tagesreise entfernt. Doch ich willigte freudig ein und schrieb meiner Tochter die Postkarte, die ich in Hongkong gekauft hatte.

Wir brachen am nächsten Tag in der Morgendämmerung auf. Es war ein strammer Marsch. Immer wieder mussten wir uns unter tief hängenden Ästen ducken und über umgestürzte Baumstämme springen. Mei Bao hatte offensichtlich keinerlei Angst, sich im Wald zu verirren. Gelegentlich war der Pfad kaum zu erkennen, und ich hatte Mühe, mit ihr Schritt zu halten.

»Warum nimmst du diesen Weg auf dich?«, wollte ich wissen. »Kann nicht jemand aus dem Dorf alles Nötige liefern?«

»Unmöglich«, antwortete sie. »Wie du weißt, sind wir nur schwer zu finden.«

»Ich habe euch gefunden.«

»Das war auch deine Bestimmung.«

»Glaubst du das wirklich?«

Darauf gab sie keine Antwort.

Als der Pfad wieder breit genug war, um entspannter Seite an Seite zu gehen, fragte ich sie, woher sie kam und wo sie Englisch gelernt hatte.

Zunächst zögerte sie. Wahrscheinlich überlegte sie, wie viel sie mir verraten durfte. »Ich wurde in Hongkong geboren«, erzählte sie schließlich. »An meine frühe Kindheit habe ich nur glückliche Erinnerungen. Aber als ich sechs Jahre alt war, brannte eines Nachts das Mietshaus nieder, in dem wir wohnten. Manchmal, wenn alle schliefen, kroch ich aus meinem Bett und spielte auf dem Boden. Als das Feuer ausbrach, fiel ein brennender Balken direkt auf mein leeres Bett«, berichtete sie sichtlich bewegt und berührte die Narbe auf ihrer Wange. »Der Balken durchschlug auch ein Fenster und ermöglichte so meine Flucht. Meine Eltern, meine Schwestern und Brüder, alle, die im Haus waren, starben in den Flammen. Alle außer mir. Ich war die einzige Überlebende und empfand deshalb schwere Schuldgefühle.

Da ich niemanden mehr hatte, der sich um mich kümmerte, zog ich bettelnd durch die Straßen. Manche hatten Mitleid mit mir, doch niemand wollte ein entstelltes Mädchen aufnehmen. Irgendwann führte mich das Schicksal oder die Bestimmung in Hua Chis Haus. Sie selbst traf ich dort nicht an, doch der Garten, dieser Wald aus Blumen, schien mir ein ideales Versteck für die Nacht. Tagsüber ging ich betteln. Abends kehrte ich in die Zuflucht des Gartens zurück.

Von meinem Versteck aus beobachtete ich, wie Hua Chi

das Haus jeden Morgen verließ und gegen Abend zurückkehrte. Noch wagte ich nicht, mich zu zeigen, aus Angst, dass sie mich ausschimpfen und davonjagen würde.

Später eröffnete mir Hua Chi, dass sie vom ersten Tag an von meiner Anwesenheit gewusst hatte. Sie hat sehr wache Sinne. Später legte sie mir immer etwas Obst auf einer sauberen Serviette vor mein Versteck. Zunächst dachte ich, sie wollte die Vögel füttern. Als ich begriff, dass es für mich war, zeigte ich mich. Eines Tages kam sie nach Hause und sah mich vor der Haustür sitzen. Diese Geschichte erzählt sie nur zu gerne. Und sie vergisst nie zu erwähnen, wie ordentlich ich die Servietten zusammengefaltet habe.« Mei Bao schien völlig in der Erinnerung aufzugehen. Ihre Finger bewegten sich, als würde sie eine Serviette falten.

»Hua Chi nahm mich bei sich auf. Sie brachte mir alles bei, was man zum Leben braucht, und schickte mich auf verschiedene Schulen, wo ich mehrere Sprachen lernte – Englisch, Französisch, Deutsch. Ich lernte fleißig, um meine neue Mutter stolz zu machen.

Außerdem ermutigte sie mich zum Studium verschiedener Kampfkunststile. Das sei gut für die Gesundheit, sagte sie, doch in Wahrheit wollte sie, dass ich mich nie wieder herumschubsen ließ. Als ich elf Jahre alt war, brachte sie mich hierher. Seitdem ist Meister Ch'an mein Vater.«

Von einem Moment auf den anderen war sie wieder im Hier und Jetzt – sie drehte sich um und deutete in die Schatten des Waldes. »Da – schau!« Sobald ich mich umwandte, verschwanden zwei funkelnde Augen und eine pechschwarze Schnauze zwischen den Ästen.

»Ein Leopard«, wisperte sie. »Einer der Wächter.« Auf dem weiteren Weg warf ich nicht nur einmal einen Blick über meine Schulter.

Wir erreichten das Dorf – angesichts meiner letzten Erfahrung allein im Wald früher als gedacht. Mei Bao wies mich an, mich zwischen den Bäumen zu verstecken. Erst war ich enttäuscht, doch dann verstand ich und gab nach. Sie durfte auf keinen Fall in Begleitung eines Fremden gesehen werden. Selbst an einem so abgelegenen Ort machten Gerüchte schnell die Runde.

Beinahe hätte ich vergessen, ihr die Postkarte und den Rest des chinesischen Gelds zu geben. Ich bat sie, die Karte für mich aufzugeben. Sie zögerte kurz, dann nahm sie sie an sich. »Ich schreibe ein paar Zeilen auf Chinesisch an den oberen Rand. Dann wird dem Ladenbesitzer nicht so sehr auffallen, dass der Rest auf Englisch ist.«

Ich musste nicht lange warten, bis Mei Bao mit mehreren Stoff- und Seidenballen sowie getrockneten Früchten zurückkehrte. Der Großteil der Einkäufe war in einem einfachen Rucksack verstaut, den sie mir überreichte. Sie hatte die Karte tatsächlich problemlos aufgeben können.

Auf dem Rückweg pflückten wir ein paar Rote Winterbeeren und sammelten einige Zweige des Hong-Hua-Krauts für Meister Ch'an. Mei Bao wusste genau, wo sie unter der Schneedecke zu finden waren.

Wir kamen schnell voran, indem wir demselben Pfad folgten, auf dem wir gekommen waren. Dann hörte ich ganz in der Nähe ein Krachen wie von einem fallenden Baum. Ich blickte auf und sah mit Entsetzen, wie Mei Bao das Gleichgewicht verlor, wie sie taumelte und seitlich zu Boden ging. Über ihr baute sich derselbe riesige Bär auf, der mich über den Abgrund getrieben hatte …

Zweiundzwanzig

Mei Bao lag auf dem Boden und der Bär holte mit seiner Pranke zum tödlichen Hieb aus. Ohne Bedenken stürmte ich los. Ich hörte einen wütenden Schrei – meinen eigenen. Anscheinend erschrak das Untier, jedenfalls wich es zurück. Ich meinte ein Stöhnen zu hören und beugte mich über Mei Bao, um ihr so schnell wie möglich aufzuhelfen. Sie hatte eine Hand vor den Mund gelegt – um nicht laut loszuprusten!

»Was war denn das gerade? Bist du verletzt?«

»N… n… nein, Dan.« Sie nahm die Hand vom Mund und kicherte. »Mir geht's gut. Aber ich glaube, du hast Hong Hongs Gefühle verletzt. Er wollte nur spielen.«

»Hong Hong? Das Vieh hat einen Namen?«

»Warum flüsterst du?« Jetzt lachte sie laut auf und brachte kaum ein Wort heraus. Ich hörte ein kratzendes Geräusch und drehte mich um. Hong Hong rieb sich an einem Baum.

»Mach ihm nicht noch mehr Angst«, mahnte Mei Bao, wieder ernst geworden, und stand auf. »Er ist nämlich ein sehr wohlerzogener Bär. Und ebenfalls ein Wächter des Waldes. Es gibt nicht mehr viele zahme Tiere hier, und Hong Hong ist uns lieb und teuer. Manchmal schleicht er sich an mich heran und versucht, mich umzuschubsen. Zum Glück hast du ihn nicht verletzt!« Ich traute meinen Ohren nicht – und meinen Augen: Sie näherte sich dem Bären und streckte auch noch vertraulich die Hand aus, um ihm den Nacken zu kraulen. Genießerisch ging er auf alle viere. »Dan, bitte entschuldige dich bei ihm. Er ist ziemlich sensibel.«

Seine gewaltige Schnauze fest im Blick, riss ich mich zusammen. »Hallo, Hong Hong, ähm, tut mir leid, dass ich dich erschreckt habe«, brachte ich heraus. Dann streckte ich die Hand aus – in der Hoffnung, dass ich sie auch behielt. Der Bär schnupperte lautstark daran, dann warf er Mei Bao einen letzten Blick zu, grunzte und trottete zurück in den Wald.

»Er mag dich«, stellte sie zufrieden fest. »Du hast Mut bewiesen. Konntest ja nicht wissen, dass er zahm ist. Hong Hong kann die Leute schon nervös machen.«

»Was du nicht sagst«. – Da mochte ich wirklich nur beipflichten, eingedenk seiner bärenstarken Vorstellung bei unserer ersten Begegnung.

Mei Bao war in bester Laune. »Du warst tapfer, wolltest mir das Leben retten. Dafür danke ich dir.« Sie verbeugte sich.

»Das erinnert mich an den wilden Stier, dem ich einmal Beine gemacht habe.«

»Wirklich? Wie hast du das denn fertiggebracht?«

»Ganz einfach: Ich lief weg, und der Stier lief hinter mir her.«

Wieder lachte sie. Die Sonne stand direkt über ihrem Kopf. Anscheinend bemerkte sie es ebenfalls. »Wir sollten schneller gehen, damit wir die Schule vor Einbruch der Dunkelheit erreichen.«

Eine halbe Stunde später begrüßte uns die Hofkatze mit einem lauten *Miau*. »Würdest du mir das übersetzen?«, bat ich.

»Ich würde, wenn es Mandarin oder Kantonesisch wäre. Aber sie kann nur Mandschurisch«, spielte sie mir den Ball launig zurück.

An diesem Abend war ich zu müde zum Schreiben und ging direkt ins Bett. Doch schon am nächsten Tag machte ich mich in der Mittagspause und am Abend daran, Socrates' Gedanken über Wissenschaft und Glauben weiter auszuführen.

Wissenschaft und Glaube repräsentieren zwei unterschiedliche Weltsichten, die das Paradoxon der konventionellen und transzendenten Wahrheit zum Ausdruck bringen — eine Wahrheit des Körpers und eine Wahrheit der Seele. Wenn eine Theorie auf den Prüfstand gestellt werden kann, dann gehört sie ins Reich der Wissenschaft; wenn nicht, ist sie dem Reich des Glaubens zuzuordnen. Beides verdient unseren Respekt, darf jedoch nicht miteinander verwechselt werden. Die Wissenschaft hat sich zur vorherrschenden Methode entwickelt, um die Realität zu erkunden. Der Glaube dagegen ist für viele Trost und ein Quell der Inspiration. Wissenschaft und Technologie können ein besseres, angenehmeres Leben ermöglichen. Der Glaube dagegen appelliert an unsere höchsten Ideale, an unsere Liebe und Mitmenschlichkeit und erinnert uns daran, dass wir im Grunde alle eins sind. In den höchsten Höhen der Wissenschaft sehen wir uns mit Fragen konfrontiert, die die Mysterien des Glaubens berühren. Sobald der Glaube sich seiner selbst bewusst wird, erkennt er die Beschränkungen der alten Legenden und sucht sich neue Narrative, die mit dem zunehmenden Wissen der Menschheit vereinbar sind.

Alle bestehenden Konstrukte oder Modelle, die dich in der Konsenswirklichkeit verwurzeln — darunter auch religiöse oder metaphysische Vorstellungen von Gott, der Seele, dem Himmel oder der Reinkarnation —, überdauern, weil sie behaupten, das Geheimnis des Lebens zu kennen und erklären zu können. Ob du diese Vorstellungen als offenbarte Wahrheit akzeptierst oder für eine Metapher hältst, hängt von deinen Werten und Bedürfnissen ab. Du kannst sie auch rundheraus ablehnen. In erster Linie geht es nicht darum, ob wissenschaftliche Theorien oder religiöse Dogmen wahr sind, sondern ob sie nützlich sein können. Spenden sie Trost? Sorgen sie für Klarheit? Helfen sie dir dabei, höhere Wahrheiten zu erkennen, oder ziehen sie dich tiefer in die Illusion? Du entscheidest selbst, was du für wahr hältst, aber du kannst nicht für andere entscheiden.

Das Leben hier war einfach und bodenständig: arbeiten, üben, Unterricht geben, essen, schlafen. Es war seltsam, an diesem Ort so hochfliegende Gedanken über die Natur und Bedeutung unserer Existenz zu Papier zu bringen. Obwohl ich meine Schüler stets daran erinnerte, die Turnstunden mit dem praktischen Leben in Einklang zu bringen, fragte ich mich doch: *Ist das alles nur Wunschdenken und philosophische Spekulation? Habe ich vielleicht etwas übersehen? Wird das Schreiben mir helfen, sinnerfüllt zu leben, oder muss ich diese Suche aufgeben?*

In jener Nacht wälzte ich mich auf meinem Lager hin und her, und als der Hahn krähte, hatte ich noch kein Auge zugetan. Während des folgenden Tages wurde ich so sehr von Zweifeln geplagt, dass ich mein Notizbuch für mehrere Tage zur Seite legte und mir Socs Aufzeichnungen wieder und wieder durchlas. *Dan, brauchst du mal wieder ein Zeichen?*, frotzelte ich mich nach einer weiteren durchwachten und durchgrübelten Nacht selbst an.

Eines Abends beschloss ich, weder zu schlafen noch vom Schreibtisch aufzustehen, bis ich zumindest den ernsthaften Versuch unternommen hatte, eine Antwort auf meine brennende Frage zu finden. Ich las mir die ersten Seiten, die ich seinerzeit so mühelos verfasst hatte, ein weiteres Mal durch. Besonders eine Phrase stach mir ins Auge: »… das Leben ist ein Spiel, das man spielen kann, als ob es ernst wäre.« *Als ob …* dachte ich und schrieb.

Selbst von einer persönlichen Warte aus kann man in jedem beliebigen Augenblick die Welt auf zwei verschiedenen Ebenen erleben und wahrnehmen.

Die übliche Sichtweise ist auf die Dinge des täglichen Lebens zugeschnitten. Man lebt, als besäße man ein individuelles Selbst, und was man erlebt und tut, ist real und bedeutsam.

Von einer übergeordneten Perspektive aus ist man hingegen weit weniger mit dem verflochten, was man erlebt. Es besteht eine größere Offenheit für ekstatische Erfahrungen — oder einfach dafür, grundlos glücklich zu sein. Du lebst, als wären du und die Welt Teil eines betörenden Traums. Jede dieser Sichtweisen bringt eine unterschiedliche Erfahrung mit sich. Wie heißt es so schön: »Zwei Gefangene schauen durch die Gitterstäbe. Der eine sieht den Schlamm am Boden, der andere die Sterne am Himmel.«

Durch einen Wandel der Wahrnehmung kannst du vom einen in den anderen Bewusstseinszustand wechseln. Oder in beiden gleichzeitig weilen: Ungeachtet des Zeitpunkts oder der Umstände verbleibst du in der konventionellen Welt und kannst dir gleichzeitig jene transzendente Erfahrungsebene zu eigen machen, die durch Religion und Spiritualität eröffnet wird.

Ich las mir alles noch einmal durch und ließ es eine Weile lang sacken. Dann war ich bereit, mich den vier Paradoxa zu stellen:

Aus <u>konventioneller</u> Perspektive sind folgende vier Aussagen wahr und werden durch alltägliche Erfahrungen und die Konsenswirklichkeit bestätigt:

Erstens: Die Zeit vergeht.
Zweitens: Du besitzt einen freien Willen und bist für deine Entscheidungen verantwortlich.
Drittens: Du bist (oder hast) ein inneres Selbst.
Viertens: Der Tod ist real, unausweichlich und unumkehrbar.

Aus <u>transzendentaler</u> Perspektive dagegen sind die nächstfolgenden vier Aussagen wahr. Sie gründen auf den Erkenntnissen und Berichten spirituell Suchender, von Mönchen, Mystikern, Philosophen und einer wachsenden Zahl von Wissenschaftlern, die einen Blick auf eine andere Ordnung der Wirklichkeit werfen durften.

Erstens: Die Zeit ist ein menschliches Konstrukt; es existiert allein die immerwährende Gegenwart.

Zweitens: Deine Entscheidungen sind durch eine Reihe innerer und äußerer Faktoren vorherbestimmt.

Drittens: Es gibt kein individuelles Selbst — nur ein und dasselbe Bewusstsein, das in Milliarden Augen funkelt.

Viertens: Der Tod kann nicht existieren, da das eine Bewusstsein weder geboren wird noch sterben kann.

Gib dich damit zufrieden, transzendente Wahrheiten so zu betrachten wie die Sterne, die du auch nur gelegentlich klar am Himmel erkennst. Um Wolken und Nebel zu durchschauen, musst du zunächst die konventionellen und transzendenten Wahrheiten der vier Paradoxa genauer betrachten:

<u>Die Zeit vergeht.</u> * <u>Es gibt keine Zeit, nur die immerwährende Gegenwart.</u>

Die Zeit ist ein menschliches Konstrukt, das wir für die Wirklichkeit halten. Die Zeiger der Uhr bewegen sich; Minuten, Stunden, Tage und Jahre vergehen. Um zehn Uhr kannst du dich daran erinnern, was du um neun Uhr getan hast. Man spricht von gestern, heute und morgen. Die Zeit schreitet voran und wartet auf niemanden. Das Altern eines Körpers – deines eigenen und das der Körper deiner Mitmenschen – ist ein Beweis dafür, dass die Zeit vergeht.

Aus transzendenter Sicht hast du nur diesen (und wieder und wieder nur diesen) gegenwärtigen Augenblick. Alles andere sind Erinnerungen – auch als Vergangenheit bezeichnet – und Vorstellungen – auch Zukunft genannt. Doch die Vergangenheit existiert nicht mehr, und das Morgen kommt nie.

Du sitzt in einem Boot, das den Fluss der Zeit hinunter treibt. Jemand am Ufer sieht ein Boot, das von der Vergangenheit über die Gegenwart in die Zukunft treibt — du dagegen sitzt absolut still in der immerwährenden Gegenwart.

<u>Du kannst dich frei entscheiden.</u> * <u>Jede Entscheidung wird durch all das bestimmt, was vorher kam.</u>

Du triffst jeden Tag von den Umständen abhängige Entscheidungen. Jede Entscheidung ist ein Ausdruck deines freien Willens. Also bist du bis zu einem gewissen Grad für deine Entscheidungen und ihre moralischen und rechtlichen Konsequenzen verantwortlich. Eine Gesellschaft funktioniert reibungsloser, wenn alle diese Realität anerkennen.

Aus transzendentaler Sicht sind deine Entscheidungen und Handlungen eine natürliche und unvermeidliche Folge der historischen, genetischen und umweltbedingten Faktoren, die dich geformt haben. Wie ein weiser Mann einmal gesagt hat: Alles, was jemals geschehen ist, die Geburt eines jeden Sterns, jeden Moleküls, jeder Lebensweg und jede Handlung jedes Menschen, der je gelebt hat, hat dich an diesen Moment gebracht. Du kannst dich frei entscheiden — aber kannst du auch entscheiden, wie du dich entscheiden wirst? Oder liegen deinen Entscheidungen unbewusste Faktoren zugrunde?

Damit hatte ich die Bedeutung und die Botschaft von Socrates' Notizen zu meiner Zufriedenheit ausformuliert. Trotzdem war mir die Vorstellung, dass unsere Entscheidungen vorherbestimmt sind, irgendwie unangenehm. Wenn der freie Wille eine Illusion ist, wie verhält es sich dann mit der Verantwortung?

Ich dachte an die sogenannten Ikonen der Menschheitsgeschichte: Philosophen, Verbrecher, Heilige. *Haben sie den Pfad, der sie zu Ruhm, Schande oder ins Martyrium geführt hat, selbst gewählt? Wer von uns kennt seine Zukunft, wer kann sie beeinflussen? Werden wir von unserem Willen angetrieben, oder sind wir Spielball des Schicksals und des Glücks?*

Mit diesen Gedanken im Hinterkopf schrieb ich weiter.

<u>Wir besitzen ein subjektives Selbst.</u> * <u>Wir sind alle Teil desselben Bewusstseins.</u>

Üblicherweise kann ein anderer Körper deinen Schmerz nicht spüren, deine Gedanken nicht denken und deine Gefühle nicht empfinden. Folglich besitzt du ein subjektives Selbst. Jedes Missverständnis macht dir deine Individualität aufs Neue bewusst.

Aus transzendentaler Sicht ist das »Ich« eine hartnäckige Illusion. Milliarden von Körpern leben tagtäglich, ohne dass ein unabhängiges inneres Selbst am Ruder ist (sofern es überhaupt existiert).

Der Tod ist real. * *Das Leben ist ewig.*

Eine sterbende Person oder ein Leichnam ist real. Der Körper erkaltet und fängt an zu verwesen. Der Lebensfunke, der einst in den Augen dieses Körpers leuchtete, ist erloschen.

Aus transzendentaler Sicht hat das Kommen und Gehen eines Körpers eine ähnliche Auswirkung auf das Bewusstsein wie ein Blatt, das vom Baum fällt. Man kann den Verlust betrauern, den man beim Tod eines physischen Körpers verspürt, ohne ihn als einzige Wahrheit zu akzeptieren. In der ewigen Gegenwart werfen auch geliebte Menschen einfach nur die Hülle der Individualität ab, werden aber in dir, in deiner Erinnerung und durch alle Arten, auf die sie dich während eurer gemeinsamen Zeit beeinflusst haben, weiterleben.

Das, was du als »Ich« bezeichnest, besitzt kein Bewusstsein. Das wahre »Ich« ist ein Bewusstsein, das niemals geboren wurde und niemals stirbt. Mit dieser Erkenntnis wird der Tod des physischen Körpers ein völlig natürlicher und akzeptabler Vorgang. Die Weisen nahmen das Leben, wie es kommt, und standen dem Tod teilnahmslos gegenüber.

Vielleicht begreifst du diese Einsicht jetzt, vergisst sie wieder und erinnerst dich später daran. In jenen Augenblicken des Erinnerns ist dein Herz von der transzendenten Wahrheit erfüllt *und du erkennst, wer du wirklich bist — und dann bist du unsterblich.*

Der Dichter Alfred Lord Tennyson machte diese Erfahrung schon früh im Leben: »Ich erlebte schon als Junge häufig eine Art Trance, wenn ich allein war. Sie überkam mich gewöhnlich, wenn ich meinen eigenen Namen still zwei oder drei Mal für mich wiederholte, bis sich plötzlich aus dem intensiven individuellen Bewusstsein heraus meine Individualität auflöste und im grenzenlosen Sein zerrann. Das ist kein konfuser Zustand, sondern der klarste, der sicherste und der seltsamste von allen, völlig unbeschreiblich, in dem der Tod eine völlig lächerliche Unmöglichkeit ist.«

Nun hatte ich keine Lust mehr, alte und neue Ideen hin und her zu wälzen, und zumindest heute Abend war ich zu erschöpft, um weiter darüber nachzudenken. Da fiel mir wieder einmal etwas ein, das Socrates mir mitgab: »Es gibt keinen Sieg über den Tod. Es gibt nur die Erkenntnis, *wer* wir wirklich sind.« Jetzt verstand ich. Trotzdem würde ich weiterhin in einem konventionellen Bewusstseinszustand um Freunde und Angehörige trauern. Doch allmählich dämmerte mir, dass der Verlust dieser Menschen nicht die ganze Wahrheit ist. Meine Großeltern waren immer noch bei mir: in meiner Erinnerung, in meinem Herzen und auf die vielfältige Art und Weise, in der sie mich während unserer gemeinsamen Zeit für mein ganzes Leben inspirierten.

Dreiundzwanzig

Wie schon der Winter kam auch der Frühling sehr plötzlich. Nun konnte es nicht mehr lange dauern, bis Hua Chi eintreffen würde – wenn sie denn überhaupt kam. Erneut wurde ich unruhig. Diese Schule, dieser Bauernhof waren nur ein Zwischenstopp und nicht mein eigentliches Ziel.

Einmal schrieb ich die ganze Nacht durch. Ich hatte nicht damit gerechnet, die Arbeit so bald zu beenden, doch den letzten Teil konnte ich beinahe Wort für Wort aus Socs Aufzeichnungen übertragen. Er musste seine letzten Worte in einem Augenblick der Klarheit voll Energie und Inspiration niedergeschrieben haben. Dann verbarg er das Buch im Berg.

Sowohl der konventionelle als auch der transzendentale Bewusstseinszustand hat seinen Wert. Wenn man im Alltag keinen Frieden findet, wird man ihn auch sonst nirgends finden. Über das konventionelle Denken hinauszublicken ist kein Akt des Willens, sondern der Erinnerung. Sobald du die Tiefenentspannung erfährst, fällt es dir leichter, in diesen Zustand zurückzukehren. Dasselbe gilt für das Transzendente.

Selbst in Augenblicken erweiterten Gewahrseins musst du den Müll rausbringen und die Wäsche waschen. Im gewöhnlichen Leben — also wenn das, was du tust, im Einklang mit allem stehen muss, was dich so hat werden lassen, wie du bist — gehst du sinnvollerweise davon aus, dass die Zeit existiert, und sei es nur um deines Terminkalenders willen. Lebe so, dass du bewusste Entscheidungen treffen kannst, damit du auch in der Lage bist, die Verantwortung für sie zu übernehmen. Stelle in Rechnung, dass Unfälle passieren können. So bleibst du wachsam. Lebe so, als wärst du ein unabhängiges Individuum, damit du deine inneren Werte und deine einzigartige Bestimmung zu schätzen lernst. Und lebe so, als ob der Tod real wäre, damit du die kostbare Gelegenheit, die das Leben auf diesem Planeten darstellt, in vollen Zügen genießen kannst.

Solange du transzendente Wahrheiten nicht unmittelbar erlebt hast, solltest du zumindest ihre Möglichkeit in Betracht ziehen. Du kannst zwischen konventioneller und transzendenter Bewusstheit wechseln, indem du deine Wahrnehmung entsprechend änderst — je nachdem, wie es die Umstände erfordern. Bis dahin darfst du den Glauben ebenso wenig verlieren wie das Paradoxe, den Humor und den Wandel; aber *respektiere die Illusionen des alltäglichen Lebens.*

Sich über die Umstände zu erheben und die Vollkommenheit der Entfaltung des Lebens zu würdigen war noch nie leicht. Deine Aufmerksamkeit wird, und das ganz zu Recht, hauptsächlich auf den alltäglichen Pflichten liegen. Doch hin und wieder solltest du dich deines Gespürs für Gleichgewicht, Perspektive und Humor entsinnen – dies heißt, das bessere Teil zu erwählen.

Willkommen im Reich des Fleisches und des Geistes und der Wahrheiten, die ihnen zugrunde liegen. Willkommen zu Hause.

Meine Arbeit war getan, ich hatte meinen Part zumindest für den Augenblick erfüllt. Als ich meinen Text noch einmal durchging – hatte ich wirklich nur zwanzig Seiten geschrieben? –, las ich ihn nicht wie sein Verfasser, sondern wie der Übersetzer der Einsichten meines Lehrers.

Ich saß an einem kleinen Schreibtisch auf einem Bauernhof in einem Wald am Ende der Welt und musste der Tatsache ins Auge sehen, dass sich mein eigenes Bewusstsein so wie das der meisten Menschen in erster Linie auf die konventionelle Ebene konzentrierte. Und wie die meisten Menschen sehnte ich mich nach Transzendenz, nach einer wie auch immer gearteten Befreiung. Eine Sehnsucht, die vermutlich das Fundament aller Religionen und spirituellen Bewegungen bildet. Von den gelegentlichen Einblicken und

Visionen, die mir Socrates in den vergangenen Jahren gewährt hatte, sowie Meditation, psychedelischen Drogen und anderen mystischen Erfahrungen abgesehen sah ich nur eine Möglichkeit, den transzendentalen Zustand zu erreichen, den er beschrieb: eben jene Bewusstseinsverlagerung oder Erinnerungsleistung.

Mir war durchaus bewusst, dass sich angesehene Philosophen, Physiker und Psychologen aus verschiedensten Blickwinkeln und bis ins kleinste Detail mit der Natur der Zeit, des freien Willens, des Selbst und des Todes auseinandergesetzt hatten. Doch Socs Interpretation des Paradoxen – der Natur konventioneller und transzendentaler Wahrheiten – war das erste mir bekannte Gedankenkonstrukt, das die widersprüchlichen Realitätswahrnehmungen in Einklang brachte. Nun konnte ich nur hoffen, dass diese existenziellen Einsichten, die ich ausformuliert hatte, das Leben anderer Menschen ebenso wandeln würde wie mein eigenes. Noch war meine Suche nicht beendet, doch ich hatte zumindest eine Ahnung von den Möglichkeiten, die sich hier auftaten.

**

Zwei Tage später sprang ich bei Sonnenuntergang in den Bach und ließ mir unter dem Wasserfall, den ich mit Chun Han gebaut hatte, das sehr, sehr kühle Nass über Kopf und Schultern laufen. Es reinigte mir Körper *und* Geist. Hinter den Vorhang prasselnder, spritzender Fluten, der mich umgab, konnte ich nicht sehen, sehr wohl aber hörte ich vom Ufer her Gelächter und Chun Hans heiseres Bellen.

Später an diesem Abend versammelten wir uns, um die Ankunft des Frühlings zu feiern. Überall bunte Lichter,

Funken sprühendes Feuerwerk, atemberaubende Kostüme und wirbelnde Akrobaten – meine Schüler. Diesmal übernahm Chun Han die Lehrerrolle und wies seine Schützlinge an, höher und höher in die Luft zu springen und so der Freiheit von den Zwängen der Schwerkraft Ausdruck zu verleihen.

Mehrere Schüler packten mich an den Armen und zogen mich in einen wilden Tanz. Die jungen Männer und Frauen wirbelten mit strahlenden Gesichtern im Kreis und wiederholten immer wieder denselben chinesischen Gesang, bis ich mich in den Lichtern und dem Lachen verlor. Alle, die sich im Pavillon versammelt hatten, schienen über dem Boden zu schweben und leichter als Luft zu sein. Und in der Entfernung sangen einige Schüler: »Row, row, row your boat, gently down the stream ...«

In den frühen Morgenstunden kehrte ich in die Einsamkeit des Stalls zurück. In der Ferne hallten noch immer Mandoline, Flöte, Dotar und Trommel in den Nachthimmel. Die Töne schwebten einem Mond entgegen, der so hellgelb war wie Yakkäse. Aus einer Laune heraus ging ich zu dem Wasserfall hinüber, den ich insgeheim als »Chun-Han-Fall« bezeichnete, um einen letzten Blick auf das im Schein der Laternen und des untergehenden Mondes glitzernde Wasser zu werfen.

Für mich gab es einen ganz persönlichen Grund zum Feiern, denn ich hatte die Aufgabe, mit der ich hierhergekommen war, erfüllt und das aufgeschrieben, was ich hatte aufschreiben wollen. Eine Leistung, die mir noch ein paar Monate zuvor, als ich Socs Brief gefunden hatte, unmöglich erschienen war. Ich fühlte mich, als würde mich der große Tao-Fluss wie ein Laubblatt über seine wirbelnde Strömung tragen.

Doch manchmal gerät man auch in eine Stromschnelle.

Am nächsten Tag ging ich nach dem Abendessen auf mein Zimmer. Wie so oft griff ich voller Vorfreude auf die Lektüre in den Rucksack, um beide Bücher herauszuholen.

Verwirrt leerte ich den Rucksack. Dann durchsuchte ich jeden Winkel meines Quartiers. Dann noch einmal. So unerklärlich es auch schien, Tatsache war: Sowohl Socs Buch als auch meine eigenen Aufzeichnungen waren spurlos verschwunden ...

Vierundzwanzig

Ich wollte, ich könnte sagen, dass mir angesichts dieses schweren Verlusts meine monatelange körperlich-spirituelle Übung und das meditative Schreiben das Loslassen erleichtert hätten. Für meine Begriffe wäre das die ideale Reaktion gewesen – aber es fühlte sich völlig unrealistisch an. Stattdessen: Selbstvorwürfe. *Warum habe ich Socs Buch nicht fotokopiert, als ich in Hongkong die Gelegenheit dazu hatte? Warum habe ich nicht von vornherein alles Wort für Wort übertragen?* Ein Strudel der Gefühle brach über mich herein, Adrenalin durchflutete meinen Körper.

Vielleicht habe ich die Bücher nur verräumt, suchte ich einen Funken Hoffnung krampfhaft am Leben zu erhalten. Es zog nur eine weitere verzweifelte (und fruchtlose) Suche nach sich. *Vielleicht bin ich schlafgewandelt und habe sie dabei irgendwo hingelegt?* Nein, ich hatte die Bücher ja heute Morgen noch gesehen. Jetzt konnte ich nachempfinden, wie sich Socrates gefühlt haben musste, als er – ohne sein Tagebuch und jeder Ahnung beraubt, wo es sich befinden könnte – aus dem Fieber erwachte.

Wer könnte sie gestohlen haben? – Das war wohl die Frage, die man sich vorlegen musste. Es ergab doch keinen Sinn! Niemand hier wusste von den Büchern oder hatte einen Grund, sie an sich zu nehmen. Außer Mei Bao konnte sie ja auch keiner lesen, und sie hätte mich nur zu fragen brauchen. Ich stellte mir die Gesichter von Mei Bao, Chun Han, Meister Ch'an und die meiner Schüler vor. Während ich sie alle vor meinem inneren Auge vorüberziehen ließ, kam mein Körper allmählich zur Ruhe. Panik und Wut hatten ihren Höhepunkt überschritten und legten sich. Mit meinem Körper entspannte sich auch mein Geist. Ich begann den Tatsachen ins Auge zu sehen und sie zu akzeptieren: Die Bücher waren verschwunden, und ich hatte keine Ahnung wohin. Daran würde sich auch bis zum nächsten Tag nichts ändern, also legte ich mich schlafen.

Früh am nächsten Morgen machte ich mich auf die Suche nach Mei Bao. Ich blieb wie angewurzelt stehen, als ich eine vertraute Gestalt im Trainingsanzug und mit weißen Strähnen im Haar auf der Treppe zum Haupthaus erblickte. »Hua Chi!«, rief ich hocherfreut und lief auf sie zu.

Sie drehte sich um und lächelte. »Was für eine überschwängliche amerikanische Begrüßung!« Sofort blieb ich stehen und verbeugte mich. Sie musterte mich anerkennend. »Gut siehst du aus, Dan. Ich wäre schon früher gekommen, aber der Frost hat mich aufgehalten. Wir werden in wenigen Tagen abreisen.«

»Hua Chi, ich muss dir sagen, dass ...«

»Wir werden uns bald unterhalten, Dan. Du hast ohne Zweifel viel zu berichten. Doch erst muss ich meinem Bruder und Mei Bao gebührend die Ehre erweisen.«

Davon ließ sie sich durch keinen Einwand abhalten. Hua Chi drehte sich um und trat durch den Perlenvorhang, hinter dem die einzigen Personen warteten, die unter Umständen eine Lösung für mein Problem hatten. Widerwillig machte ich mich an die morgendlichen Pflichten. Ich wusste gar nicht, wovon ich ihr zuerst erzählen sollte. Seit unserem letzten Treffen war so viel passiert. Doch das Verschwinden der Bücher musste ich als Erstes zur Sprache bringen.

Vergeblich versuchte ich mich davon zu überzeugen, dass der Verlust von Socs Buch und meinen Aufzeichnungen keine Rolle spielte. Davon würde die Welt nicht untergehen – nur meine Welt, meine Ziele. Dass die Bücher verschwunden waren, war eine unumstößliche Tatsache. Mich beschäftigte in erster Linie meine Reaktion auf diesen Umstand.

Kurze Zeit später holte mich Hua Chi ab, und wir spazierten um den Hof. »Mein Bruder und Mei Bao sind sehr zufrieden mit dir, sowohl als Schüler wie auch als Lehrer«, lobte sie mich, sobald wir den Waldrand erreichten. »Was auch immer die Zukunft bringen mag, du hast deinen Beitrag geleistet.«

»Freut mich zu hören, Hua Chi, und ich bin wirklich froh, dich zu sehen, aber damals in Hongkong habe ich dir von dem Buch erzählt, das ich gefunden habe.« – Ich zwang mich dazu, langsamer zu sprechen. – »Ich habe eine längere Version geschrieben. Das war harte Arbeit, doch das Buch und meine Aufzeichnungen sind gestern verschwunden. Ich weiß nicht …«

»Ach, mach dir darüber keine Sorgen«, suchte sie mich zu beruhigen und winkte ab. »Die Bücher sind in guten Händen. Ich habe sie mir nur ausgeborgt.«

Ich blieb wie erstarrt am Rand eines frisch bestellten Ackers stehen. Hua Chi hielt ebenfalls inne, um die Feldarbeit zu bewundern. Ich dagegen war nicht in der Lage, irgendetwas zu bewundern oder überhaupt etwas zu sehen. Als hätte ich Scheuklappen auf. Ihre Worte hatten Erleichterung, Verwirrung, Wut und Sprachlosigkeit zur Folge. Von Letzterer war ich schnell kuriert. »Du hast *was?*«, rief ich empört aus. »Aber warum? Und weshalb hast du mir nichts davon gesagt?«

»Ach, ich wollte mal sehen, was passiert.«

War das wieder ein Rätsel? Hatte sich Papa Joe ihrer Gestalt bemächtigt? Selbst das hätte mich in diesem Augenblick nicht verwundert. »Erkläre mir's. Bitte.« Mehr brachte ich nicht heraus.

Hua Chi zuckte freundlich und so entspannt wie immer mit den Schultern und setzte ihren Weg zum Speisesaal fort. »Damals hast du mir beim Tee von dem Buch erzählt, Dan – und dass jemand danach sucht.«

»Ja, ich erinnere mich.«

»Und erinnerst du dich auch daran, dass du mir einen Zettel mit dem Namen einer Frau und ihrer Telefonnummer gegeben hast?«

»Ja, aber was hat das mit …«

»Ich habe ein paar Tage später unter der Nummer angerufen und mit Ama gesprochen. Aus ihrer Stimme waren gleichermaßen Kraft wie Güte herauszuhören. Ich sagte ihr, dass du das Buch gefunden hast. Sie schien sich aufrichtig für dich zu freuen, war sogar ein bisschen aufgeregt. Also stellte ich mich ihr näher vor und erzählte davon, wie wir uns kennengelernt hatten und dass ich eine Reise für dich organisiert habe. Sie bedankte sich und wir verabschiedeten uns.«

»Vielen Dank dafür. Aber ich verstehe immer noch nicht …«

»Etwa zehn Tage später bemerkte ich während meines Morgentrainings im Park einen Mann, der unsere Gruppe aus sicherer Entfernung beobachtete. An seiner Haltung erkannte ich, dass er in der Kampfkunst ausgebildet war. Sobald wir die Form beendet hatten, wollte er wissen, ob jemand von uns eine Frau namens Hua Chi kenne. Ich sagte, dass sie eine gute Bekannte von mir sei und fragte ihn, was er von ihr wolle – schließlich kann man nicht vorsichtig genug sein.«

Wir umrundeten den Pavillon, betraten den Speisesaal und setzten uns in die Ecke neben dem Eingang, um ungestört reden zu können. »Wie sich herausstellte, war es derjenige, vor dem du mich gewarnt hast – zu Recht, wie ich glaube. Er sagte, dass er fest entschlossen sei, den Mann zu finden, der das Buch hat, und alles dafür tun würde, um es zurückzuerhalten. Aus irgendeinem Grund war er der Meinung, dass ihm ›diese Frau namens Hua Chi‹ dabei helfen könnte. Ich hielt die Täuschung aufrecht und versprach ihm, sie zu fragen, ob sie sich am nächsten Morgen mit ihm treffen wolle. In aller Frühe im Park, vor dem Tai-Chi.«

Wir füllten unsere Teller und Schüsseln mit Gemüse und Haferbrei, unserem Standardgericht. Dann kehrten wir auf unsere Plätze zurück. Hua Chi stellte Teller und Schüssel ab und fuhr fort: »Dass er stattdessen mich dort vorfand, schien ihn kaum zu überraschen. Ich denke, er hatte es erwartet. Wir unterhielten uns, und ich glaube, dass ich eine Entscheidung getroffen habe, die zu einer zufriedenstellenden Lösung führen wird.«

»Und ist die Rückgabe meiner Bücher auch Teil dieser Lösung?«, wollte ich jetzt natürlich wissen.

»Ich denke schon«, bekräftigte sie. »Aber das liegt nicht in meiner Hand. Er wollte dich nämlich persönlich sprechen.«

»Na dann«, kommentierte ich, nicht frei von Sarkasmus, »gib mir seine Telefonnummer, und ich rufe ihn an, sobald wir wieder in Hongkong sind.«

»Das ist nicht nötig«, sagte sie trocken und deutete über meine Schulter hinweg. »Er hat mich hierher begleitet.«

Ich drehte mich um. Der Mann, den ich als Pájaro kannte, stand in der Tür, die beiden Bücher in seinen Händen.

Hua Chi stand auf, ohne ihr Essen angerührt zu haben, und ließ uns allein.

Fünfundzwanzig

Er trug abgerissene Jeans, T-Shirt und eine Kappe mit rotem Stern, ähnlich meiner eigenen. Unsere Blicke trafen sich, und er sah zu Boden. Stand da, als warte er auf die Aufforderung, näherzutreten. Als er sich schließlich heranwagte, legte er Socs Buch und meines auf den Tisch. Dann setzte er sich direkt mir gegenüber auf den von Hua Chi geräumten Platz. »Dan, ich möchte mich für den Ärger entschuldigen, den ich dir gemacht habe«, sagte er entschuldigend, ohne dabei aufzublicken.

»Du hast alles gelesen«, preschte ich vor, sämtliche Wahrnehmungssysteme auf Alarmstufe Rot. Wie konnte ich unsere letzte Begegnung vergessen haben?

Er nickte und schlug einen versöhnlichen Ton an: »Zunächst las ich natürlich die Aufzeichnungen deines Lehrers. Einen Sinn ergaben die aber erst mit deiner ... Übersetzung.« Er hielt inne, als versuchte er sich an etwas zu erinnern. »Hätte ich dir damals auf dem Berg das richtige Buch abgenommen, wäre alles unverständlich geblieben. Es tut mir leid, dass ich dich niedergeschlagen habe. Aber damals wusste ich mir nicht anders zu helfen ...«

Pájaro sah auf, und zum ersten Mal schauten wir uns richtig in die Augen. »Ich weiß nicht, wie ich dir danken soll – oder wie ich das, was ich getan habe, wiedergutmachen kann.«

Das erste, was mir einfiel, war: »Immerhin hast du mir fünf Dollar dagelassen.«

Wir grinsten uns an. Eigentlich hatte ich erwartet, dass er mich bei unserer nächsten Begegnung krankenhausreif prügeln würde. Doch stattdessen saß ich nun mit dem Mann, der mir um die halbe Welt gefolgt war, am Esstisch. Ich sah meine Schüler, die uns von Ferne schüchtern, aber auch neugierig beobachteten. Pájaro legte mir seine Beweggründe dar.

»Vor dreißig Jahren fuhr mein Vater zur Arbeit, als er einen Mann am Straßenrand entlangtaumeln sah ...«

»Pájaro, ich weiß, dass dein Vater Socrates mitgenommen und ins Krankenhaus gebracht hat«, unterbrach ich ihn. »Ich weiß auch, dass er krank war und gestorben ist.«

»Woher ...?«, fragte er erstaunt.

»Kurz nach meiner Ankunft in Albuquerque traf ich eine Lehrerin namens Ama. Ihr Vater war der Arzt, der Socrates behandelt hat. Er hatte ihr vor vielen Jahren die Geschichte von dem Gärtner erzählt, der ihn aufgesucht und ihm von dem Buch berichtet hatte. Ich half ihr, sich an diese Geschichte zu erinnern, und ich verstehe, warum dein Vater so verzweifelt danach gesucht hat. Aber wieso suchst auch du danach? Nach so vielen Jahren? Und woher hast du von mir erfahren?«

»Nach dem Tod meines Vaters«, begann er, »wohnte ich bei meiner Tante. Ich arbeitete in ihrem Garten, dafür gewährte sie mir Kost und Logis. Ich wuchs in ziemlich primitiven Verhältnissen auf – lernte, in der Wüste zu überleben, Fährten zu lesen und zu jagen. Ich putzte die Toiletten und Übungsmatten einer örtlichen Karateschule, dafür erhielt ich Unterricht. Ich war ein guter Sportler, aber auch ein Einzelgänger. Ich bereitete mich vor.«

»Worauf?«

»Darauf, die Suche meines Vaters zu beenden. Das gab mir ein Ziel im Leben, schätze ich. Ich schwor mir, nicht wie er zu enden. Ich dachte sogar, dass ich überhaupt nicht sterben müsste, wenn ich das Buch erst einmal gefunden hätte …«

Er schüttelte den Kopf. »Keine Ahnung, was mich da geritten hat. Wenn es die Unsterblichkeit gäbe, müssten die Leute aufhören, Kinder zu bekommen. Würde man heutzutage ein solches Geheimnis entdecken, würden nur die Reichen davon profitieren, und wir würden in einer chaotischen, überbevölkerten Welt leben.«

Wo er recht hat, da hat er recht, stimmte ich ihm in Gedanken zu. *Irgendwann müssen die Alten sterben und wieder dem Kreislauf zugeführt werden – so ist die Hausordnung, wie Socrates sagen würde. Die Liebe zum Leben ist eine Sache. Die Angst vor dem Tod eine andere.*

»Aber das erklärt noch nicht, wie du mir hierher folgen konntest – und wie du Hua Chi gefunden hast.«

»Ama hat mir alles von dir erzählt – zumindest alles, was ich wissen musste.«

Mir lief es eiskalt den Rücken hinunter. Der bittere, metallische Geschmack des Verrats schnürte mir die Kehle zu. »Hast du sie dazu gezwungen, oder hat sie es dir freiwillig erzählt?«

Er zerstreute meine Besorgnis mit einem Lächeln. »Aber woher denn, Dan. Ich kenne Ama seit Jahren. Sie hat keine Ahnung, dass ich der Sohn des Gärtners bin. Für sie bin ich nur ein Freund. Ein Vertrauter.«

Ich riss ungläubig die Augen auf. »Ach du meine Güte – du bist Joe Stalking Wolf?« Ich war schockiert. Warum war ich nicht gleich darauf gekommen? Ama hatte keine Ahnung gehabt. Sie konnte sich ja erst bei meinem Besuch an die Geschichte vom Gärtner und seinem Sohn erinnern.

»Fünfzehn Jahre nach dem Tod meines Vaters trat ich der örtlichen Polizei bei«, fuhr Joe Stalking Wolf alias Pájaro fort. »Unter dem Vorwand einer Recherche erhielt ich Zugang zu den Krankenhausakten und erfuhr den Namen des Arztes, der damals den geheimnisvollen Fremden behandelt hatte. Es war Amas Vater. Er war inzwischen gestorben, doch ich konnte seine Tochter ausfindig machen. Es dauerte ein ganzes Jahr, bis ich ihr Vertrauen gewann. Sie ahnte nicht, dass ich das Buch suchte. Für sie war ich einfach nur ein Mensch, der gut zuhören konnte. Nachdem du bei ihr warst, rief sie mich an. Für sie war es einfach nur eine Neuigkeit, die sie mir erzählen wollte.«

Irgendwo hatte ich einmal gehört, dass es nur zwei Arten von Geschichten gibt: *Entweder kommt ein Fremder in die Stadt oder jemand begibt sich auf eine Suche. Ich laufe in beide Richtungen*, begriff ich jetzt. Ama hatte ihrem Freund von mir – dem Fremden – erzählt. Und diese Geschichte wurde immer seltsamer …

Das musste ich alles erst einmal verdauen. Trotzdem konnte ich mir eine Frage nicht verkneifen. »Deine Freundschaft mit Ama … ging es dabei nur um das Buch?«

»Anfangs ja. Aber im Lauf der Zeit …« Plötzlich begriff er, worauf ich hinauswollte, und grinste breit. »Dan, Ama und ich sind gute Freunde, aber nicht so, wie du denkst. Tatsächlich fühlt sich Ama eher zum weiblichen Geschlecht hingezogen.«

Am liebsten hätte ich mir die Hand auf die Stirn geschlagen. *So viel zu meiner Beobachtungsgabe.*

Joe Stalking Wolf eröffnete mir, dass er mich mit einem Hochleistungsfeldstecher an der Tankstelle beobachtet hatte. *Wieso nur immer Tankstellen?* – Ich musste innerlich den Kopf schütteln. Dann, so berichtete er weiter, sei er vorausgefahren, hatte seinen Wagen stehen lassen und in seiner Rolle als Pájaro – Anhalter, Geschäftsmann und Fremdenführer – am Straßenrand gewartet. Eigentlich hatte er bei mir bleiben wollen, bis ich das Buch gefunden hätte, doch als er Papa Joe im Café sah, mochte er kein Risiko eingehen. »Er ist seit Ewigkeiten mit Ama befreundet und kennt mich. Er hätte mich an der Stimme erkannt – oder am Geruch.«

»Blind wie eine Fledermaus, schlau wie ein Fuchs«, murmelte ich mehr zu mir selbst.

Joe Stalking Wolf lächelte wieder. »Ganz genau.«

Dann wurde er wieder ernst und sackte vor Reue förmlich in sich zusammen. »Ich bin kein schlechter Mensch, Dan. Ich habe dir das Buch aus Verzweiflung gestohlen. Es war mein einziges Lebensziel. Ich habe so lange den Traum meines Vaters gelebt, dass ich keinen eigenen habe. Und jetzt weiß ich nicht weiter.«

Ich kam mir wie ein ausgewrungener Waschlappen vor, den jemand zum Trocknen aufgehängt hatte. Wie konnte ich ihm nur weiterhelfen? »Also«, begann ich, in der Annahme, dass wir beide mit Hua Chi nach Hongkong zurückkehren würden, »bleib doch ein paar Tage. Du kannst bei der Feldarbeit helfen.«

Er schüttelte den Kopf. »Nein, ich kann die Gastfreundschaft dieser wunderbaren Menschen nicht annehmen. Noch nicht. Ich habe sie mir nicht verdient. Ich bleibe ein paar Tage in den Wäldern. Es gibt vieles, worüber ich nachdenken muss – über das, was du geschrieben hast. Und über das Leben – auch mein Leben, ob es nun ewig währt oder nicht. Mit jeder Zeile haben sich meine Augen und mein Verstand weiter geöffnet. Ich wünschte, mein Vater hätte das lesen können.«

Gestorben wäre er trotzdem, dachte ich dazu, ohne es auszusprechen – *wie wir alle, ungeachtet unserer Philosophie oder unseres Glaubens. Wir alle reisen nach Samarra.*

Bevor ich noch etwas hinzufügen konnte, stand Joe Stalking Wolf auf und entschuldigte sich. Erst jetzt fiel mir auf, dass er, obwohl er doch sehr hungrig sein musste, keinen Bissen zu sich genommen hatte.

Sechsundzwanzig

Die Bücher lagen wieder sicher in meinem Quartier. Innerlich war ich immer noch damit beschäftigt, welch unverhoffte Wendung das Ganze genommen hatte, aber es galt, eine meiner letzten Akrobatikstunden zu halten. Auf dem Weg zum Pavillon stieß Hua Chi zu mir. »Mein Bruder lobt dich in den höchsten Tönen«, bemerkte sie überraschenderweise. »Nicht nur für deinen Fleiß, sondern auch, weil du den Schülern so viel beibringst und sie inspirierst.«

Das freute mich natürlich zu hören. Schließlich hatte ich von Meister Ch'an noch kaum ein sichtbares Zeichen der Anerkennung erhalten. Dankbar gab ich zurück: »Das war eine großartige Chance für mich. Ich wünschte nur …«

»Ja?«

»Ich hätte mich gern von ihm persönlich unterrichten lassen, aber das scheitert wohl an der Sprachbarriere …«

»Ohne Mei Baos Hilfe wäre er aufgeschmissen«, fügte sie kichernd hinzu.

»Natürlich. Was würde dein Bruder nur ohne sie anfangen?«, gab ich ihr sofort recht, ohne mir einen Reim auf ihre Heiterkeit machen zu können.

Hua Chi wurde ernst. »Da hast du recht, wenn es auch nicht ganz so ist, wie du denkst.«

»Wie bitte?«

»Mein Bruder ist tatsächlich ein Meister – als Gärtner und Bauer. In seinen Zwanzigern studierte er die Kampfkünste, aber dann begriff er, dass nicht das seine wahre Bestimmung ist. Knochen und Herz dieses Weilers sind die seinen, sozusagen. Aber die Seele, nun …« Sie machte eine bedeutungsschwere Pause. »Ich nehme an, Mei Bao hat dir erzählt, wie sie mich kennengelernt hat?«

»Ja.«

»Hat sie dir auch gesagt, wie schnell sie die Tai-Chi-Formen gemeistert hat? Und schon vor ihrem achtzehnten Lebensjahr meine kümmerlichen Fähigkeiten weit in den Schatten stellte?«

»Wirklich? Nein, das wusste ich nicht.«

»Ach, sie ist einfach zu bescheiden. Du musst Folgendes wissen: Mein Bruder und ich kamen auf die Idee, einige würdige Waisen auszuwählen und eine autarke Farm aufzubauen. Erst nachdem Mei Bao hier ankam, entdeckte sie das Bedürfnis in sich, ihr Talent mit anderen zu teilen, also selbst zu unterrichten. Es war erst ihr Wunsch, der zur Gründung der Schule führte. Und mit Mei Bao veränderte sich sogar der Wald.«

Wir erreichten den Eingang des Pavillons. »Mein Bruder hat Mei Bao viel zu verdanken. Und sie ihm«, betonte Hua Chi. »Dass sie ihn als Quell ihrer Weisheit bezeichnet, wundert mich nicht. Aber täusch dich nicht – Mei Bao ist die wahre Meisterin des Taishan-Waldes.«

An diesem Tag jagte eine schwindelerregende Offenbarung die nächste!

»Socrates, dein Lehrer, hat dir also aufgetragen, eine verborgene Schule zu finden«, wiederholte sie, was ich ihr einst mitgeteilt hatte, als wir den Pavillon betraten.

»Ja, aber er hat nicht gesagt, wo ich sie finden kann. Ich war auf dem Weg nach Japan …«

»Eines ist mir noch nicht ganz klar: Hat er gesagt, dass du in der Schule *Unterricht nehmen* sollst?«

»Davon gehe ich aus, ja. Wozu sollte ich sie denn sonst suchen?«

Hua Chi lächelte und überließ mich meiner Verwunderung über das, was ich gehört hatte, und wegen ihrer letzten Frage. Sie gesellte sich Mei Bao und Meister Ch'an zu, um Zeugin meiner letzten Turnstunde im Taishan-Wald zu werden.

Während des Unterrichts erhaschte ich einen Blick auf Joe Stalking Wolf, der uns vom Waldrand her aufmerksam beobachtete. Hua Chi bemerkte ihn wohl ebenfalls.

Abends dann dachte ich vermehrt über ihn nach. *Mein erster Leser!* Ungebeten noch dazu. Bevor ich meine Aufzeichnungen jemand anders lesen ließe, wollte ich sie mir nun doch noch einmal in Ruhe zu Gemüte führen.

Spät in der Nacht, als ich im flackernden Schein der Ölfunzel schließlich die letzten Zeilen las, fiel wahrlich eine große, große Last von mir ab. Ich spürte mit Gewissheit, dass Socrates sich mit dem Ergebnis meiner Arbeit einverstanden erklären würde. Und ich hoffte, es ihm irgendwann bald zeigen zu können. Weder er noch ich konnten wissen, dass diese Zusammenarbeit zwischen uns den Anfang meines schriftstellerischen Lebens markierte.

Während ich mich mit Socs Gedanken auseinandersetzte, durfte ich erfahren, dass auch das Schreiben eine geeignete Methode ist, neue Ideen in sich aufzunehmen – wenn auch eine völlig andere als das Lesen. Es war ein schöpferischer Prozess, ohne den ich kein tieferes Verständnis dieser rasch hingeworfenen, dabei doch so gehaltvollen Notizen erlangt hätte. Doch mir war auch klar: Das war bloßes Verständnis, keine wirkliche Einsicht. »Einsicht resultiert nur aus unmittelbaren persönlichen Erfahrungen.« – Auch das waren Socs Worte. Es galt einzusehen, dass ich das, was ich da niedergeschrieben hatte, selbst noch nicht verinnerlicht hatte. Es waren nur Worte, die Seiten aus Papier füllten, Gedanken in meinem Kopf, Beobachtungen und Ideen. Aber auch Samen, die Früchte tragen würden, wenn ihre Zeit gekommen war! Bis dahin blieb mir nichts anderes übrig, als ihrer Reifung entgegenzusehen, während ich meine jeweilige Situation akzeptierte.

In diesem Bewusstsein legte ich mich in den frühen Morgenstunden schlafen. *Seltsam, wie das Leben manchmal eher einer Situationskomödie ähnelt, die man nicht strategisch planen kann,* ging es mir durch den Kopf. Was mochte die Zukunft wohl bringen? Und wie hieß es im Korintherbrief: »Wir wandeln im Glauben, und nicht im Schauen.« Das war auch Papa Joes Devise – und nun ebenfalls die meine.

Siebenundzwanzig

Bei der Feldarbeit am nächsten Vormittag sah ich auf einmal zwei Fremde aus dem Wald treten – ältere Männer in schmutzig grauen Anzügen mit Stehkragen. Ihre kritischen Blicke schweiften über Felder und Gebäude. Bald stießen zwei weitere Männer hinzu, sie trugen militärische Abzeichen und waren mit Sturmgewehren bewaffnet.

Kurz darauf wurde die Glocke, die sonst zum Mittagessen rief, ohne Unterlass geschlagen. Mei Bao, Meister Ch'an, Chun Han und die ganze Schülerschar eilten herbei. Da ich gerade einen Graben ausgehoben hatte, hielt ich immer noch eine Schaufel in der Hand.

Die beiden Soldaten brachten die Gewehre in Anschlag. Einer der älteren Männer erhob die Stimme, als hätte er die Befehlsgewalt über uns. Mei Bao – die sich hinter mich gestellt hatte – flüsterte mir die Übersetzung ins Ohr: »Das Zentralkomitee der Provinz Heilongjiang wurde von diesem nicht genehmigten Landwirtschaftsbetrieb unterrichtet. Ebenso von dieser …« – Mei Bao hielt kurz inne – »Schule für Spione.« Sie bebte. Ich fürchtete, gleich würde sie die Fassung verlieren. So hatte ich sie noch nie erlebt.

Der Sprecher der Ankömmlinge musterte alle Anwesenden, bis sein Blick schließlich auf mich fiel. »Das ist der Beweis«, sprach er und deutete auf mich. »Ein imperialistischer

Hund« – *na bitte, da war es!* –, »der euch zu Agenten einer fremden Regierung ausbildet. Ich verlange seine Einreisepapiere zu sehen, aber gewiss führt er keine bei sich.«

Da trat Hua Chi vor (Mei Bao übersetzte unterdessen weiter). »Dieser Gast ist ein Turnlehrer, mehr nicht«, beteuerte sie. »Ich kann seine Papiere sofort holen. Er hat eine befristete Aufenthaltserlaubnis, um diesen Waisenkindern etwas beizubringen, damit sie zur Volkskultur beitragen können. Wer auch immer Ihnen erzählt hat, dass hier feindliche Agenten zu finden sind, ist entweder falsch informiert oder hat die Volksregierung absichtlich hinters Licht geführt.«

»Eine schwere Anschuldigung«, sagte der Mann, der immer leiser sprach, je näher Hua Chi ihm kam. »Wie dem auch sei«, fuhr er fort, »anstatt mit der richtigen Gesinnung zum allgemeinen Wohl beizutragen, haben sich die hier Versammelten von ihren Volksgenossen abgesondert und horten eigennützig Güter, ohne sie der Allgemeinheit zur Verfügung zu stellen. Wo ist eure Erlaubnis, Landwirtschaft oder eine Schule zu betreiben?«, rief er. »Ihr hättet diese zersetzende Aktivität weitertreiben können, wärt ihr nicht dumm genug gewesen, einen ausländischen Eindringling hierher zu bringen.«

Mei Bao übersetzte diesen letzten Satz nur zögerlich. *Es ist meine Schuld*, erkannte ich entsetzt. *Als ich mit Mei Bao zum Dorf ging, muss mich jemand bemerkt haben.*

Plötzlich trat ein fünfter Fremder aus dem Wald. Er war jünger als die übrigen, trug einen gepflegteren Mao-Anzug und ein rotes Armband. Er sah wütend aus, aber ich spürte noch etwas anderes: Angst? Scham?

»Chang Li«, flüsterte Mei Bao. *Der entlaufene Schüler*, fiel mir ein. Sie schüttelte traurig den Kopf. »Er muss sie hierher geführt haben.«

Der ältere Mann bedeutete Chang Li, näherzukommen. Dann legte er ihm die Hände auf die Schultern. »Diesem jungen Helden der Großen Proletarischen Revolution ist es zu verdanken, dass wir von euren Machenschaften erfahren haben. Ihr könnt euch nicht länger verstecken!« Auf einen Wink hin traten die beiden Soldaten vor. »Ich werde das vorläufige Kommando über dieses landwirtschaftliche Kollektiv übernehmen. In Kürze wird hier ein Umerziehungslager entstehen, und schon bald werden weitere Arbeiter eintreffen. Die Jugendlichen bleiben hier, und die Arbeit wird fortgesetzt. Für diese sogenannte ›Schule‹ jedoch ist in der Volksrepublik kein Platz.«

Mei Bao konnte seine Worte nur mit Mühe wiederholen, übersetzte aber tapfer weiter, bis der Anführer auf Meister Ch'an, Hua Chi, Mei Bao und mich deutete.

»Ihr vier werdet uns ins Dorf und dann weiter nach Peking begleiten, wo ihr verhört und verurteilt werdet. Wenn man euch schuldig spricht, wartet das Zuchthaus auf euch. Sollten eure Verfehlungen auf politische Fehleinschätzungen zurückzuführen sein, wird es euch nach der Umerziehung gestattet, wieder Teil der Gesellschaft zu sein. Der Fremde, ob mit oder ohne Papiere, wird …«

Aus den Augenwinkeln sah ich, wie Meister Ch'an auf die Knie fiel. Ungläubig beobachtete ich, wie er auf allen vieren vorwärtskroch. Mei Bao stürzte vor und half dem ins Mark getroffenen alten Mann auf, sodass er dem Anführer ins Auge blicken konnte. Hua Chi, die binnen Minuten um Jahre gealtert schien, stützte sich auf Chun Han und taumelte ebenfalls auf die Männer zu. Die Soldaten wussten nicht so recht, was sie tun sollten, und hoben die Gewehre …

Zu spät. Mei Bao bewegte sich blitzschnell. Sie stieß einem Soldaten vor die Brust; er wurde nach hinten geschleudert, prallte gegen einen Baumstamm und brach zusammen. Chun Han rannte auf ihn zu. Gleichzeitig setzten Meister Ch'an und Hua Chi den anderen Soldaten mit Manövern außer Gefecht, die so schnell erfolgten, dass sie selbst schon wieder ruhig dastanden, bevor ich das Ganze überhaupt begreifen konnte.

Da trat ein dritter Soldat aus dem Wald, hob die Waffe und zielte auf Hua Chi und ihren Bruder. Dann geschahen zwei Dinge gleichzeitig: Chun Han sprang vor, um Ch'an und Hua Chi zu schützen. Und Joe Stalking Wolf erschien wie aus dem Nichts und trat dem Soldaten in den Rücken. Der Mann verlor das Gleichgewicht, ein Schuss löste sich. Joe drückte den Soldaten mit einem Knie auf den Boden und schlug ihm mit einem Stein auf den Hinterkopf. Einen Augenblick lang sah es so aus, als wollte er den Bewusstlosen ein weiteres Mal schlagen, doch dann sah er zu uns herüber. Unsere Blicke trafen sich. Er ließ den Stein sinken.

Achtundzwanzig

Wie schnell hatte sich das Blatt gewendet! Funktionäre, Soldaten und Chang Li fanden sich urplötzlich in drastisch veränderten Umständen wieder. Die beiden älteren Männer redeten aufgebracht durcheinander; sie suchten wohl Unterstützung bei den nun immer näher rückenden Schülern. Mir sank das Herz. Wie auch immer das hier jetzt ausgehen würde, es war klar, dieser Augenblick war der Anfang vom Ende.

Chun Han war auf die Knie gesunken und presste beide Hände gegen die Rippen. Als ich auf ihn zukam, hob er die Hände, wie um mich zu begrüßen. Sie waren blutverschmiert. Der fehlgeleitete Schuss hatte seinen Oberbauch getroffen, knapp unterhalb des Herzens. Unter meinen Augen verlor er das Bewusstsein.

Mei Bao erreichte ihn ebenfalls, das Gesicht in tiefer Trauer verzogen. Sie nahm ihn in ihre Arme.

»Chun Han!«, riefen wir voller Verzweiflung. Doch er sagte nichts. Er würde nie wieder etwas sagen.

Allmählich erfassten die Schüler, was hier geschehen war, und begannen zu weinen. Unser aller Schmerz war unerträglich. Da bemerkte ich, dass Joe Stalking Wolf Hua Chi ein Gewehr in die Hand drückte. Gemeinsam rückten sie gegen die Vertreter der Regierungsgewalt vor.

Ich wusste, ich musste etwas tun, doch ich war unfähig, mich überhaupt nur zu bewegen. Nur wenige Minuten zuvor hatte ich friedlich auf dem Feld gearbeitet und dem vorbeigehenden Chun Han zugewinkt. Dem fröhlichen Chun Han, der von Anfang an mein Freund gewesen war.

Da ich so mit meiner Trauer und meinen Erinnerungen beschäftigt war, bekam ich kaum mit, wie sich Meister Ch'an unter die Studenten mischte, sie an sich drückte und allen tröstende Worte flüsterte. Unter seiner Führung umringten sie die Funktionäre und den am Boden zerstörten Chang Li. Die bewusstlosen Soldaten zogen sie ebenfalls in ihre Mitte. Nun saßen die Repräsentanten der Volksrepublik China in der Falle.

Mei Bao wies einige Schüler an, Chun Hans toten Körper aufzuheben und zum Haupthaus zurückzutragen. Geschlossen folgten wir ihnen. Joe Stalking Wolf hatte den Blick nach wie vor auf den Wald gerichtet. Mit dem Gewehr in den Händen folgte er uns.

Später erfuhr ich, dass man die Funktionäre in einen Schuppen gesperrt hatte. Hua Chi sagte mir, dass ihr Anführer mit »ernsten Konsequenzen« gedroht hätte, wenn man sie nicht freiließ, damit sie dem Komitee Bericht erstatten konnten. Joe bestand darauf, selbst vor dem Schuppen Wache zu halten, während Meister Ch'an und die anderen über das weitere Vorgehen berieten.

Ich setzte mich neben Joe. Endlich konnte er seine Ausbildung und seine Erfahrung zum Einsatz bringen. Jetzt war ich es, der sich wie der Außenseiter vorkam. Irgendwie hatte ich gewusst, dass nicht ich die Schule, sondern sie mich verlassen würde.

Neunundzwanzig

Noch am Abend desselben Tages wuschen Mei Bao und Hua Chi den Leichnam Chun Hans und wickelten ihn in saubere Tücher. Dann wurde er von den ältesten Schülern zu einer Stelle am gegenüberliegenden Ufer des Kristallteichs getragen, beschattet von einem smaragdfarbenen Blätterbaldachin. Nach einer kurzen Zeremonie begruben wir unseren Freund. Kein Grabstein, nichts deutete auf seine letzte Ruhestätte hin. Sie sollte verborgen bleiben, wie es die Schule einst gewesen war, damit niemand seinen Frieden störte.

Viel später, als die Schüler bereits zu Bett gegangen waren, brachte mich Hua Chi zu Meister Ch'an und Mei Bao ins Haupthaus. Sie erzählten sich so lebhaft Geschichten über Chun Han, dass ich ihn fast an meiner Seite zu sitzen vermeinte.

Dann rief jemand meinen Namen. Mei Bao redete mit mir, aber ihre Stimme schien wie aus weiter Entfernung an mein Ohr zu dringen. »… du nun hier bist oder nicht, die Männer wären trotzdem gekommen.«

»Mei Bao und mein Bruder haben für diesen Fall vorgesorgt«, fügte Hua Chi hinzu. »Und es kam nicht völlig unerwartet. Mei Bao hat bemerkt, dass sie beim letzten Abstecher ins Dorf beobachtet wurde.«

»Sie haben mich bestimmt gesehen«, meinte ich niedergeschlagen.

Hua Chi legte eine Hand auf meine Schulter. »Dan, dich trifft keine Schuld! Mehrere Monate vor deiner Ankunft verliebte sich Chang Li Hals über Kopf in Mei Bao. Sie wies ihn zurück. Kurz darauf ist er weggelaufen. Und den Rest kennst du ja.«

Ich dachte an Chun Han und daran, welche Konsequenzen dieser Vorfall für alle haben würde. Tränen brannten in meinen Augen. »Und, was jetzt?«

Hua Chi hatte ihre eigene Sichtweise: »Nun, unser Leben geht oft geheimnisvolle Wege. Und da Aussage und Zweck menschliche Erfindungen sind, sollten wir in dieser Erfahrung eine sinnvolle Aussage und einen guten Zweck sehen!«

Am folgenden Tag öffnete sie den Schuppen und ließ die Gefangenen frei. Sie gab ihnen sogar Trockenobst, kleine Kuchen und Wasser als Wegzehrung mit. Meister Ch'an und Mei Bao blieben im Hintergrund, bis die Eindringlinge aufgebrochen waren.

Bevor sie im Wald verschwanden, rief der Anführer Hua Chi etwas zu, das keiner Übersetzung bedurfte. Chang Li hatte ihnen den Weg hierher gezeigt, er würde sie auch wieder ins Dorf zurückführen. Und dann würde der Anführer seine Drohung wahr machen.

»Bis dahin sind wir beide längst über alle Berge«, versicherte Hua Chi mir bereitwillig.

»Aber was ist mit den anderen?«, drang ich in sie. »Was ist mit all dem hier?« Ich machte eine ausladende Geste, um zu bezeichnen, was mir ans Herz gewachsen war. Und es war ja nur die äußere Seite.

»Sie werden die Schule an einem anderen abgelegenen Ort neu aufbauen«, zeigte sie sich zuversichtlich. »Selbst in einem so dicht bevölkerten Land wie China gibt es Rückzugsmöglichkeiten, wenn man weiß, wo man suchen muss. Joe Stalking Wolf hat mir gerade gesagt, dass er sich ihnen anschließen will.«

Wir gingen zurück zum Haupthaus. Hua Chi blieb stehen und wandte sich mir zu. »Du warst ein willkommener Gast, Dan – ein Besucher, ein Kamerad, ein Lehrer. Ich weiß, du hast hier Freunde gefunden und wirst deine Schüler niemals vergessen. Aber das hier ist nicht dein Zuhause. Und deine Hilfe und deine guten Dienste werden nicht länger gebraucht.«

Danach ging alles sehr schnell. Es fiel mir wahrlich nicht leicht, mich von Mei Bao und Meister Ch'an zu verabschieden – und noch schwerer war es, meinen Schülern Lebewohl zu sagen. Doch der Abschied fiel kurz aus – sie waren intensiv mit Planungen und Vorbereitungen beschäftigt, in die sie mich nicht einweihten. Außerdem verabschiedete ich mich von Joe Stalking Wolf und versprach ihm, Ama seine Geschichte zu erzählen und ihr seine Grüße auszurichten.

Mein unruhiger Schlaf währte nur kurz. Als ich aufwachte und nach draußen ging, war der Hof leer. Alle waren praktisch über Nacht verschwunden.

Ich setzte mich in den leeren Pavillon. Hua Chi gesellte sich zu mir. »Siehst du?«, sagte sie befriedigt, »sie waren wirklich darauf vorbereitet, von jetzt auf gleich ihre Sachen zu packen. Wir sind die Letzten.«

Was für eine Schande, musste ich denken. *Was für eine Ungerechtigkeit – diese kleinlichen Bürokraten und ihre angeblich so revolutionäre Ideologie!* Ich wusste nicht, ob ich traurig oder wütend sein sollte – wahrscheinlich war ich beides. Sie hatten so viel Mühe und Arbeit in diesen Ort gesteckt.

Da fiel mir Socrates' Geschichte über einen Mönch namens Hakuin ein, der fälschlich beschuldigt wurde, eine junge Frau geschwängert zu haben. Als die Dorfbewohner von ihm verlangten, das Kind aufzuziehen, nahm er es in die Arme und sagte nur drei Worte: »Ist das so?« Zwei Jahre später wollten die Frau und der junge Vater das Kind zurückhaben, und er sagte genau dasselbe. Er konnte empfangen und ohne Widerwillen loslassen. Diese Leistung zu erbringen, war ich noch nicht fähig, während ich den stillen Pavillon und die leeren Äcker betrachtete, wo so viel Leben gewesen und so viel gelernt worden war.

Wir marschierten los. Im weiten Bogen ging es um das Nachbardorf. In der nächsten größeren Stadt bestiegen wir eine Eisenbahn. »Hast du wirklich Papiere für mich?«, fragte ich sie, als wir am Bahnsteig standen.

Statt einer Antwort reichte sie mir einen Umschlag mit Dokumenten. »Du hast der Gemeinschaft meines Bruders viel gegeben. Ein Teil von dir wird immer bei ihnen bleiben. Immerhin so viel habe ich vorausgesehen.«

Und sie werden ein Teil von mir bleiben, das fühlte ich. Es laut auszusprechen hätte wie eine Binsenweisheit geklungen, also hielt ich den Mund.

Wie nicht anders zu erwarten, schärfte Hua Chi mir auch diesmal ein, auf meiner Reise so wenig Aufsehen wie möglich zu erregen. Trotz des milden Frühlingswetters schlüpfte ich in traditionelle Gewänder und zog mir den typischen Kegelhut tief ins Gesicht, sodass mein Gesicht im Schatten lag.

Je weiter ich nach Süden kam, umso dicker wurde die blütenduftschwangere Frühlingsluft. Wir fuhren an kleinen Dörfern vor dem Gebirge im Osten vorbei. »Die Berge sind die Heimat von Schneeleoparden und Wölfen, die aus der Mongolei herüberziehen«, bemerkte Hua Chi, ganz die beflissene Fremdenführerin. Ich hatte inzwischen begriffen, weshalb diese Tiere als Wächter bezeichnet werden. Und fragte mich, was wohl aus Hong Hong, dem zahmen Bären, würde.

Hua Chi hatte sich wohl vorgenommen, mich ein wenig abzulenken. Ihre Ausführungen rissen mich immer wieder aus meinen trüben Gedanken, zumal ich mich anstrengen musste, sie beim Stampfen der Dampflok und dem Rattern der Räder überhaupt zu verstehen. »Die Natur fasziniert mich, aber ich könnte niemals auf dem Land leben«, bekannte sie.

Na klar, weil es da keinen Fernsehempfang gibt, kommentierte ich innerlich. Sie brachte mich tatsächlich dazu, zwischendurch immer mal wieder ein Lächeln zustande zu bringen.

Weit hinter uns lagen die Ehrfurcht gebietenden Gipfel des Pamir, wo Socrates von Nada (die damals noch María hieß) und den anderen Meistern unterrichtet worden war – ein Ort an der uralten Seidenstraße, wo sich hinduistische, islamische und taoistische Kultur vermischten und nicht nur wertvolle Waren getauscht, sondern auch geistige Schätze geteilt wurden. Gen Südwesten ragten die hohen Berge Tibets und Nepals in den Himmel.

Folgenden Tags erreichten wir die Provinz Shanxi, früher auch als Mittleres Königreich bezeichnet, und damit den historischen Ursprungsort der chinesischen Hochkultur. Ich sah den legendären Gelben Fluss und auch den Fen He. »Diese großen Ströme werden Chinas Stolz und Chinas Sorge genannt. An ihren Ufern gedeiht das Leben, doch wenn sie Hochwasser führen, sterben Tausende, und noch viele mehr verlieren ihre Äcker und ihre Häuser. Wie die anderer Nationen ist auch Chinas Geschichte bittersüß.«

Gegen Abend betraten wir die Fähre von Guangzhou nach Hongkong. Erst hier gab es zum ersten Mal Ärger mit den Behörden. Ein Beamter hielt uns auf und beäugte mich argwöhnisch. Seit Präsident Nixons Chinabesuch war das Land jedoch nicht mehr ganz so isoliert, und Fremde wurden mit etwas mehr Höflichkeit behandelt. Der Beamte nickte nur grimmig und ließ mich ziehen. Hua Chi stieß erst danach zu mir. Ich war erleichtert – wie wohl alle Reisenden, wenn sie nach vielen Abenteuern in eine Umgebung zurückkehren, wo ihre eigene Sprache gesprochen wird. Die Nacht verbrachte ich in Hua Chis Haus.

Als ich am nächsten Morgen die Augen öffnete, fiel mein Blick auf David Carradines Gesicht. Sie hatte tatsächlich das Poster aufgehängt, um unserer gemeinsamen Begeisterung Ausdruck zu verleihen! Nach dem Tee und einem leichten Frühstück übte ich im Garten ein wenig Push Hands mit ihr. Sie schien zufrieden mit meinen bescheidenen Fortschritten, und wir verbeugten uns voreinander. Dann sah ich ihr noch ein letztes Mal in die Augen, schulterte meinen Rucksack und machte mich auf den Weg zum Flughafen.

Wenige Stunden später blickte ich durch das Flugzeugfenster auf die Küste Hongkongs und die gewaltige Landmasse Chinas jenseits des Hafens. Erst jetzt fiel mir auf, dass ich Hua Chi nichts von meiner Ausarbeitung zu lesen gegeben hatte. Aber sie hatte mich auch nicht darum gebeten. *Wie wichtig können angesichts dieser Umstände ein paar hingeschriebene Worte schon sein?*, fragt man sich da unwillkürlich. *Werden sie überhaupt jemals wichtig werden?* Das würde ich erst erfahren, wenn ich sie irgendwann mit anderen Menschen teilte.

Mein nächstes Ziel war Japan. Socrates hatte mir einst geraten, meiner Nase zu folgen und auf meine Instinkte zu vertrauen. Und genau das hatte ich vor.

DRITTER TEIL

STEINE, WURZELN, WASSER

*Wenn du jeden Morgen im Geiste stirbst,
musst du den Tod nicht länger fürchten.*

Yamamoto Tsunetomo, *Hagakure: Das Buch des Samurai*

Dreißig

Nach meiner Ankunft in Osaka fuhr ich umgehend mit dem Zug in das zwei Stunden entfernte Kyoto. In den vielen Tempeln, Gärten, Teehäusern und Schlössern der ehemaligen Hauptstadt Japans waren die alten Traditionen des Shinto und des Buddhismus noch sehr lebendig. Hier hatten die Samurai einst den Kaiser bewacht und ihm gedient.

»In Kyoto gibt es tausend Tempel und zehntausend Kneipen«, spöttelte jemand in der Schlange vor dem Zoll. *So viel zur überlieferten Tradition,* dachte ich dazu.

Vom Hauptbahnhof aus rief ich ein kleines Hotel in der Innenstadt an und reservierte ein Zimmer. Nachdem ich mir Namen und Adresse notiert hatte, hielt ich ein Taxi an. Es sah wie neu aus, war außergewöhnlich sauber und der Berufsstolz des Fahrers war offenkundig. Alles in allem ein guter Eindruck also. In gebrochenem Japanisch dirigierte ich den Mann zu meinem Ziel. »*Hoteru Sunomo no hana, kudasai.*«

»*Hai – arigato*«, entgegnete er, sichtlich erfreut über meinen so ungelenken Versuch, mich in der Landessprache auszudrücken. Dann gab er Gas – aber wie! Nur zu gern hätte ich ihn gebeten, es mit der Geschwindigkeitsbegrenzung doch wenigstens etwas genauer zu nehmen. Aber das gaben meine rudimentären Japanischkenntnisse einfach nicht her. Hätte ich es doch trotzdem versucht!

In der äußerst belebten Innenstadt schien es mir angeraten, selbst mit auf den Verkehr zu achten. Als hätte ich es geahnt, schoss plötzlich ein Motorrad aus einer Seitenstraße hervor. Der Taxifahrer blickte gerade in die andere Richtung. »Vorsicht!«, brüllte ich noch – aber es war schon zu spät. Das Taxi rammte mit der rechten Seite der Stoßstange ungebremst das Motorrad. Das Geräusch war grässlich, der Anblick noch schlimmer. Das Motorrad wurde herumgeschleudert, Fahrer und Beifahrer durch die Luft katapultiert, während das Taxi mit quietschenden Reifen zum Stehen kam. Sofort sprangen wir beide heraus, um den Verletzten zu helfen. Ich hatte Pudding in den Knien – nicht nur wegen des furchtbaren Geschehens, sondern auch, weil mich die Erinnerung an meinen eigenen Motorradcrash vor neun Jahren heimsuchte. Mir wurde übel.

All das spielte sich ab wie im Zeitraffer. Eine blutüberströmte, weinende junge Frau krümmte sich vor Schmerzen auf dem harten Asphalt. Es sah danach aus, dass sie mehrere Knochenbrüche und womöglich innere Verletzungen davongetragen hatte. Ein Passant nahm ihr vorsichtig den Helm ab – wahrscheinlich gehörte er dem Fahrer, denn der hatte keinen getragen. Sein verdrehter Körper lag auf ungute Weise still da. Schon ein kurzer Blick auf seinen blutigen, zerschmetterten Kopf verriet, dass er den Unfall höchstwahrscheinlich nicht überlebt hatte.

Ein Verkäufer lief in seinen Laden, um den Notarzt anzurufen. Schon bald waren Sirenen zu hören.

Ich wartete, bis die Polizei eintraf, und gab zu Protokoll, dass die Ampel grün gezeigt hatte und das Motorrad aus der Seitenstraße direkt auf die Fahrbahn geschossen war. Der junge Taxifahrer war kreidebleich. Immer wieder verbeugte er sich vor mir und entschuldigte sich. Ich nannte dem

Polizeibeamten die Adresse meines Hotels, falls er noch weitere Fragen hätte, und suchte mir ein anderes Taxi. Die weitere Fahrt zum Hotel ist in meiner Erinnerung wie ausgelöscht.

Tief erschüttert checkte ich ein, bezog mein Zimmer, breitete den traditionellen Futon auf der Tatami-Matte auf dem Boden aus und legte mich hin. Innerhalb einer Woche hatte ich den gewaltsamen Tod nicht nur eines Menschen mit ansehen müssen.

Ich konnte diesen schrecklichen Unfall nur als ein düsteres Omen betrachten. Ich meinte den Atem des Todes zu spüren, mir war, als flüsterte er mir Worte zu, die ich nicht verstand. Mein Verstand raste, vergeblich schienen alle Versuche, mein weiteres Vorgehen zu planen. *Warum Pläne machen, wenn sie doch durchkreuzt werden? Welche persönlichen Pläne hatten der junge Taxifahrer oder das Pärchen auf dem Motorrad? Wieso bin ich überhaupt hier? Habe ich die Botschaft des kleinen Samurai falsch verstanden?*

In dieser Nacht kehrte das Gespenst mit der schwarzen Kapuze, das mich schon während meines Studiums in Berkeley heimgesucht hatte, zurück und deutete mit seinem Knochenfinger auf mich. Es konnte mich holen. Jederzeit. Überall. So viel war sicher.

Am nächsten Morgen fühlte ich mich zwar etwas besser, war aber immer noch in gedrückter Stimmung – die Echos und Bilder der Geschehnisse vom Vortag waren noch sehr präsent. Es hatte keinen Sinn, darüber nachzugrübeln, ob es richtig gewesen war, nach Japan zu kommen. Stattdessen musste ich die Realität akzeptieren: Ich war nun einmal hier, also konnte ich vor der Heimreise wenigstens ein paar Kampfkunstschulen besuchen und mir Notizen für den Bericht an den Stipendienausschuss machen.

Ich ließ mir vom Rezeptionisten, der etwas Englisch sprach, die Umgebung beschreiben und nahm ein japanisches Frühstück zu mir: Misosuppe, Reis, eingelegtes Gemüse und Teigtaschen. Anschließend erkundete ich die Stadt mit dem Ziel, den Forschungsauftrag meines College zu erfüllen.

Ich hatte als Jugendlicher und während meiner Lehrtätigkeit in Stanford genug Karate und Aikido gelernt, um die richtigen Fragen stellen zu können. Außerdem war durch das Tai-Chi-Training mein Blick für die Energieflüsse hinter den körperlichen Techniken geschärft.

Zuerst besuchte ich eine berühmte Karateschule. Nachdem ich eine Weile beim Unterricht zugesehen hatte, durfte ich mit einem der Ausbilder sprechen. Ein Schüler übersetzte. Der ältliche *sensei* war mit seinen grauen Haaren, den hervortretenden Wangenknochen und platten Fingerknöcheln das Paradebeispiel eines Karateveterans. Er trug ein robustes Baumwollgewand – den traditionellen *gi* – und einen alten, ausgewaschenen schwarzen Gürtel. Je älter der Gürtel, desto größer die Erfahrung, sagt man.

Ich hatte mitbekommen, wie der Lehrer während des Unterrichts bestimmte Techniken mithilfe eines weiteren Schwarzgürtels demonstriert hatte. Obwohl er ein gefürchteter Kämpfer war, sprach er mit sanfter Stimme. Der Schüler übersetzte seine Version der historischen Entwicklung des Karate. Ich konnte mich jedoch kaum darauf konzentrieren, seine Stimme schien immer wieder wie von weither zu kommen. Ich war eben noch sehr mitgenommen vom doppelten Sterben, dem ich beiwohnen musste. *Ob uns jeder Tod an unseren eigenen erinnert?*

Der *sensei* erzählte von einer Reise, die einst der indische Prinz Bodhidharma unternahm hatte. Er verließ sein Heimatland, um den Buddhismus und die Kampfkunst in China zu verbreiten, insbesondere unter den Shaolin-Mönchen. Er entwickelte ein System von Kampfbewegungen, um nach den stundenlangen Meditationen die Lebensgeister anzuregen und sich gegen Banditen und andere Schurken verteidigen zu können. Dieses System, bei dem er der Legende nach Karate, asiatische Kampfkunst und buddhistische Meditation zu einer Einheit verschmolz, wurde als Shaolin-Kung-Fu bekannt.

Nachdem ich den Unterricht beobachtet und mir Notizen gemacht hatte, verbeugte ich mich und ging.

Am Nachmittag betrat ich die örtliche Zweigstelle des in Tokio beheimateten Aikido-Hauptquartiers. Da im Eingangsbereich und dem kleinen Büro der Schule niemand zu sehen war, zog ich die Schuhe aus und schlich mich in die mit Tatami-Matten ausgelegte Übungshalle – den *dojo*, was übersetzt so viel wie Ort oder Schule des Wegs heißt. Dort bot sich mir ein ernüchternder Anblick: Die Schüler knieten in Reihen vor dem traditionellen Altar mit einem Bild von Morihei Ueshiba, dem Entwickler der Aikido-Technik. Ganz vorn saßen vier hochrangige Lehrmeister in der traditionellen *seiza*-Haltung. Sie trugen ihrem Rang entsprechend weiße Baumwolloberteile und schwarze, rockähnliche *hakama*-Hosen. Unter dem schockierten Schweigen der Schüler faltete ein Lehrer ein Pergament zusammen, aus dem er gerade vorgelesen hatte. Mehrere Schüler weinten leise. *Schlechte Nachrichten. Vielleicht ein Todesfall*, erfasste ich intuitiv. *Noch einer.*

Wieder wanderten meine Gedanken zum Teich im Taishan-Wald, an dessen Ufer Chun Hans Leichnam begraben lag. Ich setzte mich auf eine niedrige Bank im hinteren Teil des Raumes und lauschte einer weiteren mir unbekannten Sprache. *Dan, hör auf, dich selbst zu bemitleiden*, raunte mir die

Stimme in meinem Kopf zu. *Du sprichst zwar kein Japanisch, aber du sprichst die Sprache der Kampfkunst.*

Wohl wahr. Und daher erkannte ich auch die nächste Anweisung, die der Lehrer seinen Schülern in freundlichem, aber bestimmten Ton gab: »*Renshu shite kudasai – onegaishimasu!*« *Bitte fahrt mit den Übungen fort – weitermachen!*, übersetzte ich insgeheim.

Die Schüler sprangen auf, wischten sich die Tränen aus den Augen und stellten sich in Zweiergruppen auf. Sie gaben ihr Bestes, um *gaman* – stoischen Langmut – zur Schau zu stellen. Mit diesem Aspekt der japanischen Mentalität war ich durch mein Aikido-Training vertraut. Sie umkreisen sich abwechselnd wachsam und gleichzeitig entspannt. Die unerwarteten Angriffe wurden durch fließende, kreisförmige Abwehrbewegungen gekontert, die hauptsächlich im Umklammern der Handgelenke und in kraftvollen Würfen bestanden. Der Schwung des Angriffs ging nahtlos in eine kontrollierte Verteidigung über, die eine Attacke brach, ohne den Angreifer ernsthaft zu verletzen.

Einer der Lehrer kam auf mich zu, und ich glaubte, einige englische Worte zu verstehen. »Bitte, *kudasai*, was ist geschehen?«, fragte ich.

Zunächst sagte er nichts – entweder suchte er nach den richtigen Worten oder er überlegte, wie viel er einem Fremden anvertrauen sollte. In langsamem, gebrochenem Englisch erzählte er mir, dass sich ihr geschätzter Ausbilder, ein Schwarzgurt des siebten Dan-Grads und der Gründer des *dojo*, vor Kurzem das Leben genommen hatte.

Mich durchfuhr es eiskalt, und für einen Sekundenbruchteil sah ich statt des *sensei* das Kapuzengespenst vor mir. *Der Tod folgt mir, wo ich auch hingehe,* unkte es in mir. *Bin ich der Diener, der für alle Ewigkeit nach Samarra flieht?* Als Antwort ging mir einer von Socrates' Sprüchen durch den Sinn: »Es gibt keinen Sieg über den Tod. Es gibt nur die Erkenntnis, *wer* wir wirklich sind.« *Aber was soll das bedeuten?*, schrie ich innerlich.

»Er hat nicht *seppuku* nach Art der Samurai begangen«, fügte der Lehrer hinzu, als er meine betrübte Miene bemerkte. »Er hat seine Ehre gewahrt. Sensei Nakajama war ein Lehrer von großer Kraft und Weisheit, doch auch seine Trauer war groß. Eine Depression. Er hat seinen Schülern eine Botschaft hinterlassen, worin er sie ermutigt, fleißig zu üben. Dann brach er zum Aokigahara Jukai auf.«

»Aokigahara Jukai? Was ist das?«, staunte ich, doch der Lehrer verstand offenbar nicht. Er verbeugte sich und ging. Ich kehrte auf meinen Platz zurück und beobachtete weiter den Unterricht. Trotz ihrer Trauer führten die Schüler sich gegenseitig durch eine Reihe von Angriffen und Verteidigungen. Es war ein anmutiger, kraftvoller Tanz, bei dem die Harmonie wieder und wieder infrage gestellt und jedes Mal erneuert wurde.

Die Geschehnisse der jüngsten Vergangenheit machten mir schwer zu schaffen. Und nun noch die Nachricht, dass sich ein Aikido-Meister gerade das Leben genommen hatte. *Energiefelder,* war mein Gedanke, als ich die Tür aufdrückte und ins diesige Sonnenlicht in der warmen Frühlingsluft trat. Ich durchstreifte die Straßen, ohne viel von meiner Umgebung mitzubekommen.

Am frühen Abend nahm ich in meinem Hotelzimmer meine beiden Bücher zur Hand und las sie nochmals. Zuerst Socs Notizen, dann meine eigenen Aufzeichnungen. Als ich sie spät in der Nacht beiseitelegte, musste ich mir eingestehen, dass die grundlegende Botschaft immer noch nicht bei mir angekommen war. Meine Worte waren *seinen* Einsichten, *seinen* Erkenntnissen geschuldet. Ich hatte die Pforte erblickt, von der er sprach, aber ich hatte sie noch nicht durchschritten. Kurz vor dem Einschlafen kam mir ein merkwürdiger Gedanke: *Vielleicht bin ich schon tot und im Jenseits.*

Das schattenhafte Gespenst verfolgte mich durch dunkle Traumgassen, bis ich keuchend aufschreckte. Mein Blick fand zunächst keinen Halt im stockdunklen Raum, ich bekam keine Luft. Schnell rappelte ich mich auf, spritzte mir kaltes Wasser ins Gesicht und auf die Brust, zog mich an und floh aus dem engen Hotelzimmer, um erneut auf Wanderschaft durch das wunderschöne Kyoto zu gehen. Ich musste das Gefühl, nicht mehr von dieser Welt zu sein, von mir abschütteln.

Wo ich auch hinsah, sprang mir die Zerbrechlichkeit des menschlichen Lebens in die Augen. Ich konnte mich weder dagegen wehren noch sie verleugnen. In einem Fingerschnippen der Ewigkeit würde auch ich verwelken wie die weißen und rosafarbenen Blüten, die wie ein dicker Teppich unter den Kirschbäumen lagen. Und auch die Menschen, die mir auf der Straße entgegenkamen, würden sterben. Schon sah ich sie als gespenstische, durchsichtige Gestalten vor mir. Niemand nahm Notiz von mir, einem *gaijin*, einem Fremden ohne Wurzeln in diesem Land. Das Gefühl der Verlorenheit, der Vergänglichkeit des eigenen Daseins, es war überwältigend.

Einunddreißig

Noch vor Morgengrauen betrat ich einen Park. Alles war still, doch in meinem Inneren tobte eine Schlacht zwischen Liebe und Angst, zwischen Selbsterfahrung und Selbstverlust. Mit den ersten Sonnenstrahlen wollte ich meine Verbindung zur Erde wiederherstellen. Ich begann mit einer Reihe von Liegestützen und ging dann auf einer Bank in den Handstand. Nach ein paar Dehnübungen vollführte ich die üblichen Tai-Chi-Übungen, die mir inzwischen in Fleisch und Blut übergegangen waren. Endlich konnte ich mich wieder auf meinen Körper konzentrieren! *Ich werde nicht als Opfer sterben,* ballte ich innerlich die Faust. *Selbst wenn ich nie ein Krieger wie Socrates werde. Ich finde meinen eigenen Weg.*

Ich kehrte zum Hotel zurück, um auszuruhen. Sobald ich die Tür öffnete, stand er vor mir – ich sah seine vertraute Körperhaltung und das Grinsen, das ich so gut kannte. Socrates war um keinen Tag gealtert, jedenfalls nicht in meiner Vorstellung. Er war es natürlich nicht tatsächlich, sondern nur eine Erscheinung, eine schnell verblassende Erinnerung. Aber ich hörte seine Stimme: »Ich bin nicht hier, damit du mir vertraust, Dan. Ich bin hier, um dir zu helfen, dir selbst zu vertrauen.« Ich wandte mich dem kleinen Samurai auf dem Schreibtisch zu. Er würde mir den Weg zeigen. »Wo du auch hingehst«, hatte Socrates geschrieben, »wird sich ein Pfad auftun«.

Was blieb mir anderes übrig, als das Hotel zu verlassen, um für diesen Tag meinen Pfad zu finden – und für den Rest meines Lebens am besten gleich mit. Zunächst aber musste ich an eine unangenehme Geschichte denken, die ich einmal bei einer nächtlichen Waldwanderung erlebt hatte. Bis auf das fahle Mondlicht und den spärlichen Schein meiner Stirnlampe hatte völlige Dunkelheit geherrscht. Gegen vier Uhr morgens fiel mir auf, dass ich mich verirrt hatte. Ich ging langsam zurück, bis ich zehn Minuten später die undeutlichen Umrisse des Pfades wiederentdeckte. Genauso wie in jenen Augenblicken, bevor ich den Pfad sah, fühlte ich mich jetzt. Ich machte einen Schritt, dann noch einen. Mal sehen, wo sie mich hinführten.

Ich lief an Hinterhofgärten und winzigen Shinto-Schreinen vorbei und fuhr mit kleinen Nahverkehrszügen in andere Stadtteile. Dabei ließ ich meinen Gedanken freien Lauf, vertraute darauf, dass mein Gehirn Ordnung im Durcheinander schaffen und einen Sinn hinter den jüngsten Ereignissen erkennen würde.

Die Sonne ging unter, als ich aus dem Zug stieg, um in der feuchtwarmen Abendluft zurück ins Hotel zu schlendern. Zwischen den zahllosen kleinen Läden nach einem Restaurant Ausschau haltend, wo ich Nudeln oder Reis mit Gemüse essen konnte, hielt mir ein Straßenverkäufer, ein älterer weißhaariger Mann, eine englischsprachige Zeitung vor die Nase. Ich kaufte sie ihm ab und ging in ein Lokal in der Nähe, deutete auf eine Abbildung von Reis, Gemüse und Tofu über dem Tresen und stammelte »*Gohan, yasai, tofu, kudasai*«, in der Hoffnung, der Verkäufer würde verstehen, dass ich *bejitarian* war. Dann setzte ich mich an einen Plastiktisch, um die Zeitung zu lesen.

Auf der unteren Hälfte der Titelseite fiel mir ein Artikel auf. Er handelte von einem angeblich unheimlichen Wald am Fuß der Nordseite des Fuji mit Namen Aokigahara Jukai, was dem Artikel zufolge so viel wie »Meer der Bäume« oder »Selbstmordwald« bedeutete. *Hatte sich dorthin nicht auch der Aikidomeister zum Sterben zurückgezogen?* Der Artikel beschrieb den Wald »als berüchtigten Ort, an dem jedes Jahr so viele Selbstmorde geschehen, dass die örtlichen Behörden ein Schild auf dem Hauptwanderweg aufstellen ließen, das die Besucher ermahnt, an ihre Familien zu denken und die Telefonseelsorge zu kontaktieren.«

Das Essen kam. Ich legte die Zeitung beiseite und beschloss, den Artikel zu Ende zu lesen, sobald ich mich auf den Weg zum Aokigahara Jukai gemacht hatte.

Nächsten Tags ließ ich mir von einem Fahrkartenverkäufer, der etwas Englisch sprach, einen Fahrplan und genaue Auskunft geben. Dann nahm ich einen Bus, der mich in die nordwestlichen Ausläufer des Fuji brachte. Von dort aus musste ich mehrere Meilen zu Fuß zurücklegen. Dem Artikel zufolge war der Wald eine Touristenattraktion, an der die Knochen längst Verblichener ebenso wie die Leichen von erst kürzlich Hinübergegangenen bewundert wurden. Viele tote Körper, so hieß es, ruhten gut versteckt, und die Familien, die auf der Suche nach ihren verstorbenen Angehörigen waren, brauchten oft Monate, um sie zu finden – wenn überhaupt.

Als ich den dichten Wald endlich betrat, lag ein seltsamer Geruch in der Luft. Ich spürte sehr deutlich etwas, das ich nur als eine fremdartige und seltsame Energie bezeichnen kann. Tiefer und tiefer tauchte ich in diese gefühlte Unterwelt ein, die angeblich von ruhelosen Gespenstern, Dämonen und den zornigen Geistern der hier Verstorbenen heimgesucht wurde. Aus unerfindlichem Grund kam ich mir hier wie zu Hause vor.

Je weiter ich in den Wald eindrang, desto stickiger wurde die Luft. Die Leblosigkeit lastete auf allem wie eine dicke Decke. Offenbar waren austretende Radon-Gase der Grund, warum Vögel und andere Tiere diesen Ort mit seiner unheimlichen, windlosen Stille mieden. Ich hatte mich ja schon im Taishan-Wald anfangs etwas unbehaglich gefühlt, doch dies hier war viel düsterer und schien wie von einer anderen Welt.

Am Eingang des Waldes hatten Schilder in mehreren Sprachen den Wanderer davor gewarnt, den Pfad zu verlassen, ohne seinen Weg mit Schnur oder Klebeband zu markieren – »sonst besteht die Möglichkeit, sich zu verirren!«. Mahnung genug, um in mir die Erinnerung an die Erlebnisse des Tauchers in der Unterwasserhöhle und mein eigenes knappes Entkommen vom Mountain Springs Summit wachzurufen. *Warum das Schicksal herausfordern? Ich habe mein Glück öfter auf die Probe gestellt als die meisten Menschen.* Daraufhin hatte ich ein Knäuel Bindfaden gekauft, bevor ich den Wald betrat.

Eine gute Entscheidung, wie sich herausstellte. Aufgrund der hohen Konzentrationen von Magneterz im Vulkangestein war mein Kompass nutzlos. Ich folgte einem ausgeschilderten Pfad und hielt nach Eishöhlen und Windtunneln im Fels Ausschau. Nach etwa einer Stunde stieß ich auf die ersten verstreuten Knochen. Menschenknochen? Schwer zu sagen, das Sonnenlicht drang kaum durch das dichte Blätterdach. Ich hatte das Gefühl, dass mir jemand folgte – bis ich begriff, dass es sich bei den Geräuschen, die ich hörte, um das Echo meiner eigenen Schritte in der absolut reglosen, wie toten Luft handelte. Auch mit einsetzender Dämmerung blieb es stickig und feucht. Wieder und wieder drang ich ein Stück weit in den Wald ein und folgte anschließend dem Faden wieder zurück, bis ich den Pfad erneut erreichte und eine andere Richtung einschlagen konnte.

Ich hatte Berichte über Funde verwesender Leichen gelesen – diese seien grün und gelb verfärbt, aufgedunsen, von Pilzen und anderen Gewächsen bedeckt gewesen. Die Vorstellung, dass die Körper zur Erde zurückkehrten, dass sie allmählich wieder mit der umgebenden Natur verschmolzen, wirkte irgendwie tröstlich, auch im Gedenken an meinen Freund Chun Han.

Auf dem Rückweg zum Hauptwanderweg meinen Faden wieder aufrollend, hielt ich inne. Was war das? Ich wäre tatsächlich doch beinahe auf einen Leichnam getreten! Er befand sich im Anfangsstadium der Verwesung und war noch als weiblich zu erkennen. Ein durchdringend-süßlicher, Übelkeit erregender Geruch stieg von ihm auf. Aus Pietätsgründen hatte ich den Blick schon abgewendet, da fiel mir aus dem Augenwinkel noch etwas auf. Unter einem Arm lag ein in Plastikfolie gewickelter Umschlag ...

Klopfenden Herzens wischte ich das Moos von der Folie. Darauf war eine kalligrafisch verzierte Schrift zu erkennen. Da ich es in letzter Zeit des Öfteren gesehen hatte, erkannte ich das Schriftzeichen für »Kyoto«. Eine Adresse? Kurz entschlossen steckte ich den Umschlag ein und machte mich auf den Rückweg, um die Bushaltestelle vor Sonnenuntergang zu erreichen. *Ich werde Chun Hans Grab niemals wieder besuchen können. Aber ich kann zumindest dieser Frau die letzte Ehre erweisen.* Das nahm ich mir fest vor.

Sobald ich im Hotel eintraf, zeigte ich dem Mann an der Rezeption den Umschlag und fragte ihn nach der Bedeutung der Schriftzeichen. »Zu Händen Kanzaki Roshi, Sanzenji

Zen-Tempel, Nakazashi-ku, Kyoto-shi, Kyoto-fu«, übersetzte er.

Es war tatsächlich eine Adresse! Ich würde den letzten Wunsch der namenlosen Frau erfüllen können …

Zweiunddreißig

Nach einer weiteren Busfahrt erklomm ich eine lang gestreckte, steile Anhöhe und wurde durch die wundervolle Aussicht auf kunstvoll gestaltete Gartenanlagen vor dem Hintergrund grünender Berge belohnt. Sie umgaben den Sanzenji-Tempel, der sich im Vergleich mit anderen Heiligtümern dieses Rangs als sehr schlicht erwies. Die gesamte Anlage verkörperte Einfachheit, Eleganz und Einsamkeit, was die Zen-Mönche auch als *wabi-sabi* bezeichnen. Nirgendwo hier waren die sonst üblichen Touristenbusse zu sehen. »Kanzaki Roshi?«, fragte ich einen Aufseher. Ich zeigte ihm den Brief, ohne ihn aus der Hand zu geben, da ich ihn persönlich überreichen wollte. Der Aufseher deutete auf den Garten. *Aha, das wird wohl eine Weile dauern.*

Sobald sich der Aufseher entfernt hatte, erkundete ich die Gärten. Von dort aus gesehen ähnelte der Tempel einer Villa. Vielleicht hatte er ja einmal als Wohnhaus gedient. Die Blätter des japanischen Purpurahorns bildeten einen starken Kontrast zum Sattgrün der Moose und Kiefern, die man zu Ruhe und Gleichmut ausstrahlenden Formen gestutzt hatte.

Ich ging vor einem kleinen Teich in die Hocke und sah den Koikarpfen zu, wie sie durchs klare Wasser glitten. In solchen Momenten konnte einem das Leben tatsächlich – wie hatte es Mei Bao ausgedrückt? – wie ein »wundervoller Traum«

vorkommen. Und auf gewisse Weise bestand mein Leben ja auch aus einer Reihe von visionären Erfahrungen, Träumen und gelegentlich auch Albträumen. Ständig boten sich mir fantastische Szenen dar.

Dann berührte jemand leicht meine Schulter. Ich drehte mich um und sah einen älteren Mann in einer Mönchskutte, der sanft lächelnd auf mich herab blickte. »Ich bin Kanzaki Roshi«, stellte er sich vor. Er sprach Englisch mit starkem Akzent. »Sie haben einen Brief für mich?«

Ich stellte mich ebenfalls vor, reichte ihm den Umschlag nach japanischem Brauch mit beiden Händen und verbeugte mich. Er nahm ihn ebenfalls mit beiden Händen entgegen und öffnete ihn. Durch das Papier des Briefs war zu erkennen, dass er recht kurz war. Der *roshi* allerdings starrte wohl mehr als eine Minute darauf.

Als er wieder zu mir aufsah, waren seine Augen feucht. »Darf ich Ihnen einen Tee anbieten?«

»Es wäre mir eine Ehre.«

Ein paar Minuten später knieten wir vor einem niedrigen Tisch. Eine Frau im Kimono erschien mit den Zutaten des *matcha*, eines herben Grüntees. Sie goss dampfendes Wasser auf das grüne Pulver und verrührte es schnell mit einem Schneebesen. Bevor ich einen Schluck nahm, ahmte ich die Bewegungen des *roshi* so gut es ging nach. Er drehte bewundernd die Tasse in den Händen, ein Zen-Ritus und Ausdruck der durch langjährige Meditationspraxis gewonnenen Achtsamkeit.

Als wir fertig waren, fragte mich der *roshi*, wie ich in Besitz des Briefes gekommen war und weshalb ich ihn persönlich hatte überbringen wollen. Ich erklärte es ihm in einfachen Worten. Sobald ich geendet hatte, verbeugte er sich wieder. »Vielen Dank für Ihre Mühe.«

»Gern geschehen«, erwiderte ich. Gern hätte ich mehr erfahren, wollte ihn aber nicht durch meine Fragen verärgern.

Er spürte wohl meine Neugier und begann wieder zu sprechen. »Sie hieß Aka Tohiroshina und arbeitete hier halbtags als Aufseherin. Ich stand ihr so gut es ging mit Rat und Hilfe zur Seite. Nicht gut genug, wie es scheint.« Er nahm den Brief zur Hand und übersetzte ihn.

Verehrter Kanzaki Roshi,

verzeiht, dass ich mir das Leben genommen habe. Wie Ihr wisst, war es ein langer Kampf. Ich werde diesen Brief nicht mit der Post schicken — für den Fall, dass ich es mir anders überlege. Daher wird er Euch wahrscheinlich niemals erreichen. Falls doch, dann macht Euch bitte nicht auf die Suche nach meinem Leichnam. Ich habe Euch schon genug Unannehmlichkeiten bereitet. Aber ich wäre Euch zu großem Dank verpflichtet, wenn Ihr meiner Mutter meine Entschuldigung überbringen könntet. Sie hat ihr Bestes versucht. Ich danke Euch für Euren Rat und Eure Fürsorge. Dank Euch war mein Leben eine gewisse Zeit lang etwas friedlicher.

Sobald er geendet hatte, schwiegen wir eine Weile.

Offenbar waren sowohl diese junge Frau als auch der alte Aikido-Meister der dämonischen Kraft der Depression zum Opfer gefallen. Ich erinnerte mich an einen Bekannten aus der Gegend um San Francisco, der ebenfalls unter Depressionen gelitten und sich ohne Vorwarnung von der Golden Gate Bridge gestürzt hatte. Er war einer der wenigen, die den

Sturz überlebten, obwohl er sich das Becken und beide Beine brach und schwere innere Verletzungen davontrug. Einige Jahre später war er wieder vollständig genesen. Er gestand mir, dass er in dem Augenblick nach dem Sprung, während der langen Sekunden im freien Fall, in jenem tauben und orientierungslosen Schwebezustand, plötzlich seine Meinung geändert hatte: Er wollte leben. *Wie viele hatten es sich ebenfalls auf dem Weg nach unten anders überlegt?*

Kanzaki Roshi lud mich auf einen Spaziergang durch den Garten ein.

Unterwegs fragte er mich nach dem Grund meiner Japanreise. Ich schilderte mein Interesse am Zen und an der Kampfkunst. »Ich habe gelesen, dass die Grundlage des Zen die *zazen*-Meditation und die Auslegung der Koan bildet, die zu direkten Einsichten führen soll. Ich habe mich sogar selbst daran versucht«, bekannte ich. Ohne etwas zu entgegnen, ließ er mich fortfahren. »Aber ich weiß zu viel und habe zu wenig begriffen.« – Ich konnte nicht anders, als über mich selbst zu lächeln.

Der *roshi* war ein guter Zuhörer. Es drängte mich, meine Gedanken und Sorgen mit ihm zu teilen. »Allem Nachdenken zum Trotz kommt mir mein Leben wie ein ungelöstes Koan vor«, sagte ich. »Ich hatte das Glück, von einem Lehrer unterwiesen zu werden, den ich Socrates nenne. Wie der griechische Philosoph. Aber trotzdem verspüre ich diese Unruhe …« Ich fühlte, dass ich ins Plaudern geriet, und hielt inne, um meine Worte sorgfältiger zu wählen. »Ich bin nur ein Anfänger und hoffe auf weitere Einsichten.«

Statt zu reden, erschien es angebrachter, die Umgebung bewusst in sich aufzunehmen. Mir fiel auf, wie die Äste der roten und grünen Ahornbäume sich sanft über die Ufer des Teichs schwangen. Die Trittsteine, auf denen wir gingen, waren von sorgfältig gerechtem Kies gerahmt. Mehrere Gärtner in der Nähe stutzten die Büsche und glätteten den Boden. Sie trugen die traditionellen Schuhe mit dem abgeteilten großen Zeh. »Ein japanischer Gärtner erschafft keine Schönheit, er erweist ihr Respekt und kultiviert sie«, erklärte der *roshi*. »Wie ein Holzbildhauer, der alles wegschneidet, was für die endgültige Skulptur nicht vonnöten ist, so entfernt auch der Landschaftskünstler alles Überflüssige – an den Pflanzen und in sich selbst.«

Kanzaki Roshi deutete immer wieder auf die von Moos bedeckten Steine, die Wurzeln und das Wasser. Dann wies er mich auf einen bestimmten Baum hin. »Für uns Japaner ist die Pflaume der Baum des tapferen Herzens, da sie als Erste nach dem Winter Blüten treibt.« Er lenkte meine Aufmerksamkeit auf einen kleinen, grünen Hain zu unserer Rechten. »Der gerade aufragende Bambus steht für die Ehrlichkeit.« Wir kamen an einer sorgfältig gerechten Fläche vorbei – einem Sandmeer, aus dem winzige Steininseln mit Bonsai-Kiefern darauf ragten. »Die Kiefer inspiriert uns, da sie allen Jahreszeiten trotzt und weder ihre Form noch ihre Farbe ändert. Sie ist ein Symbol für Stärke und Beständigkeit.«

»Mir ist aufgefallen, dass neben dem Eingang eine Kiefer steht, an der viele weiße Papierstreifen hängen wie kleine Früchte. Auf jedem Streifen ist etwas geschrieben. Warum und wozu?«

»Wahrsagungen«, antwortete er. »Eine Shinto-Tradition.«

»Aber ist das hier nicht ein buddhistischer Tempel?«

Er zuckte lächelnd mit den Schultern. »Shinto ist tief mit den Wurzeln der Erde und dem japanischen Leben verwoben. Dem Shinto-Glauben zufolge ziehen Staub und Schmutz die *oni* oder bösen Geister an. Deshalb kommt für viele Japaner die Reinlichkeit gleich nach der Gottesfurcht, wie man in Ihrem Land zu sagen pflegt. Die Shinto-Religion kennt zehntausend Götter – womit man zum Ausdruck bringen will, dass das Spirituelle überall zu finden ist. Ein Schüler des Zen dagegen meidet solche abstrakten Vorstellungen. Er zieht die Unmittelbarkeit des Augenblicks vor.«

»Shinto und Zen sind so stark mit der japanischen Kultur verknüpft, dass ein Außenseiter wie ich sie nur schwer auseinanderhalten kann.«

»Sie gehen ja auch bis zu einem gewissen Grad ineinander über«, bestätigte er und verschränkte die Finger beider Hände. »Und doch sind sie verschieden. Shinto, der Weg der Götter, ist seit langer Zeit Japans ureigene Religion. Er beruht auf dem Glauben an die *kami*, die Naturgottheiten, und beinhaltet Reinigungsrituale, um Verfehlungen wiedergutzumachen und das spirituelle Gleichgewicht zurückzuerlangen. Die meisten Japaner üben Shinto ganz individuell aus. Zen dagegen kam erst später nach Japan. Es entwickelte sich aus dem chinesischen Chan-Buddhismus, der auf den Vier Edlen Wahrheiten des Buddha und dem Achtfachen Pfad zur Erleuchtung und zur Überwindung des Kreislaufs von Tod und Wiedergeburt und allen Leidens basiert. Der Buddhismus legt viel Wert auf das Studium der Sutras und Rituale. Zen dagegen bietet, wie Sie wissen, einen direkteren Weg zur Erleuchtung – durch die Ausübung des *zazen* und der Koan-Arbeit unter Anleitung eines erfahrenen Lehrers. Die so gewonnenen Einsichten können zu allmählicher oder plötzlicher Erleuchtung führen. Shinto ist traditionell und volkstümlich, beim Zen dagegen steht schlicht und einfach das Individuum im Mittelpunkt. Es kommt ausschließlich darauf an, wie ernsthaft sich der Praktizierende bemüht. Oder, um es mit den Worten von Meister Takeda Shingen zu sagen: ›Das einzige Geheimnis des Zen ist das intensive Nachdenken über Geburt und Tod.‹«

Im Lichte meiner jüngsten Erfahrungen trafen mich diese Worte bis ins Mark.

Kanzaki Roshi bemerkte meine Ergriffenheit und lächelte wohlwollend. »Professor Dan, mit diesen Erläuterungen über die Natur des japanischen Gartens und des japanischen Lebens habe ich meinen Vorrat an Worten für diese Woche aufgebraucht. Vielleicht gelingt es Ihnen, durch eigene Meditation und Koan-Praxis solche Konzepte auf direktem Wege und ohne die Hilfe des Verstandes zu begreifen.«

Ich nickte. Dann fiel mir der Brief der jungen Frau ein, der mich erst hierher geführt hatte. »Die Ereignisse der letzten Zeit haben mich dazu gezwungen, intensiver über den Tod nachzudenken. Mir scheint, es war eine Koan-ähnliche Erfahrung, die mich in den Aokigahara-Wald geführt hat, wo ich Ihre Schülerin gefunden habe.«

»Schon bald werde ich für alle, die sie kannten, ein Ritual zu ihren Ehren durchführen. Sie hat uns an die Unbeständigkeit erinnert, daran, dass wir alle durchs Leben gehen wie durch einen Traum.« Ein Schauder durchfuhr mich. Genauso fühlte ich mich im Augenblick. *Aber wann wache ich auf?*

Da wandte Kanzaki Roshi sich mir noch näher zu und sah mir eindringlich in die Augen. »Was hat sie wirklich nach Japan geführt?« Seine Geradlinigkeit überraschte mich.

Ich suchte nach den richtigen Worten, doch ohne Erfolg. Stattdessen nahm ich den kleinen Samurai aus meinem Rucksack, senkte den Kopf und hielt ihn ihm mit beiden Händen hin. Er nahm ihn auf dieselbe Art entgegen. »*So desu*«, sprach er in ernstem Ton und sichtbar verblüfft. Er schien direkt zu der Statue zu sprechen.

»Manchmal geschieht so etwas«, murmelte er mehr zu sich selbst. »Anscheinend dient ihre Ankunft noch einem anderen Zweck.«

»Welchem Zweck denn?«, fragte ich neugierig.

Wieder lächelte er – diesmal wie ein Kind, das gleich ein Überraschungsgeschenk überreicht bekommt. Er gab mir die Samuraifigur zurück. »Das kann ich Ihnen mit Worten nicht beantworten. Aber es gibt noch einen weiteren, sehr abgelegenen Tempel, der so unbekannt ist, dass er keinen Namen hat. Mit Ihrer Erlaubnis werde ich Sie unverzüglich dorthin bringen.«

Dreiunddreißig

Nach einer kurzen Autofahrt ließ uns der Fahrer am Ende einer Sackgasse aussteigen. Es waren nur wenige Gebäude in Sicht. Vor uns ragte ein dichter Bambuswald auf. Ich folgte dem *roshi*, der sich vorsichtig einen Weg durch das Dickicht bahnte.

Ein kleiner Trampelpfad führte erst nach links, dann nach rechts, schließlich mündete er in einen breiteren, mit Steinen und Kies befestigten Weg. Kanzaki Roshi legte einen Zahn zu und bog mit flatternder Robe scharf ab. Ich wahrte etwas Abstand, und nach ein paar Minuten erwartete er mich auf einer Lichtung, an deren gegenüberliegendem Rand ein mit Bambusstämmen umzäuntes Haus in traditionellem Stil stand. Das steil abfallende Dach war aus Reisstroh und Zedernrinde, wie mir der *roshi* erklärte.

Im Bambuszaun befand sich ein niedriges Tor aus Holzpflöcken und geflochtenen, nach oben hin spitz zulaufenden Schilfhalmen. Jeder, der eintreten wollte, musste zuerst das Knie beugen und den Kopf senken, um das Tor öffnen zu können. Eine Demutsbezeugung wie die traditionelle Verbeugung der Kampfkünstler, wenn sie einen *dojo* betreten oder verlassen. Kanzaki Roshi glitt durch das Tor und hielt es mit einem kleinen Stock für mich offen. Ich folgte ihm, wobei ich mich ebenfalls tief bücken musste. Dann nahm er den

Stock wieder fort, woraufhin sich das Tor hinter uns schloss. Als wir uns dem Haus näherten, bemerkte ich, dass es zum Schutz vor den Unwettern der Regenzeit einen etwas erhöhten Boden besaß.

Wir zogen die Schuhe auf der schmalen Veranda aus und traten ein. In der Mitte des Raumes stand ein niedriger Tisch neben einer Feuerstelle, die sowohl zur Zubereitung der Mahlzeiten als auch als Wärmequelle diente. Ältere, aber makellose Tatami-Matten bedeckten den Boden, die Wände waren aus Reispapier. Durch ein einzelnes Fenster fiel sanftes Licht.

Wir durchquerten eilig den Raum. Kanzaki Roshi schob eine Hintertür auf, hinter der sich ein überdachter Weg anschloss. Von hier aus hatte man einen Ausblick auf einen weiteren Garten, der zwar kleiner als der des anderen Tempels, aber ebenso sorgfältig gepflegt war. Weitere Schiebetüren führten in einige Nebenräume. Der *roshi* stieg in Sandalen und wies mich an, es ihm gleichzutun. Mit derselben kindlichen Begeisterung wie vorhin führte er mich über einen gewundenen Pfad aus groben Steinen in eine entlegene Ecke des Gartens. Der Pfad endete an einem hüfthohen Felsbrocken mit glatter Oberfläche.

Auf dem Stein standen zwei kleine Samuraifiguren, von Alter und Machart ganz offensichtlich der meinen sehr ähnlich. Sie waren so aufgestellt, dass die beiden Krieger sich in einem bestimmten Winkel voneinander abwendeten. Jeder von ihnen war in einer besonderen Pose dargestellt: Der erste hatte die traditionelle Wasser-Haltung eingenommen, wie mir der *roshi* erklärte. Er hielt das Schwert vor dem Körper, Hände und Griff befanden sich nahe an der Hüfte, die Schwertspitze zeigte nach oben wie auf die Kehle eines unsichtbaren Feindes. Der zweite Krieger stand in der

Feuer-Haltung, die Hände mit dem Schwert hoch über der Stirn. Die Schwertspitze zeigte nach hinten, bereit, jeden Augenblick zuzuschlagen. Beides waren klassische Schwertkampf-Grundstellungen.

Der *roshi* deutete zu einer ovalen Vertiefung im Stein. Dort war die Oberfläche leicht verblasst; offenbar war es einmal der Standort einer dritten Statue gewesen. Dann wandte er sich mir zu und wartete wortlos. Ich verstand. Nachdem ich meinen Samurai aus dem Rucksack genommen hatte, versuchte ich ihn dort aufzustellen. Erst als er mit dem Rücken zu den anderen Figuren stand, glitt der Sockel passgenau in die Vertiefung. Nun waren die Samurai im Dreieck aufgestellt, konnten in alle Richtungen blicken und sich gegenseitig den Rücken freihalten. Ich hatte die Körperhaltung meines kleinen Samurai schon oft betrachtet, ohne mir einen Reim darauf machen zu können. Im Gegensatz zu den anderen Schwertkämpfern steckte seine Klinge noch in der Scheide (oder *saya*). Seine Hand ruhte auf dem Griff. Es war keine kämpferische Haltung, doch er war bereit – ein friedvoller Krieger.

Ich hielt den Atem an. *Wie ist das möglich?*, fragte ich mich ungläubig. Eine Flut von Erinnerungen stürzte auf mich ein: wie ich den kleinen Samurai viele Monate zuvor in der Unterwasserhöhle gefunden hatte; wie ich ihn durch die Wüste getragen hatte; wie er mich erst nach Hongkong, dann in den Taishan-Wald und schließlich hierher geführt hatte. Der kleine Samurai war endlich nach Hause zurückgekehrt! Wie, war mir ein Rätsel – doch es fühlte sich ganz und gar richtig an.

Die Dreiergruppe war wieder vollendet – und damit, wie es schien, auch meine Reise. Sie hatte mit einem Geheimnis begonnen und endete mit einem Geheimnis. Ich kontemplierte noch eine Weile die unerklärliche Wiedervereinigung. Dann verbeugte ich mich vor den drei Samurai, ließ los, und die Offenbarung zog vorbei wie ein Regenschauer oder eine Wolke vor der Sonne. Socrates wäre zufrieden mit mir gewesen.

* * *

Als wir uns auf den Rückweg machten, fiel mir ein Satz aus Socs Buch ein: »*Erinnerungen – auch als Vergangenheit bezeichnet – und Vorstellungen – auch Zukunft genannt...*«

Sobald wir den überdachten Weg erreicht hatten, zogen wir die Sandalen aus. Kanzaki Roshi eilte voraus und schob eine Tür zu einem kleinen Raum beiseite. »Vielleicht möchten Sie vor Ihrer Abreise noch etwas *zazen* praktizieren?«

»Nur zu gern«, stimmte ich freudig zu.

»Anfangs nur eine halbe Stunde – Sie werden einen Gong hören. An die Sitzmeditation schließt sich die *kinhin* oder Praxis des achtsamen Gehens an, bis ihre Beine geschmeidig werden und Sie bereit sind, sich wieder zu setzen. Sie sollten die Sitzübungen im Laufe der Nacht stetig verlängern.«

Ich muss nirgendwo anders sein als im Hier und Jetzt, versuchte ich mir einen Begriff von der Situation zu machen. Doch das Angebot nahm ich dankbar an.

»Haben Sie weitere Ratschläge für die richtige Meditation?«, beeilte ich mich noch zu fragen, bevor mich der Mönch verließ.

»Nur zwei«, sagte er. »Eine korrekte Haltung. Und Sie müssen sterben.« Er drehte sich um, verließ geräuschlos den Raum und zog die Schiebetür hinter sich zu.

Jetzt würde ich ja gern berichten, dass ich alle Gedanken aus meinem Geist verbannte. Doch seine Worte hatten den gegenteiligen Effekt.

Wie soll ich denn sterben?, grübelte ich. *Was meint er denn mit korrekter Haltung? Hat er den Raum überhaupt verlassen?* – Ich kämpfte gegen den Drang an, die Augen zu öffnen, den Kopf zu heben, aufzugeben.

Ich stellte mir vor, dass in unmittelbarer Nähe viele Mönche in absoluter Stille saßen, nichts über ihren Schultern als den Himmel. Sie erlebten den »Offenen Geist« oder *mushin*, wie Kanzaki Roshi es bezeichnet hatte. Doch in meinem Kopf ging es zu wie auf dem Rummelplatz. Ich bemühte mich nach Kräften, nicht herumzuzappeln, sogar noch, als meine Nase juckte. Ich musste niesen. *Nein!*, sträubte ich mich. *Du musst nicht niesen. Nicht niesen, nicht niesen, nicht niesen,* wiederholte ich, während der Drang immer stärker wurde. Diese vielen »Nichts« brachten mich vor Anstrengung ins Schwitzen. *Haltung … sterben – was soll das überhaupt bedeuten? Ich bin völlig durcheinander! Wenn mir Socrates jetzt in den Kopf schauen könnte – er hätte mich nie als seinen Schüler angenommen.*

Einatmen, ausatmen, empfangen und loslassen. Einatmen des Geistes. Ausatmen und loslassen. Immer wieder konzentrierte ich mich auf meinen Atem, nur auf den Atem.

So gelang es mir doch, in immer längeren Intervallen dazusitzen. Wenn ich eine Pause brauchte, stand ich auf und führte eine langsame, bewusste Gehmeditation durch, achtete auf die Gewichtsverlagerung, wenn ich einen Fuß vor den anderen setzte – Fülle und Leere, wie beim Tai-Chi. Nachdem ich den Raum einmal im Kreis mit halb geöffneten Augen durchschritten hatte, setzte ich mich wieder.

Kurz nach Sonnenaufgang ertönten sechs Gongschläge. Langsam hob ich den Kopf von der Tatami-Matte. Mir fehlen die Worte, um zu beschreiben, was als Nächstes geschah – sobald ich die Augen öffnete, musste ich wiederholt blinzeln.

Mein Verstand hatte Mühe, die vertraute Gestalt, die ich vor mir sah, zu begreifen.
»*Socrates?*«, flüsterte ich.
Er saß vor mir und grinste wie damals im Hotelzimmer. Dann hob er die Hand, kratzte sich das Gesicht und öffnete die Schiebetür, um das Licht hereinzulassen.

Vierunddreißig

Unter meinem ungläubigen Blick kniete sich Socrates auf die traditionelle japanische Art hin. Er trug eine schwarze *hakama*-Hose und eine weiße *uwagi*-Jacke aus Baumwolle. Und er wirkte älter, ehrwürdiger, entrückter, doch das Funkeln war nicht aus seinen Augen gewichen. Sofort stieg die Erinnerung an unsere gemeinsame Zeit auf, als wären die Jahre, die seitdem vergangen waren, zur Bedeutungslosigkeit geschrumpft.

»Hallo, Kleiner«, begrüßte er mich. »Du bist wie immer spät dran. Hast du ein paar interessante Geschichten auf Lager?«

Da musste er mich nicht lange bitten. Ich erzählte ihm, was seit unserer letzten Begegnung in meinem Leben geschehen war – angefangen mit meiner gescheiterten Ehe und wie sehr ich meine Tochter vermisste. Von meiner Zeit bei Mama Chia im Regenwald, wie ich die Samuraifigur und seinen Brief und, viel später, sein Buch gefunden hatte. Ich berichtete von Ama und Papa Joe, der ihm vor so vielen Jahren geholfen hatte, und von dem Jungen, der zu Joe Stalking Wolf herangewachsen war, von meiner Reise nach Hongkong und China, von Hua Chi, Mei Bao, Meister Ch'an, Chun Han und meinen Schülern. Dann erzählte ich ihm von dem Buch, das Nada – María – in seine Obhut gegeben hatte. Ich wollte aufstehen, um es zu holen, doch er hielt mich zurück.

»Nicht nötig. Erzähl weiter.«

Also berichtete ich ihm, was seit meiner Ankunft in Japan geschehen war, von meiner Wanderung durch den Aokigahara Jukai, die mich zu Kanzaki Roshi und schließlich hierher geführt hatte.

Dann bat ich um seinen Rat. »Soc, das alles kommt mir so unwirklich vor – als wäre ich in einem Traum gefangen, am Rande eines Abgrunds. Und wieder sucht mich das dunkle Gespenst des Todes heim.«

Er antwortete nicht, sondern blickte mich nur unverwandt an. »Wenn du bereit bist, werden wir uns wiedersehen«, versprach er schließlich. Mehr nicht.

»Das höre ich in letzter Zeit dauernd«, entgegnete ich gereizt. »Bereit wofür?«

»Für den Tod. Für das Leben. Für alles, was kommt.«

»Wir sehen uns jetzt gerade, Soc. Ist *jetzt* nicht dein Lieblingszeitpunkt?«

In der sich nun anschließenden Stille schien es, als wären wir niemals getrennt gewesen. Was auf gewisse Weise auch der Wahrheit entsprach. Aber er hatte sich irgendwie verändert. Oder hatte ich mich verändert?

Als ich aufblickte, fing Socs Körper auf einmal an zu glänzen und verwandelte sich in das Kapuzengespenst des Todes. Vor Schreck kniff ich die Augen zusammen, um den schrecklichen Anblick nicht länger ertragen zu müssen. Als ich sie wieder öffnete, saß Kanzaki Roshi in entspannter Haltung vor mir. Er trug dieselbe Kleidung, die auch Socrates getragen hatte. »Wie … wie lange sitzen Sie schon hier? Haben wir gerade miteinander gesprochen?«, stammelte ich verwirrt.

»Sie haben gesprochen. Ich saß nur hier.«

»Aber er hat mit mir geredet … er war hier.«

Der *roshi* stand auf. »Dan-san, bitte fahren Sie mit Ihren Übungen fort.«

Ich rappelte mich ebenfalls auf, um mich zu erleichtern. Vor meinem Zimmer stand ein Krug mit kaltem Wasser, aus dem ich trank. Ich war noch aufgewühlter als am Abend zuvor.

Als ich mich wieder dem *zazen* widmete, konnte ich nur mit Mühe die entspannte, aufrechte Haltung beibehalten und musste mich bemühen, mich »nicht zur Zukunft vorzubeugen oder in die Vergangenheit zurückzulehnen«, wie Socrates einst gefordert hatte. Socrates. Ich war mir so sicher gewesen, dass er gerade noch hier war. *Hätte ich ihm nur von meinem Schreiben erzählt. Auch wenn seine Erscheinung nur eine Illusion war.*

Eine Illusion wie das Selbst und der Tod. – Der Gedanke brachte mich zu Kanzaki Roshis Bemerkung zurück: *Warum muss ich sterben, um richtig meditieren zu können?*

Aus der Stille kam die Antwort: Solange du lebst, bist du den Angelegenheiten der Welt verpflichtet, stehst auf dem wackligen Boden vergänglicher Pläne, Fragen und Gedanken. Die Toten sind nichts und niemandem verpflichtet. Sie haben nichts zu tun, zu erreichen oder festzuhalten.

Da erkannte ich etwas: Die *shavasana* oder Leichenhaltung, die man im Yoga als letzte der *asanas* einnimmt – das war mehr als eine Entspannungsübung. *Aber was bedeutet es, alles loszulassen, was zum Leben gehört? Was muss ich aufgeben, um zu sterben?* Solche Fragen waren der Samen, der, wenn er tief in mir Wurzeln schlug, irgendwann aufgehen und Früchte tragen würde. Da fiel ich in spontane Meditation. Doch anders als bei der vorherigen Sitzmeditation brachen die Erkenntnisse nun wie eine Flut über mich herein. Eine Flut, die erst in gedankliche Bahnen zu lenken war, als ich sie später niederschrieb.

Es beginnt mit dem Ausatmen der Dunkelheit und dem Einatmen des Lichts, bis die eigene körperliche Gestalt mit glitzerndem, blauweißem Licht erfüllt ist ...

Dann folgt der tiefe Wille, alles aufzugeben, wieder das zu werden, was ich vor meiner Zeugung war, zu sterben, während ich noch lebe, alles loszulassen, alles preiszugeben und die Erfahrung und den Sterbeprozess durchzumachen. Und der Tod kennt ...

Keine Zeit mehr. Die Vergangenheit und die Zukunft verschwinden, sobald ich alle Erinnerungen und alle Vorstellungen aufgebe. Nur die Gegenwart bleibt.

Keine Gegenstände mehr. Alle Habseligkeiten verschwinden: Spielzeuge, Werkzeuge, Erinnerungsstücke, Kleidung. Alles, was ich besitze, alles, was ich verdient, gesammelt oder gekauft habe. Ich verlasse die Welt, wie ich sie betreten habe. Nackt.

Keine Bindungen mehr. Ich sage allen Menschen und allen Tieren, die ich kenne oder gekannt habe, Lebewohl: meiner Familie, meinen Freunden, meinen Kollegen, Bekannten, den Haustieren aus meiner Kindheit ... alle, die ich liebe und die mich lieben, verschwinden. Von jetzt an bin ich allein.

Keine Handlungen mehr. Ich gebe die Fähigkeit auf, mich zu bewegen, zu sprechen, etwas zu tun oder zu erreichen ... keine Pflichten und Verantwortlichkeiten mehr ... keine Aufgaben, die erfüllt oder Geschäfte, die erledigt werden müssen. Mein Körper wird so unbeweglich wie ein Stück Holz.

Keine Gefühle mehr. Die Farben der Emotionen verblassen zu einem Grau ... keine Freude und kein Leid, keine Angst und kein Mut, kein Zorn oder Gleichmut, keine Leidenschaft, Melancholie oder Begeisterung. Herz und Körper werden zu Stein.

Dann verschwinden die Sinne einer nach dem anderen: *Kein Geschmack mehr.* Das Ende aller Gerüche und Aromen ... von Nahrungsmitteln und Blumen ... der Duft geliebter Menschen, von Heim und Herd, der Geruch der natürlichen Welt verschwindet.

Kein Sehen mehr. Die Bilder werden unscharf, es gibt nichts mehr zu betrachten ... weder schöne Landschaften noch die Farben von Sonnenaufgang und Sonnenuntergang, die sinnlichen Formen der Welt, die Farben und Texturen, Licht und Schatten – alles wird von der Dunkelheit verschluckt.

Keine Geräusche mehr. Ich bin nicht länger fähig, Musik und Stimmen zu hören, Vogelgezwitscher, das Rascheln der Blätter oder von Seide, Windspiele, Gelächter, Donner, Stadtlärm – alles verstummt, selbst der Puls, in dem mein Blut immer noch durch meine Adern strömt.

Keine Empfindungen mehr. Das Ende des Schmerzes und der Freude, der Wärme und Kälte ... keine Berührung der Haut eines Geliebten mehr. Die Nervenenden stumpfen ab.

Ohne Zeit, Gegenstände, Bindungen, Handlungen, Gefühle, ohne den Sinn für Geschmack, Geräusche und Geruch, ohne Augenlicht, was bleibt dann noch? Finsternis und Stille.

Kein Selbst mehr. Keine Erfahrung der Existenz oder des Körpers ... die letzte Verbindung zum inneren Selbst wird gekappt ... ich finde das Zentrum des Paradoxen, indem ich loslasse, was nie existiert hat. Ich verblasse, werde durchsichtig, schwerelos, ich verschwinde. Nur das Bewusstsein bleibt. Und die Welt dreht sich ohne mich weiter.

Fünfunddreißig

Ein Gongschlag, und ich kam wieder zu mir. Es war so unendlich still – ich brauchte einige Augenblicke, bis mir wieder einfiel, wo und wer ich war. All die Erfahrungen, Bindungen, Empfindungen und Erinnerungen meines Lebens loszulassen hätte mich doch vielleicht mit einer bittersüßen Traurigkeit erfüllen müssen? Doch stattdessen fühlte ich mich wie neugeboren. Denn sobald ich die Augen öffnete, kehrte alles, was das Leben zu bieten hatte, zu mir zurück.

Ich hatte eine Vergangenheit, an die ich mich erinnern, und eine Zukunft, von der ich träumen konnte! Ich konnte alles, was um mich herum war und was ich besaß, genießen, ohne daran gefesselt zu sein. Ich konnte mich an der Gesellschaft meiner Verwandten, Freunde, Kollegen und vieler Bekannter erfreuen. Ich spürte tief in mir, dass sich meine Gefühle wie das Wetter und die Jahreszeiten änderten. Ich konnte den Geschmack von Essen und Trinken auskosten, Düfte riechen, eine Welt voller Licht und Farbe sehen, eine Symphonie der Töne hören und die Menschen und die Welt um mich herum berühren. *Genau das bedeutet es, am Leben zu sein.*

Wie ich so in diesem Raum der tiefsten Stille saß, musste ich wieder einmal an eine dieser Geschichten von Socrates denken. Eine große Schildkröte schwamm durch die Tiefen der sieben Meere und tauchte nur einmal in hundert Jahren auf, um Luft zu holen. »Stell dir einen Holzring vor«, hatte er gesagt, »der auf der Oberfläche eines weiten Ozeans treibt. Wie groß ist die Wahrscheinlichkeit, dass die Schildkröte genau in der Mitte dieses Rings auftaucht?«

»Eins zu einer Billion, schätze ich – die Wahrscheinlichkeit geht gegen null.«

»Und die Wahrscheinlichkeit, als Mensch auf diesen Planeten geboren zu werden, ist noch viel geringer.«

Und wie groß ist die Wahrscheinlichkeit, musste ich mich da doch fragen, *dass ich jetzt gerade in einem Zen-Tempel in Kyoto in Japan auf der Erde bin und die Rolle von Dan Millman – übrigens ein zeitlich begrenztes Engagement – spiele?*

An diesem Abend teilte Kanzaki Roshi schweigend noch eine Mahlzeit mit mir, dann verabschiedete er sich und bot mir an, noch dazubleiben und die Nacht im Tempel der drei Samurai zu verbringen.

Kurz vor dem Schlafengehen steckte ich Socs Buch und meine Aufzeichnungen in den Rucksack und faltete meine Klamotten für die Heimreise zusammen. Als ich die Kachina-Puppe sorgfältig dazupackte, kehrten meine Gedanken auch wieder zu meiner Tochter zurück.

Am nächsten Morgen wartete nach einem leichten Frühstück ein Wagen, der mich zurück zum Flughafen Osaka brachte.

Während das Flugzeug den Abendhimmel durchschnitt und Blitze die Wolken unter mir erhellten, schwebte ich einmal mehr zwischen Himmel und Erde. Ich war auf dem Heimweg.

Epilog

Vor meiner Landung in Ohio und dem Wiedersehen mit meiner Tochter, meinen Studenten und der Rückkehr in die Niederungen des Alltags hörte ich Socs Stimme so deutlich, als säße er auf dem leeren Sitz neben mir. Ich glaubte beinahe, ihn aus den Augenwinkeln zu sehen und seine Hand auf meiner Schulter zu spüren. »Dan, du hast damit gerechnet, eine verborgene Schule im Osten zu finden«, ertönte seine Stimme in meinem Kopf. »Deshalb habe ich dich dahin geschickt. Aber jetzt hast du begriffen, dass die verborgene Schule überall zu finden ist. In einem Wald, einem Park, einer Stadt oder einem Dorf, wo auch immer du unter die Oberfläche der Dinge blickst. Du musst nur aufwachen und deine Augen öffnen.«

Socrates hatte mich auf die Suche nach der verborgenen Schule geschickt, damit ich erkannte, dass sie überall war. Und damit ich begriff, dass wir alle die Unsterblichkeit erreichen können – nicht auf der anderen Seite des Todes, sondern im Hier und Jetzt, in der immerwährenden Gegenwart.

Mein Bericht an den Dekan und den Stipendienausschuss wurde wohlwollend aufgenommen. In den folgenden Monaten teilte ich viele der Einsichten aus Socs Buch mit interessierten Freunden und Kollegen. Dabei hielt ich mir stets die Weisheit des indischen Weisen Shirdi Sai Baba vor Augen:

»Ich gebe den Leuten, was sie wollen, bis sie irgendwann wollen, was ich ihnen geben will.«

Im Dezember desselben Jahres, zum Ende des Semesters, kündigte ich meine Stelle als Dozent. Meine geschiedene Frau zog mit unserer Tochter nach Nordkalifornien zurück. Sobald sie eine Bleibe gefunden hatten, mietete ich für mich selbst eine kleine Wohnung in der Nähe.

Die Monate vergingen. Der Winter wich dem Frühling. Dann öffnete ich an einem Sommerabend meine Brieftasche und nahm Socs Visitenkarte heraus. Die verblichenen Worte auf der Vorderseite – *Paradoxes, Humor und Veränderung* – hatten nun eine neue Bedeutung für mich. Ich drehte die Karte um. Zu meiner Überraschung standen dort drei Worte sowie eine Nummer. Verblüfft las ich: »Edison-See, Südufer.« An diesem Ort war ich bei einem Campingausflug östlich von Merced in den Wäldern der Sierra Nevada schon einmal gewesen.

Ist das Socs Schrift oder meine eigene?, wunderte ich mich. War ich schlafgewandelt, hatte ich die Brieftasche geöffnet und diese Wörter auf die Karte geschrieben? Hatte diese Botschaft mit der tatsächlichen oder nur eingebildeten Begegnung mit Socrates während meiner letzten Tage in Japan zu tun?

Ich grübelte über die Nummer nach: 27-08-76. Der siebenundzwanzigste August war in vier Tagen. So oder so würde dies das Ende einer langen Reise bedeuten, dachte ich. Oder war es eine weitere Flucht nach Samarra? Würde das finstere Gespenst oder eine Vision des ewigen Lebens auf mich warten? Da meldete sich Socs Stimme in meinem Kopf: »Das Bewusstsein ist nicht *im* Körper, vielmehr ist der Körper im Bewusstsein. Und *du* bist dieses Bewusstsein … Sei einfach in deinem Körper, entspannt, ohne nutzlose

Gedanken, dann wirst du glücklich, zufrieden und frei sein … die Unsterblichkeit *gehört dir bereits*.«

In dieser Nacht tat sich irgendwo im Traumlabyrinth ein Spalt im Gefüge von Raum und Zeit auf, aus dem eine Vision meiner Zukunft, als reine Möglichkeit, auftauchte:

Mein Körper fängt an zu zittern, und ich falle rückwärts durch den Raum. Ich schwebe Tausende Meter über einem grün-braunen Flickenteppich. Meine Arme strecken sich dem Horizont entgegen. Der Wind trägt mich. Wieder bin ich ein einzelner Bewusstseinspunkt, der auf einem Luftkissen zwischen Himmel und Erde schwebt. Ein Wald erscheint unter mir, er kommt näher, ich kann Einzelheiten ausmachen – einen Stall, Felder, einen Bach neben einem weißen Pavillon. Ich will höher hinaufschweben, weg von dieser Welt der Schwerkraft und Sterblichkeit. Doch ich falle vom Himmel und auf einen Strand, wo der weiße Sand auf das blaue Meer trifft. Während ich nach unten trudele, wird der Wind brüllend stark. Dann herrscht absolute Stille. Ich falle durch die Erde und steige wieder in die Nacht auf. Glänzende Kugeln verdichten sich zu einem Tunnel aus Licht …

Aus dem Licht wird ein knisterndes Lagerfeuer. In seinem Schein sitzt mein alter Lehrer auf einer Waldlichtung. Er hat die ganze Zeit über auf mich gewartet. Seine Augen glänzen. Helle Funken schweben in den Nachthimmel, und aus dem Feuer wird Sternenlicht.

Dank

Niemand schreibt ganz allein ein Buch. Ohne die Unterstützung meines Agenten Stephen Hanselman, meiner Verlegerin Michele Martin, meiner eifrigen Lektorin Diana Ventimiglia, meines Redakteurs Joal Hetherington, von Cindy Ratzlaff, Jean Anne Rose und dem gesamten Team bei North Star Way – sowie meinen Testlesern Ned Leavitt, Alyssa Factor, David Cairns, Holly Deme, Peter Ingraham, Ed St. Martin, Dave Meredith, David Moyer und Martin Adams – gäbe es dieses Buch nicht.

Besonderer Dank gebührt meiner Frau Joy, die mehrere Rohfassungen gelesen hat und mir bei der Fertigstellung des Manuskripts einen unschätzbaren Dienst erwiesen hat, sowie unserer Tochter, der Schriftstellerin Sierra Prasada, deren konstruktive Vorschläge und genaue Lektüre eine packende Erzählung ermöglicht haben. Für den letzten Schliff sorgte wie immer meine langjährige Redakteurin Nancy G. Carleton.

Den folgenden Personen bin ich für ihre Einsichten, Informationen und Vorschläge zu großem Dank verpflichtet: Reb Anderson Roshi, Linda Badge, Clark Bugbee, Mickey Chaplan, Annie Liou, Takashi Shima und Harumi Yamanaka. Der Schriftsteller und Tai-Chi-Lehrer Scott Meredith teilte sein Wissen über Aspekte der inneren Energie und der Geschichte des Tai-Chi mit mir.

Wie immer gilt meine Liebe und Dankbarkeit meinen verstorbenen Eltern Herman und Vivian Millman. Ihr Beispiel und die Erinnerung an sie inspirieren mich stets aufs Neue. Die folgenden Bücher lieferten mir das nötige Hintergrundwissen und wertvolle Eingebungen: Katy Butler, *Knocking on Heaven's Door*; Sherwin Nuland, *Wie wir sterben: Ein Ende in Würde?*; Scott Eberle, *Das Lied der Dunklen Göttin: Sterben können heißt leben lernen*; Dave Lowry, *Autumn Lightning*; Jonathan Gottschall, *The Professor in the Cage* und *The Storytelling Animal*; D. T. Suzuki, *Zen and Japanese Culture* und *Zen and the Samurai*; Gary Crowley, *From Here to Here*; Sam Harris, *Free Will*; Atul Gawande, *Sterblich sein: Was am Ende wirklich zählt*; Henry Marsh, *Um Leben und Tod: Ein Hirnchirurg erzählt vom Heilen, Hoffen und Scheitern*; Bruce Hood, *The Self Illusion*; Paul Kalanithi, *Bevor ich jetzt gehe*; Nien Cheng, *Leben und Tod in Schanghai*; Caitlin Doughty, *Fragen Sie Ihren Bestatter: Lektionen aus dem Krematorium*; Alan Watts, *Zen-Buddhismus: Tradition und lebendige Gegenwart*; Thich Nhat Hanh, *Einfach sitzen*; Elisabeth Kübler-Ross, *Interviews mit Sterbenden*; Leo Tolstoi, *Der Tod des Iwan Iljitsch*.

Dan Millman

Eine kostbare und außergewöhnliche Begegnung mit einem außergewöhnlichen Buch

978-3-453-70240-0

Leseprobe unter www.heyne.de

Dan Millman

Die Lebensschule des friedvollen Kriegers

978-3-453-70000-0

978-3-453-70022-2

978-3-453-70071-0

978-3-453-70082-6

978-3-453-70172-4

Leseproben unter **www.heyne.de**

Das praktische Handbuch zum Erkennen Ihrer Lebensaufgabe

ISBN 978-3-7787-7094-8

Die Lebenszahl enthüllt den verborgenen Sinn hinter den »Zufällen« des Lebens. Dan Millman erschließt eine alte, auf pythagoräischer Weisheit beruhende Methode für das Leben von heute und zeigt, wie Sie damit Ihrem Alltag eine neue Bedeutung und Richtung geben können.

Leseprobe unter: www.ansata-verlag.de   *Ansata*